FOS · BOS 12

Fachabitur-Prüfungs-
aufgaben mit Lösungen

2010

Betriebswirtschaftslehre
mit Rechnungsweser

Bayer
2002 – 20(

STA

Inhalt

Vorwort
Verteilung der Bewertungseinheiten
Stichwortverzeichnis

Hinweise und Tipps

Ablauf der Prüfung I
Inhalte und Schwerpunktthemen I
Leistungsanforderungen I
Bewertung I
Methodische Hinweise und Zeitmanagement II

BWR-Skript: Komprimierte Zusammenfassung prüfungsrelevanter Inhalte

1 Grundlagen der Betriebswirtschaftslehre 1
2 Vollkostenrechnung 2
3 Materialwirtschaft 4
4 Geschäftsbuchführung 6
5 Teilkostenrechnung 9
6 Jahresabschluss 11
7 Finanzwirtschaft 14
8 Marketing 15

Übungsaufgaben mit Lösungen

Übungsaufgaben zur Vollkostenrechnung 21
Übungsaufgaben zur Materialwirtschaft 27
Übungsaufgaben zur Geschäftsbuchführung 31
Übungsaufgaben zur Teilkostenrechnung 38
Übungsaufgaben zum Jahresabschluss 46
Übungsaufgaben zur Finanzwirtschaft 54
Übungsaufgaben zum Marketing 58

Abschlussprüfung 2002

Aufgabe I Geschäftsbuchführung und Jahresabschluss 2002-1
Aufgabe II Voll- und Teilkostenrechnung 2002-10
Aufgabe III Marketing 2002-14

Abschlussprüfung 2003

Aufgabe I Geschäftsbuchführung und Jahresabschluss 2003-1
Aufgabe II Voll- und Teilkostenrechnung 2003-8
Aufgabe III Marketing 2003-14

Fortsetzung siehe nächste Seite

Abschlussprüfung 2004

Aufgabe I Geschäftsbuchführung und Jahresabschluss 2004-1
Aufgabe II Voll- und Teilkostenrechnung 2004-9
Aufgabe III Marketing 2004-14

Abschlussprüfung 2005

Aufgabe I Geschäftsbuchführung, Jahresabschluss und Finanzwirtschaft. 2005-1
Aufgabe II Voll- und Teilkostenrechnung 2005-7
Aufgabe III Materialwirtschaft und Marketing 2005-12

Abschlussprüfung 2006

Aufgabe I Geschäftsbuchführung, Jahresabschluss und Finanzwirtschaft 2006-1
Aufgabe II Voll- und Teilkostenrechnung 2006-8
Aufgabe III Materialwirtschaft und Marketing 2006-13

Abschlussprüfung 2007

Aufgabe I Geschäftsbuchführung, Jahresabschluss und Finanzwirtschaft 2007-1
Aufgabe II Voll- und Teilkostenrechnung 2007-9
Aufgabe III Materialwirtschaft und Marketing 2007-16

Abschlussprüfung 2008

Aufgabe I Geschäftsbuchführung, Jahresabschluss und Finanzwirtschaft 2008-1
Aufgabe II Voll- und Teilkostenrechnung 2008-8
Aufgabe III Materialwirtschaft und Marketing 2008-13

Abschlussprüfung 2009

Aufgabe I Geschäftsbuchführung, Jahresabschluss und Finanzwirtschaft 2009-1
Aufgabe II Voll- und Teilkostenrechnung 2009-8
Aufgabe III Materialwirtschaft und Marketing 2009-13

IKR für die Kontenklassen 0 – 8

Jeweils im Herbst erscheinen die neuen Ausgaben
der Abiturprüfungsaufgaben mit Lösungen.

Lösungen der Aufgaben:

StD Klaus D. Vogt, Dipl.-Kaufmann und Dipl.-Handelslehrer

Vorwort

Liebe Schülerin, lieber Schüler,

dieses Buch hilft Ihnen mit **ausgearbeiteten Lösungsvorschlägen** der vergangenen Prüfungsjahrgänge, sich optimal auf die Fachabiturprüfung im Fach Betriebswirtschaftslehre mit Rechnungswesen vorzubereiten.

Zu den Themenbereichen der Fachabiturprüfung finden Sie im Buch ein **komprimiertes Skript**, das **alle relevanten Inhalte** knapp zusammenfasst, sowie **passgenaue Übungsaufgaben**. Diese Aufgaben basieren auf dem aktuellen Lehrplan und decken alle wichtigen Themengebiete ab. **Ausführliche Lösungsvorschläge** ermöglichen die Selbstkontrolle und führen Ihnen mögliche Lösungen der jeweiligen Aufgabenstellung vor.

Am Anfang des Buches finden Sie **Tipps und Hinweise zur Fachabiturprüfung**, **zur Bearbeitung der Aufgaben**, **zur Bewertung und zur Vorbereitung auf die Prüfung**. Hier können Sie nachlesen, wie die Fachabiturprüfung abläuft, welche Themen Sie erwarten, was Sie in die Prüfung mitnehmen dürfen und wie Sie sich am besten vorbereiten.

Die Prüfungsaufgaben bis zum Jahrgang 2004 basieren noch auf einem alten Lehrplan. Darin enthaltene Aufgaben, die nach dem aktuellen Lehrplan nicht mehr relevant sind, sind in den Angaben des jeweiligen Jahrgangs mit einem * gekennzeichnet.

Außerdem wurden alle Aufgaben und Lösungen dieser Auflage hinsichtlich der neuen, ab dem 1. 1. 2008 gültigen Abschreibungsregeln überarbeitet; in diesem Zusammenhang sind auch geringfügige Änderungen in der Aufgabenstellung notwendig geworden.
Auch sind alle Aufgaben und Lösungen an die aktuellen Mehrwertsteuersätze (19 % bzw. 7 %) angepasst.

Als zusätzliche Hilfestellung werden ab dem Jahrgang 2009 in den Lösungen komplexer Aufgaben die bereits in der Aufgabenstellung vorgegebenen Werte kursiv gesetzt. So können Sie noch einfacher den Rechenweg nachvollziehen.

Viel Erfolg bei Ihren Prüfungen wünschen Ihnen Verlag und Autor!

Verteilung der Bewertungseinheiten

2002

Aufgabe I

Frage	1.1	1.2	1.3	2.1	2.2	3.1	3.2	3.3	3.4	4.1	4.2	5	6.1	6.2	7.1	7.2	7.3.1	7.3.2
BE	2	1	1	3	3	3	3	2	2	7	3	4	2	2	2	2	5	3

Aufgabe II

Frage	1.1.1	1.1.2	1.2	2.1	2.2	2.3	2.4	2.5	3	4
BE	3	4	6	3	2	1	2	2	3	4

Aufgabe III

Frage	1	2.1	2.2	2.3	2.4	3.1	3.2
BE	3	2	3	3	2	3	4

2003

Aufgabe I

Frage	1.1	1.2	1.3	1.4.1	1.4.2	1.4.3	2.1	2.2	3	4.1	4.2	4.3	5	6.1	6.2	7.1	7.2	7. 3
BE	3	2	3	4	2	1	2	2	2	3	2	5	5	3	4	2	2	3

Aufgabe II

Frage	1	2	3	4.1	4.2	4.3.1	4.3.2
BE	7	4	3	7	4	3	2

Aufgabe III

Frage	1.1	1.2	1.3	2	3.1	3.2	4.1	4.2
BE	3	3	1	4	2	3	2	2

2004

Aufgabe I

Frage	1.1	1.2	1.3	1.4.1	1.4.2	2.1	2.2	2.3	3.1	3.2	4.1	4.2	5	6.1	6.2	6.3
BE	2	2	3	6	2	4	2	5	3	5	5	2	3	1	3	2

Aufgabe II

Frage	1.1	1.2	1.3	2.1	2.2	2.3	3.1	3.2	3.3	3.4	4.1	4.2
BE	2	2	2	2	2	4	2	3	3	2	3	3

Aufgabe III

Frage	1.1	1.2	1.3.1	1.3.2	2	3.1	3.2	3.3
BE	3	2	3	2	3	2	3	2

2005

Aufgabe I

Frage	1.1	1.2	2.1	2.2	2.3	3	4.1	4.2	4.3	4.4
BE	5	3	8	2	3	5	3	4	5	6

Aufgabe II

Frage	1.1	1.2	2.1	2.2	3.1	3.2	4.1	4.2
BE	2	4	3	3	5	5	5	3

Aufgabe III

Frage	1.1.1	1.1.2	1.2.1	1.2.2	1.2.3	2.1	2.2	2.3
BE	2	4	3	3	2	3	4	3

2006

Aufgabe I

Frage	1.1.1	1.1.2	1.1.3	1.2.1	1.2.2	2.1	2.2	3	4	5	6	7.1	7.2	7.3.1	7.3.2
BE	2	1	2	3	3	3	3	6	4	3	3	4	2	4	2

Aufgabe II

Frage	1.1	1.2	1.3	2.1	2.2.1	2.2.2	3	4.1	4.2
BE	5	3	4	1	3	3	5	2	4

Aufgabe III

Frage	1.1.1	1.1.2	1.2	2.1	2.2	3.1	3.2
BE	2	2	6	6	3	3	3

2007 Aufgabe I

Frage	1.1	1.2	1.3	1.4	2.1	2.2	3.1	3.2	4.1	4.2	4.3
BE	4	3	3	4	5	4	4	6	3	6	3

Aufgabe II

Frage	1.1	1.2	2.1	2.2	2.3	3.1	3.2	3.3	4.1	4.2
BE	3	3	2	3	5	3	3	3	2	4

Aufgabe III

Frage	1.1.1	1.1.2	1.2.1	1.2.2	1.2.3	2.1	2.2	2.3	2.4	2.4
BE	2	3	1	2	3	3	1	4	3	2

2008 Aufgabe I

Frage	1.1	1.2	2.1	2.2.1	2.2.2	3.1	3.2	3.3	3.4	3.5	4	5	6.1	6.2	6.3
BE	4	2	2	3	3	4	1	4	1	3	7	5	1	2	5

Aufgabe II

Frage	1.1	1.2	2.1	2.2	3.1	3.2	4.1	4.2
BE	3	2	5	5	4	5	2	3

Aufgabe III

Frage	1.1	1.2	1.3.1	1.3.2	1.4	2.1	2.2	2.3	2.4
BE	3	3	2	3	2	3	2	4	2

2009 Aufgabe I

Frage	1.1	1.2	1.3	2.1	2.2	2.3	3.1	3.2	4.1	4.2	5	6.1	6.2	7.1	7.2	7.3
BE	2	2	2	4	3	2	2	2	3	2	3	2	6	3	4	2

Aufgabe II

Frage	1.1	1.2	1.3.1	1.3.2	1.3.3	2.1	2.2	2.3	3
BE	4	3	6	2	2	5	2	2	4

Aufgabe III

Frage	1.1	1.2	2	3	4.1	4.2	4.3	4.4
BE	3	3	4	2	3	2	4	5

Stichwortverzeichnis

Zum Gebrauch des Stichwortverzeichnisses:

z. B.: 2002 I 1.1

→ *Teilaufgabe Nr. 1.1*
→ *Aufgabengruppe I*
→ *Abschlussprüfung 2002*

Teil I: Geschäftsbuchführung, Finanzwirtschaft und Jahresabschluss

Geschäftsbuchführung

Ein- und Verkauf im Bereich des Umlaufvermögens
2002 I 1; 2003 I 1, 5; 2004 I 1; 2005 I 1.2; 2006 I 3; 2007 I 2.1, 3.1; 2008 I 1, 3; 2009 I 1

Jahresgesamtverbrauch an Stoffen
2003 I 1.4; 2005 I 1.1; 2006 I 2; 2008 I 1.1

Bestandsveränderungen an fertigen und unfertigen Erzeugnissen
2002 I 2.2; 2006 I 6; 2009 I 5

Ein- und Verkauf im Bereich des Sachanlagevermögens
2002 I 4.1; 2004 I 2, 3.1; 2005 I 2.1, 2.2; 2007 I 1; 2008 I 4; 2009 I 2.1, 2.2

Umsatzsteuerproblematik
2003 I 3

Finanzwirtschaft

Finanzierungsarten
2005 I 4.4; 2006 I 7.2, 7.3; 2007 I 4.3; 2008 I 6.1, 6.3; 2009 I 7.2

Kapitalerhöhung durch Ausgabe neuer Aktien
2003 I 7.1; 2005 I 4.1; 2007 I 4.1

Jahresabschluss

Absetzung für Abnutzung (AfA)
2002 I 4.2; 2003 I 4.2, 4.3; 2004 I 2.3, 3.2; 2005 I 2.3; 2006 I 4; 2007 I 1.4; 2008 I 4, 5; 2009 I 2.3, 4

Rückstellungen
2003 I 2; 2004 I 5; 2009 I 3

Bewertung der Forderungen
2002 I 6; 2003 I 6; 2004 I 4; 2005 I 3; 2006 I 1; 2007 I 3; 2008 I 2; 2009 I 6

Bewertung zu Herstellungskosten
2002 I 2.1; 2003 I 4.1

Bewertung des Anlagevermögens
2002 I 3, 5; 2003 I 4.3; 2004 I 2.3; 2006 I 5

Bewertung des Vorratsvermögens
2003 I 1.4; 2004 I 1.4; 2007 I 2

Ergebnisverwendung
2002 I 7.1, 7.2; 2004 I 6.2; 2005 I 4.2; 2006 I 7.1; 2007 I 4.2; 2008 I 6.2; 2009 I 7.1

Darstellung der Eigenkapitalpositionen
2002 I 7.2, 7.3.1; 2005 I 4.3; 2009 I 7.3

Teil II: Kosten- und Leistungsrechnung

Grafische Darstellung der Kostenarten, der Deckungsbeiträge und des Gewinns
2002 II 3; 2003 II 2; 2004 II 3; 2005 II 3.2; 2006 II 2.2; 2007 II 4.2; 2008 II 4.2; 2009 II 2.1

Kostenstellenrechnung (BAB)
Erstellung und Auswertung des Betriebsabrechnungsbogens
2008 II 1

Berechnung der verschiedenen Herstellkosten und der Bestandsveränderungen
2002 II 1.1.1; 2003 II 4.2; 2004 II 1.1; 2005 II 1; 2006 II 1.1; 2007 II 1; 2008 II 2.1

Kostenträgerrechnung
Kostenträgerzeitrechnung
2002 II 1.1; 2003 II 4.1; 2005 II 2.1; 2007 II 2.1, 2.2; 2008 II 2.2; 2009 II 1.2, 1.3

Kostenträgerstückrechnung
2003 II 4.3; 2004 II 2; 2005 II 2.2; 2006 II 1.2, 1.3; 2009 II 1.1

Maschinenstundensatzrechnung
2002 II 1.2; 2003 II 4.1; 2004 II 1.2; 2005 II 1.2; 2007 II 1.2

Deckungsbeitragsrechnung
Kostenauflösung
2003 II 3

Entscheidung unter Vollkosten- bzw. Teilkostenbetrachtung
2007 II 2.3

Ermittlung der kurz- und langfristigen Preisuntergrenze
2002 II 2.3; 2003 II 4.3.2; 2004 II 2.3

Ermittlung der Gewinnschwelle
2002 II 2.5; 2003 II 2; 2007 II 4.2; 2009 II 2.3

Berechnung der Deckungsbeiträge I und II und des Betriebsergebnisses
2005 II 4.1; 2007 II 3.1

Entscheidung hinsichtlich verschiedener Fertigungsverfahren bzw. Eigenfertigung oder Fremdbezug (Grenzmenge, kritische Menge)
2003 II 3; 2006 II 4; 2008 II 4; 2009 II 3

Engpassrechnung
2003 II 1; 2006 II 3; 2008 II 3

Sonstige Anwendung bei produktions- oder absatzpolitischen Problemen
2002 II 2, 4; 2004 II 3.3, 3.4, 4; 2005 II 3, 4.2; 2006 II 2; 2007 II 3.2, 3.3, 4.1; 2009 II 2.2, 2.3

Teil III: Materialwirtschaft und Marketing

Materialwirtschaft
Angebotsvergleich
2005 III 1.1; 2007 III 1.1

Berechnung und Bedeutung der Lagerkennziffern und der verschiedenen Lagerbestände
2005 III 1.2; 2006 III 1.1; 2007 III 1.2; 2008 III 1; 2009 III 3

ABC-Analyse
2008 III 1.3

Bestellpunktverfahren
2006 III 1.2; 2009 III 1

Ermittlung der optimalen Bestellmenge
2009 III 2

Marketing
Produktmix
2003 III 3.2; 2005 III 2.1; 2006 III 2.1; 2007 III 2.1; 2008 III 2.1

Kontrahierungsmix
2007 III 2.5; 2008 III 2.2; 2009 III 4.2

Kommunikationsmix
2002 III 1; 2004 III 1.2; 2006 III 2.1; 2007 III 2.4; 2009 III 4.1

Distributionsmix
2002 III 3.2; 2003 III 4; 2004 III 1.1; 2005 III 2.3; 2006 III 3; 2009 III 4.3

Produktlebenszyklus
2003 III 2; 2004 III 1.3.1; 2007 III 2.3; 2008 III 2.3

Marktanteils-Marktwachstums-Portfolio
2002 III 2; 2004 III 1.3.2, 3.1, 3.3; 2005 III 2.2; 2006 III 2.2; 2007 III 2.2, 2.3; 2008 III 2.4; 2009 III 4.4

Hinweise und Tipps

Ablauf der Prüfung

Die Aufgaben der Fachabiturprüfung werden zentral vom Bayerischen Staatsministerium für Unterricht und Kultus gestellt und sind für alle Schüler der FOS bzw. BOS (12. Klasse) in Bayern verbindlich vorgeschrieben.
Die Prüfung dauert 180 Minuten, in denen Sie alle Aufgaben bearbeiten müssen; es besteht keine Auswahlmöglichkeit.
Als Hilfsmittel sind ein nicht programmierbarer Taschenrechner, der übliche Industriekontenrahmen und der Abdruck der §§ 266, 268 (1) HGB zur Bilanz zugelassen.

Inhalte und Schwerpunktthemen

In der Fachabiturprüfung des Faches BWR werden folgende Themenbereiche geprüft:
- Geschäftsbuchführung, Finanzwirtschaft und Jahresabschluss (überwiegend Teil I mit ca. 50 BE)
- Kosten- und Leistungsrechnung (überwiegend Teil II mit ca. 30 BE)
- Materialwirtschaft und Marketing (überwiegend Teil III mit ca. 20 BE)

Eine komprimierte Zusammenfassung der abschlussprüfungsrelevanten Inhalte finden Sie im nachfolgenden BWR-Skript.
Für alle Prüfungsaufgaben gilt der aktuelle Mehrwertsteuersatz von 19 % bzw. 7 %.

Leistungsanforderungen

Die Fachabiturprüfung im Fach BWR verlangt problemlösendes Denken, das heißt, es werden komplexe betriebswirtschaftliche Problemsituationen beschrieben, die Sie erkennen und analysieren müssen und für die Sie Lösungen erarbeiten, darstellen und begründen müssen.

Bewertung

Die bei den einzelnen Aufgaben maximal erreichbaren Bewertungseinheiten (BE) finden Sie nach dem Vorwort aufgeführt.

Bei 100 maximal in der schriftlichen Abschlussprüfung erreichbaren Bewertungseinheiten verteilen sich die Notenpunkte wie folgt:

Note	Punkte	Bewertungseinheiten
	15	100–96
1	14	95–91
	13	90–86
	12	85–81
2	11	80–76
	10	75–71
	9	70–66
3	8	65–61
	7	60–56
	6	55–51
4	5	50–46
	4	45–41
	3	40–34
5	2	33–27
	1	26–20
6	0	19–0

Methodische Hinweise und Zeitmanagement

Vorbereitung

- Bereiten Sie sich langfristig vor!
- Wiederholen Sie bereits behandelte Inhalte (v. a. den prüfungsrelevanten Stoff der 11. Klasse) regelmäßig und verfestigen Sie Ihr Wissen durch neue, komplexere Aufgabenstellungen, um das langfristige Gedächtnis zu aktivieren.
- Benutzen Sie als Grundlage für diese Wiederholungen neben diesem Übungsbuch Ihre (hoffentlich) gut sortierten Unterrichtsaufzeichnungen, alte Schulaufgaben und Extemporalien sowie das Lehrbuch.
- Besprechen Sie auftretende Fragen und Probleme sofort mit Mitschülern und/oder dem Fachlehrer und lösen Sie komplizierte Fragestellungen gemeinsam.
- Versuchen Sie auch bei Übungen zügig und konzentriert zu arbeiten.
- Stellen Sie sich einen Wecker und machen Sie sich selbst Zeitvorgaben, um so die Prüfungssituation zu simulieren.
- Arbeiten Sie engagiert im Unterricht mit. Sie schaffen so die Grundlage für Erfolge bei den Leistungstests und sorgen damit für ein ruhiges Gewissen in der Abschlussprüfung.

Hinweise zu den Aufgaben in diesem Buch

Die Prüfungen bis zum Jahr 2004 inklusive wurden noch nach dem alten Lehrplan erstellt. Darin enthaltenen Aufgaben, die nach dem aktuellen Lehrplan nicht mehr relevant sind, sind in den Angaben des jeweiligen Jahrgangs mit einem * gekennzeichnet.

Bearbeitung der Prüfung

- Bearbeiten Sie die Prüfungsarbeiten möglichst in der angegebenen Reihenfolge. Bei häufigem Springen von einem Themenbereich zum anderen verlieren Sie schnell den Überblick und erkennen keine Zusammenhänge.
- Orientieren Sie sich an der Zahl der maximal erreichbaren Bewertungseinheiten, um einen groben Zeitplan für die einzelnen Teilaufgaben festzulegen.
- Lesen Sie die inhaltlich zusammengehörenden Aufgaben ruhig, konzentriert und vollständig durch; oft bekommen Sie in nachfolgenden Teilaufgaben direkte oder indirekte Hinweise, die Sie bei der Lösung der vorhergehenden Aufgaben verwenden können.
- Markieren Sie beim Lesen wichtige Daten in der Aufgabenstellung farbig.
- Oft hilft Ihnen eine grafische Darstellung oder Skizze, um die Problemstellung zu veranschaulichen und um den Einstieg in die Lösung zu finden.
- Nutzen Sie bekannte Schemata als „Gerüst", wie z. B. das Kostenkalkulationsschema, den BAB, das Kostenträgerblatt oder das Schema für die mehrstufige Deckungsbeitragsrechnung, in die Sie die gegebenen Werte eintragen, um dann nach und nach die fehlenden Größen zu ermitteln.
- Sollten Ihnen notwendige Zwischenergebnisse, die oft auch mit angegeben sind, fehlen, machen Sie eine (sinnvolle) Annahme, unter der Sie dann die nachfolgenden Teilaufgaben lösen. Vermerken Sie aber unbedingt auf Ihrem Blatt, dass Sie mit einer selbstgewählten Annahme weiterrechnen.
- Auch eine saubere, großzügige und übersichtliche Form hilft beim Erkennen und Lösen eines Problems.
- Verwenden Sie geeignete Fachbegriffe und vergessen Sie nicht die Bezeichnungen bei den grafischen Darstellungen und den berechneten Werten.

BWR-Skript: Komprimierte Zusammenfassung prüfungsrelevanter Inhalte

1 Grundlagen der Betriebswirtschaftslehre

Ziele der Unternehmung (Zielarten)

- **Ökonomische Ziele** sind zahlenmäßig definierbar, wie z. B. Gewinnerzielung, Kostenreduzierung, Rentabilitätssteigerung.
  Das Erreichen der Ziele wird durch Kennziffern überprüft, wie z. B:

$$\text{Produktivität} = \frac{\text{Output}}{\text{Input}}$$

$$\text{Wirtschaftlichkeit} = \frac{\text{Erträge}}{\text{Aufwendungen}}$$

$$\text{Rentabilität} = \frac{\text{Gewinn}}{\text{Kapitalanfangsbestand}}$$

- **Psychografische Ziele** wie z. B. Steigerung des Bekanntheitsgrades oder Verbesserung des Images eines Unternehmens sind weniger leicht messbar, aber für das Erreichen der ökonomischen Ziele oft eine wichtige Voraussetzung.
- **Soziale Ziele:** Mitarbeiterzufriedenheit, Arbeitsplatzsicherung usw.
- **Ökologische Ziele:** Reduzierung der Umweltverschmutzung und Schonung der Ressourcen durch Verwendung recyclefähiger Materialien in der Produktion usw.

Zielbeziehungen

- **Komplementäre Ziele** ergänzen sich gegenseitig bei der Zielverfolgung (Zielharmonie), wie z. B. Umsatzsteigerung und Verbesserung der Produktqualität.
- **Konkurrierende Ziele** behindern sich gegenseitig (Zielkonflikt), wie z. B. Rentabilitätssteigerung und Verbesserung der Altersversorgung der Mitarbeiter.
- **Indifferente Ziele** verhalten sich neutral zueinander, wie z. B. Imageverbesserung für ein Produkt im Inland und Erschließung eines neuen Marktes in Osteuropa.

Betriebliche Grundfunktionen (Überblick)

- Materialwirtschaft (vgl. Punkt 3)
- Produktionswirtschaft (nicht prüfungsrelevant)
- Finanzwirtschaft (vgl. Punkt 7)
- Absatzwirtschaft (vgl. Punkt 8)
- Personalwirtschaft (nicht prüfungsrelevant)

2 Vollkostenrechnung

2.1 Zusammenfassende Übersicht zur Vollkostenrechnung

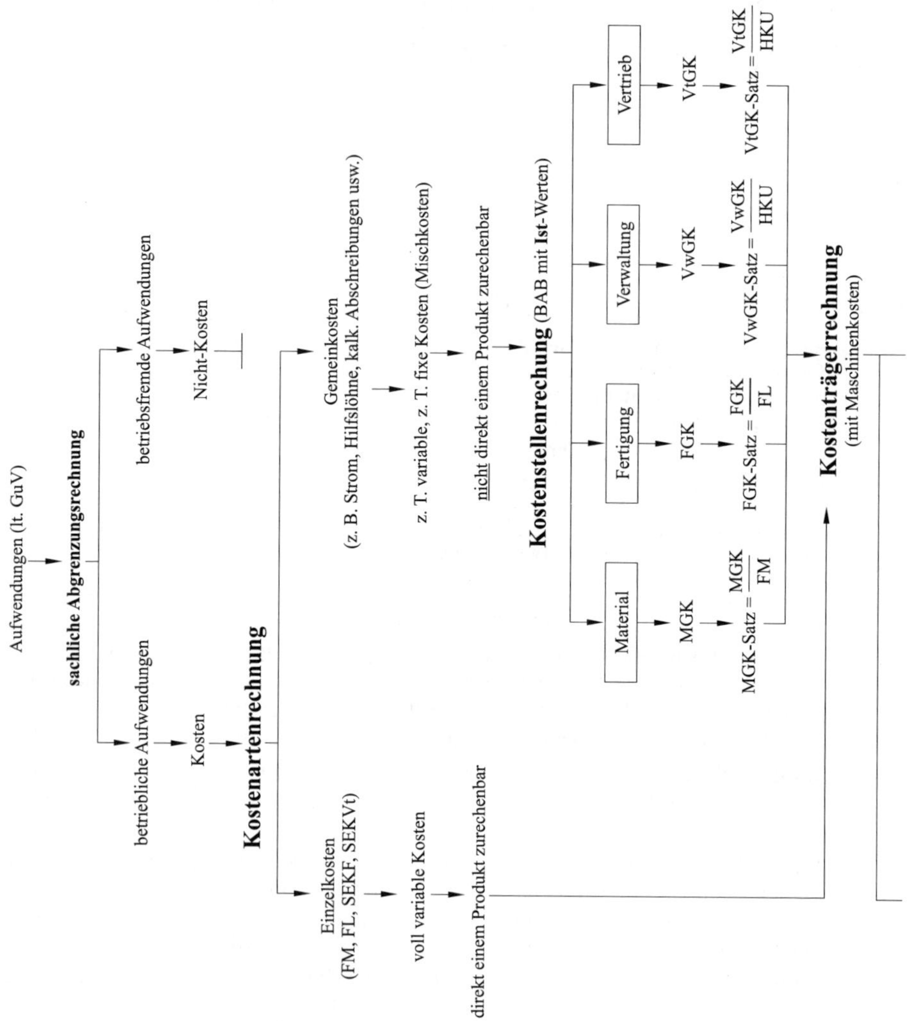

Kostenträgerstückrechnung mit Angebotskalkulation (Vorkalkulation mit N- und Nachkalkulation mit Ist-Werten)

FM	
MGK	(in % des FM)
Ma. K	(Ma. Std. Satz · Ma.laufzeit)
FL	
RFGK	(in % der FL)
SEKF	
HK	
VwGK	(in % der HK)
VtGK	(in % der HK)
SEKVt	
SK	
Gewinn	(in % der SK)
v**VP**	
Prov.	(in % des ZVP)
BVP	
Skonto	(in % des ZVP)
ZVP	
Rabatt	(in % des AP)
AP	

Kostenträgerzeitrechnung mit Berechnung der Selbstkosten, des Betriebsergebnisses (Ist) und der Umsatzergebnisse (N) insgesamt und je Produktgruppe anhand vom

Kostenträgerblatt

Kosten	Ist-Sätze	insgesamt Ist-Beträge	Über-/Unterd.	insgesamt N-Beträge	N-Sätze	Produkt A N-Beträge	Produkt B N-Beträge

FM	
+ MGK	
+ Ma. K	= Ma. Std. Satz · Maschinenlaufzeit
+ FL	
+ RFGK	= FGK ./. Ma. K
+ SEKF	
= **HKA**	= Herstellkosten der Abrechnungsperiode
(z. B.) + BVUE	= Aufw.mehrung ≙ Best.minderung; (Berechnung mit **N**-Werten)
= **HKFE**	= HK/Stck. · fertiggestellte Stückzahl
(z. B.) ./. BVFE	= Aufw.minderung ≙ Best.mehrung = N-HK/Stck. · BV (in Stck.)
= **HKU**	= HK/Stck. · verkaufte Stückzahl
+ VwGK	
+ VtGK	
+ SEKVt	
= **SKU**	= SK/Stck. · verkaufte Stückzahl

Erlöse	
./. N-SKU	
= **Umsatzergebnis**	= Erlöse ./. N-SKU
+/./. Über-/Unterd.	= N-SKU ./. Ist-SKU
= **Betriebsergebnis**	= Erlöse ./. Ist-SKU

2.2 Kostenartenrechnung

Abgrenzung der Begriffe

- Ausgaben bzw. Einnahmen (zeitpunkt- und unternehmensbezogen)
- Aufwendungen bzw. Erträge (zeitraum- und unternehmensbezogen)
- Kosten bzw. Leistungen (zeitraum- und betriebsbezogen)

Kriterien zur Einteilung der Kosten

- Zurechenbarkeit auf die Kostenträger (Produkte): Einzelkosten (FM, FL, SEKF, SEKVt) sind direkt, Gemeinkosten (MGK, FGK, VwVtGK) nur indirekt (über die im BAB ermittelten Zuschlagssätze) zurechenbar.
- Abhängigkeit vom Beschäftigungsgrad: Variable Kosten (z. B. Materialverbrauch) fallen abhängig, fixe Kosten (z. B. Miete für eine Lagerhalle) unabhängig von der Produktionsmenge an.

2.3 Kostenstellenrechnung

- Mithilfe des BABs werden die nicht direkt den einzelnen Kostenträgern zurechenbaren Gemeinkosten verursachungsgerecht auf die Hauptkostenstellen (Material, Fertigung, Verwaltung, Vertrieb) umgelegt, die für jede Kostenstelle anteiligen Gemeinkosten (MGK, FGK, VwGK, VtGK) berechnet und die für die Verteilung auf die Kostenträger notwendigen Gemeinkosten-Zuschlagssätze ermittelt.
- Bestandsveränderungen an FE und UE werden mit Normal-Gemeinkosten berechnet.

2.4 Kostenträgerrechnung

- Die **Kostenträgerzeitrechnung** ermittelt mithilfe des Kostenträgerblattes den Erfolg des Gesamtbetriebes (mit Normal- und Ist-Kosten) und der einzelnen Erzeugnisgruppen (mit Normal-Kosten) und stimmt Betriebs- und Umsatzergebnisse miteinander ab.
- Die **Kostenträgerstückrechnung** dient der Kalkulation der Selbstkosten der einzelnen Erzeugnisse und der Angebotspreise (mit Vor- und Nachkalkulation, d. h. mit Normal- und Ist-Kosten).
- Mithilfe der **Maschinenkostenrechnung** wird eine verursachungsgerechtere Zuteilung der Kosten auf die Kostenträger erreicht, indem die maschinenabhängigen Kosten (z. B. kalkulatorische Abschreibungen und Zinsen, Wartungskosten) aus den Fertigungsgemeinkosten herausgerechnet und mithilfe eines Maschinenstundensatzes extra kalkuliert werden.
- Der Vergleich von Normal- und Ist-Kosten (**Über- bzw. Unterdeckung**) ermöglicht eine fortwährende Kostenkontrolle und -interpretation.

3 Materialwirtschaft

- Die **Aufgabe der Materialwirtschaft** ist die Bereitstellung der Materialien in der benötigten Art, Menge und Qualität, zur richtigen Zeit am richtigen Ort, möglichst umweltgerecht und zu minimalen Kosten.
- Bei der Erfüllung der Aufgabe entstehen **Zielkonflikte**; z. B. konkurriert eine hohe Lieferbereitschaft mit einer geringen Kapitalbindung oder eine umweltgerecht gute Qualität mit einer Minimierung der Materialkosten.
- Die **Ermittlung des Materialbedarfs** hinsichtlich des optimalen Zeitpunkts erfolgt u. a. nach dem Bestellpunktverfahren, bei dem die Bestellung ausgelöst wird, wenn ein bestimmter Meldebestand (= Bestellpunkt) erreicht ist:
  - Meldebestand = (Tagesverbrauch · Beschaffungszeit) + Sicherheitsbestand

- **Grafische Darstellung des Bestellpunktverfahrens**

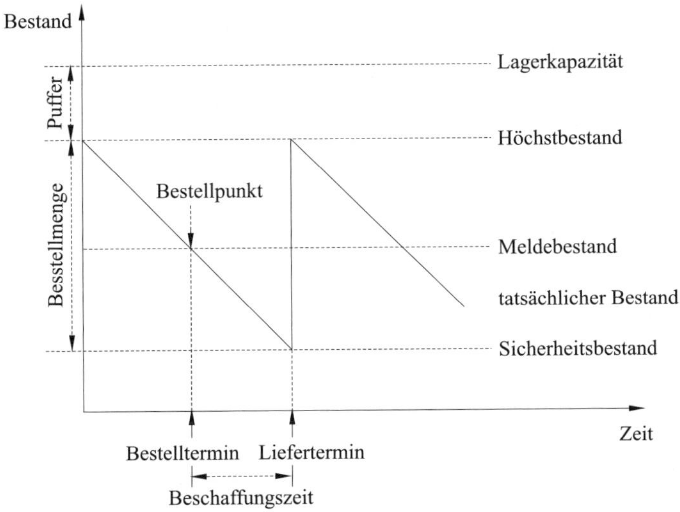

– Um dem Ziel der Kostenminimierung gerecht zu werden, wird die **optimale Bestellmenge** ermittelt, bei der die Summe aus Bestell- und Lagerkosten am geringsten ist:

- Optimale Bestellmenge $= \sqrt{\dfrac{2 \cdot \text{Jahresbedarf} \cdot \text{fixe Bestellkosten}}{\text{Einstandspreis} \cdot (\text{Zinssatz} + \text{Lagerkostensatz})}}$
- Bestellhäufigkeit = Jahresbedarf : optimale Bestellmenge
- **Grafische Darstellung der Ermittlung der optimalen Bestellmenge**

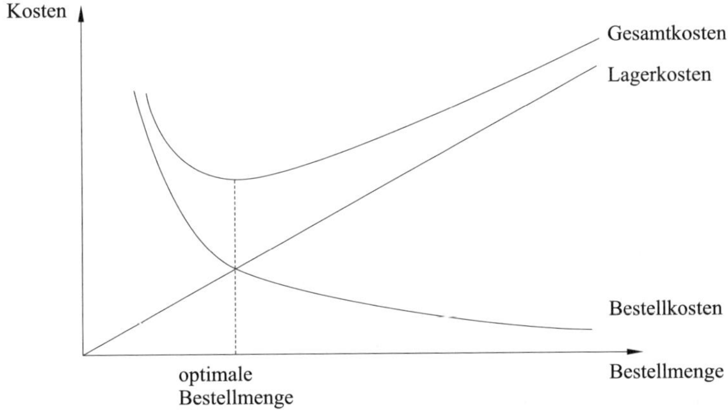

Die optimale Bestellmenge ist erreicht, wenn die Summe aus Lagerkosten und Bestellkosten ihr Minimum erreicht. Solange die Bestellkosten stärker fallen als die Lagerkosten steigen, ist das Minimum noch nicht erreicht; sobald die Lagerkosten schneller steigen als die Bestellkosten, ist das Minimum bereits überschritten; folglich liegt das Kostenminimum bei der Menge, bei der die absoluten Steigungen der beiden Kostenfunktionen gleich sind.

- Die **ABC-Analyse** teilt die einzukaufenden Materialien nach ihrem jährlichen, wertmäßigen Verbrauch in drei Gruppen ein; man erkennt so, bei welchen Teilen häufige Bestellungen bzw. geringe Sicherheitsbestände lohnend sind (A-Teile), um möglichst geringe Kapitalbindung zu erreichen. Bei den C-Teilen lohnt sich der große Dispositionsaufwand nicht.
- Bei der Auswahl des geeigneten Lieferanten ist ein **Angebotsvergleich** durchzuführen:

Quantitative Kriterien	**Qualitative Kriterien**
Angebotspreis Preisnachlässe Zahlungsbedingungen Lieferungsbedingungen	Produktqualität Zuverlässigkeit Service Garantie und Kulanz

- Die Beurteilung der Wirtschaftlichkeit der Lagerhaltung erfolgt anhand verschiedener **Lagerkennziffern:**

$$\text{Durchschnittl. Lagerbestand} = \frac{\text{Jahresanfangsbestand} + \text{Jahresendbestand}}{2}$$

$$= \frac{\text{Jahresanfangsbestand} + 12 \text{ Monatsendbestände}}{13}$$

$$\text{Lagerumschlagshäufigkeit} = \frac{\text{Jahresverbrauch}}{\text{durchschnittlicher Lagerbestand}}$$

$$\text{Durchschnittl. Lagerdauer} = \frac{360 \text{ Tage}}{\text{Lagerumschlagshäufigkeit}}$$

$$\text{Lagerzinssatz} = \frac{\text{Jahreszinssatz} \cdot \text{durchschnittliche Lagerdauer}}{360 \text{ Tage}}$$

4 Geschäftsbuchführung

4.1 Prinzip der Mehrwertsteuer

- Für das Unternehmen ist die MwSt. ein durchlaufender Posten.
- Auf jeder Produktionsstufe wird nur der jeweils neu geschaffene Mehrwert versteuert.
- Die Zahllast (= USt – VSt) ist monatlich an das Finanzamt abzuführen. Dazu ist das im Normalfall betragsmäßig kleinere VSt-Konto (2600) über das USt-Konto (4800) abzuschließen.
- Der Endverbraucher trägt die gesamte USt-Last.

4.2 Bewegungen im Umlaufvermögen

4.2.1 Grundsätzliches

- **Rabatt:** Preisnachlässe wie z. B. Mengen- oder Treuerabatt werden nicht extra gebucht, sondern sofort vom Listen- oder Angebotspreis abgezogen.

- **Rücksendung:** Z. B. völlig unbrauchbare Ware wird zurückgeschickt und buchhalterisch storniert („umgedrehter" Buchungssatz).
- **Bonus, sonstiger Nachlass:** Ein nachträglich gewährter Rabatt, z. B. für das Erreichen eines bestimmten Umsatzes (Bonus), oder ein Preisnachlass aufgrund einer Mängelrüge, führen zu einer Minderung der Aufwendungen bzw. der Umsatzerlöse; die buchhalterische Korrektur erfolgt über entsprechende Unterkonten mit VSt- bzw. USt-Berichtigung.
- **Skonto:** Ein Preisnachlass als Zinsvergütung für schnelle Bezahlung innerhalb der Skontierungsfrist führt ebenso zu einer Minderung der Aufwendungen bzw. der Umsatzerlöse; erst bei Bezahlung der Rechnung erfolgt die buchhalterische Korrektur über entsprechende Unterkonten mit VSt- bzw. USt-Berichtigung.
- **Buchungsübersicht** (z. B. Rohstoffe):

	Ankauf	**Verkauf**
Rechnungsein- bzw. ausgang (ohne oder auch mit Rabattabzug)	6000 / 2600 / 4400	2400 / 5000 / 4800
Rücksendung	4400 / 6000 / 2600	5000 / 2400 4800 /
Bonus, sonstiger Nachlass	4400 / 6002 / 2600	5001 / 2400 4800 /
Skonto (erst bei rechtzeitiger Bezahlung)	4400 / 6002 / 2600 / 2800	5001 / 2400 4800 / 2800 /

4.2.2 Nebenleistungen beim Kauf und Verkauf von Umlaufvermögen (beispielsweise Verpackung, Fracht, Transportversicherung)

- Beim **Einkauf** von z. B. Rohstoffen sind Fracht, Verpackung usw. als **Bezugskosten** auf dem Unterkonto 6001 zu buchen; sie erhöhen den Wert der Stoffe. Gemeinsame Bezugskosten sind anteilig (nach Wert oder Gewicht) aufzuteilen.
- Im Zusammenhang mit dem **Verkauf** von Fertigerzeugnissen sind z. B. der Einkauf von Verpackungsmaterial (6040) oder die Beauftragung eines Spediteurs (6140) zunächst als **betrieblicher Aufwand** und bei evtl. Rechnungsstellung an den Kunden als **betriebliche Leistung** (5000) zu buchen.

4.2.3 Ermittlung des Verbrauchs an Stoffen (z. B. Rohstoffe)

- Buchung der Zukäufe während des Jahres direkt auf das Aufwandskonto (6000)
- Buchung des Schlussbestands vom Bestandskonto (2000) über das SB-Konto (8010)
- Buchung der Bestandsveränderung von Konto (2000) über das Aufwandskonto (6000)
- Abschluss der Unterkonten (6001, 6002) über das Aufwandskonto (6000)
- Saldo des Aufwandskontos (6000) = Verbrauch an Rohstoffen
- Abschluss des Aufwandskontos (6000) über das GuV-Konto (8020)
- Verbrauch = AB – SB + Zukäufe + Bezugskosten – Rücksendungen – Preisnachlässe

4.2.4 Bestandsveränderungen bei fertigen (FE) und unfertigen Erzeugnissen (UE)

- Buchung der Verkäufe (FE) während des Jahres direkt auf das Erfolgskonto (5000)
- Buchung der Schlussbestände von UE (2100) und FE (2200) über das SB-Konto (8010)
- Buchung der Bestandsveränderungen von UE (2100) und FE (2200) über das Sammelkonto (5200)

- Abschluss des Erfolgskontos (5200) über das GuV-Konto (8020)
- Bestandsmehrung = Aufwandsminderung
- Bestandsminderung = Aufwandsmehrung

4.3 Bewegungen im Sachanlagevermögen

4.3.1 Kauf von Sachanlagegütern (z. B. einer Maschine)

- **Anschaffungskosten (AK)**

  Angebotspreis
  – Anschaffungskostenminderungen (z. B. Rabatt, Skonto)
  \+ Anschaffungsnebenkosten (z. B. Fracht, Montage)
  = Anschaffungskosten

- **Anschaffungsnebenkosten (ANK)** sind alle Kosten, die (einmalig) anfallen, um das Anlagegut zu erwerben und betriebsbereit zu machen (Anlauf-, Anlern- und Finanzierungskosten zählen zu den laufenden Kosten) .
- ANK und AK-Minderungen werden direkt auf den jeweiligen Anlagekonten gebucht (**keine Unterkonten**).
- **Gemeinsame ANK** sind anteilig aufzuteilen.
- **Ankaufsbuchung** 0720 /
  2600 / 4400

4.3.2 Aktivierte Eigenleistungen

- **Aktivierte Eigenleistungen** sind z. B. im Betrieb selbst erstellte und genutzte Maschinen, die (bereits gebuchte) Material-, Lohnaufwendungen (6000, 6200) usw. verursacht haben und die bei Inbetriebnahme über das Ertragskonto 5300 erfolgsmäßig neutralisiert werden.
- **Buchung** 0720 / 5300

4.3.3 Verkauf von Anlagegütern (z. B. einer Maschine)

- **Verkaufsbuchung** 2800 / 5410
  /4800
- Bei einer **Inzahlunggabe** wird statt des Zahlkontos (2800) das Konto Verbindlichkeiten (4400) angesprochen.
- Erfolgsbuchung
  - Verkauf **über Restbuchwert** 5410 / 0720
    /5460
  - Verkauf **unter Restbuchwert** 5410 / 0720
    6960 /

5 Teilkostenrechnung

5.1 Abgrenzung zur Vollkostenrechnung

Da Fixkosten zwar langfristig, aber häufig nicht kurzfristig abgebaut werden können, ist die Vollkostenrechnung die Grundlage für langfristige, die Teilkostenrechnung für kurzfristige Entscheidungen, wobei als Kriterium der Stückgewinn ($g = p - k_g$) bzw. der Stückdeckungsbeitrag ($db = p - k_v$) herangezogen wird.

5.2 Break-Even-Analyse

– Grafische Darstellung der Kostenverläufe

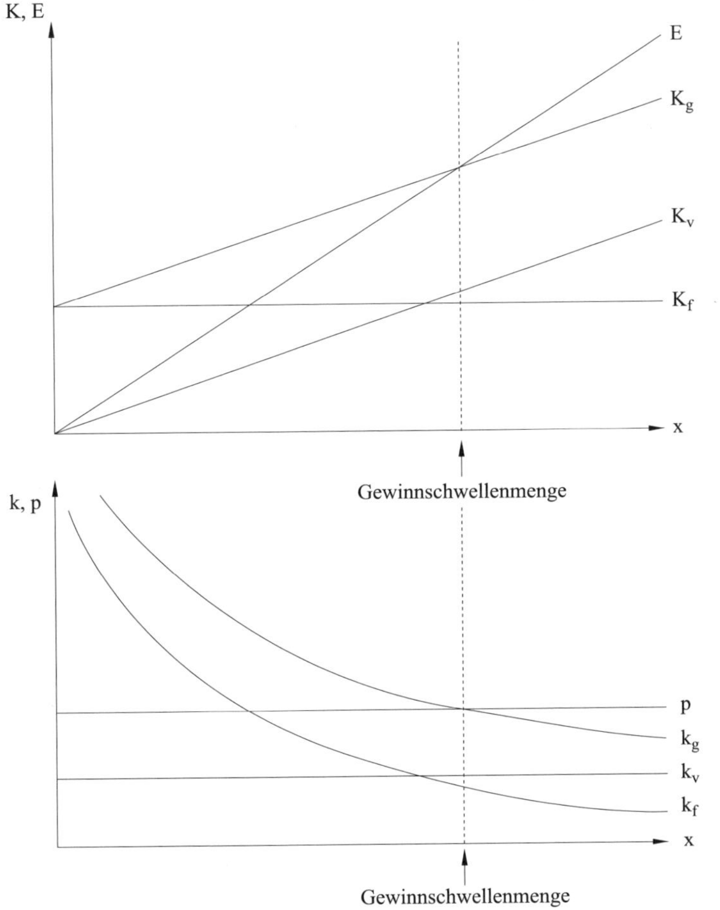

– **Berechnung der Gewinnschwellenmenge x_m**

$x_m = K_f : (p - k_v)$

$= K_f : db$

– **Auswirkungen von Kosten- und Preisänderungen auf die Gewinnschwelle**

Steigende Kosten (K_f, k_v) und/oder ein sinkender Verkaufspreis (p) erhöhen die Gewinnschwellenmenge x_m und umgekehrt.

– **Berechnung der kurz- und langfristigen Preisuntergrenze**

Kurzfristig muss der Verkaufspreis p mindestens die variablen Stückkosten k_v (= Grenzkosten) decken:

$p_{kurz} = k_v$

Langfristig muss der Stückerlös p die gesamten Stückkosten (k_g) decken:

$p_{lang} = k_g = k_f + k_v$

- **Kostenauflösung**
  Eine z. B. erhöhte Produktion verursacht auch eine Steigerung der Gesamtkosten; diese bewirkt aber nur eine Veränderung im variablen Kostenbereich, da die Fixkosten von der Produktionsmenge unabhängig anfallen:

$$x_1 \triangleq K_{g1}$$
$$x_2 \triangleq K_{g2}$$
$$\Delta x \triangleq \Delta K_g = \Delta K_v$$
$$k_v = \Delta K_v : \Delta x$$
$$K_f = K_{g1} - k_v \cdot x_1 = K_{g2} - k_v \cdot x_2$$

5.3 Deckungsbeitragsrechnung

- **Berechnung des Deckungsbeitrags**
  Stückdeckungsbeitrag = db = $p - k_v$
  Gesamtdeckungsbeitrag = DB = $db \cdot x$
  = $E - K_v$
- **Anwendungsbeispiele**
  - Das kostenrechnerische Kriterium für die **Annahme eines Zusatzauftrages** bei ausreichender Kapazität ist ein positiver Deckungsbeitrag (db >= 0).
  - Die **Grenzmenge** ($x_g = \Delta K_f : \Delta k_v$) entscheidet z. B. über den Einsatz zwischen
    - zwei alternativen Fertigungsanlagen,
    - Eigen- oder Fremdfertigung,
    - Handelsvertreter oder Reisendem.
  - Wenn z. B. in der Produktion ein zeitlicher **Engpass** auftritt, muss die zur Verfügung stehende Zeit gemäß der Rangfolge der relativen Stückdeckungsbeiträge (rel. db = abs. db : Prod.zeit pro Stck.) auf die einzelnen Produkte unter Berücksichtigung evtl. Lieferverpflichtungen verteilt werden.
- **Berechnung der Deckungsbeiträge DB I, DB II und des Betriebsergebnisses** (auch für Mehrproduktunternehmen)

	E	= $p \cdot x$
–	K_v	= $k_v \cdot x$
=	DB I	= $db \cdot x$
–	erzeugnisfixe Kosten	
=	DB II	
–	unternehmensfixe Kosten	
=	BE	

  Die Unterteilung in DB I und DB II gibt einen Einblick in die Abbaubarkeit der fixen Kosten.

6 Jahresabschluss (einer großen Kapitalgesellschaft)

6.1 Bewertung

6.1.1 Grundsätzliche Bewertungsübersicht für das gesamte Anlage- und Umlaufvermögen

(gemäß Einkommensteuerrecht unter Beachtung des Maßgeblichkeitsprinzips der Handelsbilanz für die Steuerbilanz)

Kriterium	**Bewertung**	**Buchung** (z. B. für eine Maschine)
Wertminderung voraussichtlich vorübergehend	Abschreibungsverbot	
Wertminderung voraussichtlich dauerhaft	Abschreibungspflicht auf den niedrigeren Teilwert (TW)	6550 / 0720
Wertminderung wieder entfallen	Wertaufholungspflicht bis zu den (fortgeführten) AHK ($\hat{=}$ Obergrenze)	0720 / 5440

Der **Teilwert** (TW) ist der Betrag, den der Erwerber eines Betriebes für das einzelne Wirtschaftsgut ansetzen würde, wobei man von der Fortführung des Betriebes ausgeht; der Teilwert entspricht ungefähr dem Wiederbeschaffungspreis.

6.1.2 Bewertung des abnutzbaren Sachanlagevermögens

- **Ermittlung der Herstellungskosten** mit Bewertungsober- und Untergrenzen (gemäß Steuerrecht)
  Für die Herstellkosten (HK) besteht eine Aktivierungspflicht (Konto 5300), für die Verwaltungsgemeinkosten (VwGK) ein Aktivierungswahlrecht und für die Vertriebskosten (VtGK, SEKVt) sowie für die kalkulatorische Kosten (z. B. kalk. Abschreibung und kalk. Zinsen) ein Aktivierungsverbot.
  - Ausweis des geringstmöglichen Gewinns:
    Aktivierung mit Untergrenze = HK
    Bilanzansatz (am Jahresende) = HK – höchstmögliche AfA
  - Ausweis des höchstmöglichen Gewinns:
    Aktivierung mit Obergrenze = HK + VwGK
    Bilanzansatz (am Jahresende) = (HK +VwGK) – geringstmögliche AfA
- **Ermittlung der Anschaffungskosten (AK) und der fortgeführten AK**

	Angebotspreis (AP)
–	Anschaffungskostenminderungen (z. B. Rabatt, Skonto)
+	Anschaffungsnebenkosten (z. B. Fracht, Montage)
=	Anschaffungskosten (AK)
–	Abschreibung
=	fortgeführte AK

– **Abschreibungen auf das abnutzbare Sachanlagevermögen (AfA)**
Für abnutzbare, bewegliche Wirtschaftsgüter des AVs, die nach dem 31. 12. 2007 angeschafft oder hergestellt werden, ist nur (noch) die lineare AfA zulässig;
AfA-Betrag = AHK : ND;
AfA-Satz = 100 % : ND;
Abschreibungen sind grundsätzlich monatsgenau durchzuführen.

– **Geringwertige** ($\triangleq$ bewegliche, abnutzbare, selbstständig nutz- und bewertbare) **Wirtschaftsgüter**
- **mit AHK bis höchstens 150,– €** müssen im Anschaffungsjahr in voller Höhe als Aufwand (Kontenklasse 6) verbucht werden (Verbrauchsfiktion),
- **mit AHK über 150,– € bis höchstens 1 000,– €** sind zwingend in einen jahrgangsbezogenen Sammelposten (Konto 0890) einzustellen. Dieser Sammelposten wird unabhängig vom Anschaffungsmonat und der ND pauschal mit 20 % pro Jahr, also über fünf Jahre linear abgeschrieben (AfA-Konto 6540).
Ein vorzeitiges Ausscheiden eines Wirtschaftsgutes aus dem Betriebsvermögen beeinflusst den Wert des Sammelpostens nicht.

– **Stille Reserven** entstehen durch Unterbewertung der Aktiva oder Überbewertung der Passiva.

6.1.3 Bewertung des Vorratsvermögens (UV)

– Bei der Bewertung des Vorratsvermögens findet das **Durchschnittswertverfahren** Anwendung:
Durchschnittswert = Wert von (AB + Zukäufe) : Menge von (AB + Zukäufe)

– Preisschwankungen im Bereich des Umlaufvermögens sind grundsätzlich normal und somit als vorübergehend anzusehen. Bei einer Preisminderung gilt also i. d. R. ein Abschreibungsverbot auf den geringeren Teilwert; bei einer Preiserhöhung stellen die Anschaffungskosten die absolute Wertobergrenze dar.

6.1.4 Bewertung von Forderungen aus Lieferungen und Leistungen

Forderungsarten				
einwandfreie		**zweifelhafte**		**uneinbringliche**
allgemeines Ausfallrisiko		spezielles Ausfallrisiko		Ausfall steht bereits fest
<u>Pauschal</u>wertberichtigung – am Ende des Jahres – ohne USt-Korrektur		<u>Einzel</u>wertberichtigung – am Ende des Jahres – ohne USt-Korrektur		<u>Voll</u>abschreibung – auch während des Jahres – mit USt-Korrektur
Erhöhung	Herabsetzg.	Erhöhung	Herabsetzg.	
6953 / 3680	3680 / 5450	6952 / 3670	3670 / 5450	6951 / 4800 / 2400
Abschluss 3680 / 2400		Abschluss 3670 / 2400		<u>Eingang</u> einer bereits abgeschriebenen Forderung 2800 / 5495 / 4800

6.1.5 Bildung und Auflösung von Rückstellungen

Wenn Höhe und/oder Fälligkeit einer noch zu erbringenden Zahlung für einen Aufwand des abgelaufenen Jahres noch nicht genau feststehen, ist zum Bilanzstichtag eine Rückstellung (Nettobetrag) zu bilden, die bei Rechnungseingang im neuen Jahr wieder aufzulösen ist.

Bildung der Rückstellung (z. B. für einen laufenden Prozess)	
6770 / 3930	
Auflösung der Rückstellung (bei Rechnungseingang)	
Rückstellung < tatsächliche Kosten	Rückstellung > tatsächliche Kosten
3930 / 6770 / 2600 / 4400	3930 / 5480 2600 / 4400

6.2 Bilanz und Gewinn- und Verlustrechnung

– **Ergebnisverwendung**

	Jahresüberschuss/-fehlbetrag	(= Bilanz vor jeglicher Ergebnisverw.)
+/–	Gewinn-/Verlustvortrag (Vj.)	
+	Entnahme aus der Kapitalrücklage	
+/–	Entnahme/Einst. aus/in Gewinnrückl.	
=	Bilanzgewinn/-verlust	(= Bilanz nach teilw. Ergebnisverw.)
–	Dividende (in % vom gez. Kapital)	
=	Gewinn-/Verlustvortrag (n. J.)	(= Bilanz nach vollst. Ergebnisverw.)

– **Berechnung des Eigenkapitals** (ausgehend von den Anfangsbeständen)

	Gezeichnetes Kapital
+/–	Gewinn-/Verlustvortrag aus dem Vorjahr
+	Kapitalrücklage
+	Gewinnrücklagen
=	Anfangsbestand an Eigenkapital
+/–	Jahresüberschuss/-fehlbetrag
=	Schlussbestand an Eigenkapital vor und nach teilweiser Ergebnisverwendung
–	Dividende
=	Schlussbestand an Eigenkapital nach vollständiger Ergebnisverwendung

7 Finanzwirtschaft

7.1 Begriffliche Grundlagen und Zusammenhänge

- Die Beschaffung von Geldkapital nennt man **Finanzierung**, die Verwendung von Geldkapital, d. h. die Umwandlung von Geldkapital in Vermögensteile (v. a. Produktivvermögen) bezeichnet man als **Investition**.
- Eine Möglichkeit zur Unterscheidung der **Investitionsarten** ist folgende:

Investitionsarten	
Finanzinvestitionen (in AV und UV)	**Sachinvestitionen** (in Anlage- und Vorratsvermögen)
	– Gründungsinvestition = Bereitstellung von AV u. UV – Ersatzinvestition = Ersatz für verbrauchte Betriebsmittel – Erweiterungsinvestition = Vergrößerung der Kapazität – Rationalisierungsinvestition = Verbesserung der Leistungsfähigkeit

- Die **Finanzierungsarten** kann man nach der Rechtsstellung der Kapitalgeber und der Kapitalherkunft unterscheiden:

		Kapitalherkunft	
		Innenfinanzierung	**Außenfinanzierung**
Rechtsstellung der Kapitalgeber	Eigenfinanzierung	– Selbstfinanzierung aus Gewinnen – Rückflussfinanzierung aus Abschreibungen	– Beteiligungsfinanzierung z. B. bei einer AG durch Ausgabe von (neuen) Aktien
	Fremdfinanzierung	– Finanzierung aus Rückstellungen (selbst gebildetes FK)	– Kreditfinanzierung z. B: Annuitätendarlehen oder Kontokorrentkredit

- Der Kreislauf finanzieller Mittel:

Kapitalfluss	**Mittelherkunft**	**Mittelverwendung**	**Bilanzauswirkung**
Kapitalbeschaffung	Außenfinanzierung		Bilanzverlängerung
⇩			
Kapitalbindung		Sachinvestition	Aktivtausch
⇩			
Kapitalfreisetzung und Kapitalneubildung	Innenfinanzierung Innenfinanzierung	Desinvestition	Aktivtausch Bilanzverlängerung
⇩			
Kapitalabfluss	Entfinanzierung		Bilanzverkürzung

7.2 Finanzierungsarten

7.2.1 Außenfinanzierung

- Bei einer **Beteiligungsfinanzierung** fließt dem Unternehmen Eigenkapital von außen zu, bei einer AG durch die Ausgabe von (neuen) Aktien. Dabei stellt eine große Anzahl von Aktionären mit z. T. kleinen Anteilen hohe Kapitalbeträge dauerhaft zur Verfügung, wodurch wiederum die Kreditwürdigkeit des Unternehmens steigt. Beträge, die bei der Emission junger Aktien den Nennwert übersteigen (Agio), werden der Kapitalrücklage zugeführt.
- Gebräuchliche Formen der **Kreditfinanzierung** (Fremdkapitalzufluss von außen) sind das langfristige Annuitätendarlehen und der kurzfristige Kontokorrentkredit.
  - Das Besondere an einem **Annuitätendarlehen** ist die gleich bleibende Belastung für den Kreditnehmer, wobei die Tilgungsanteile während der Laufzeit in dem Maße steigen wie die Zinsanteile sinken.
  - Ein **Kontokorrentkredit**, den der Kreditnehmer bis zu einer vereinbarten Höhe kurzfristig in Anspruch nehmen kann, vergrößert den Dispositionsspielraum und sichert die Zahlungsbereitschaft (z. B. bei der Ausnutzung von Skonti) des Unternehmens, ist aber relativ kostenintensiv.

7.2.2 Innenfinanzierung

- Bei der **Selbstfinanzierung** fließt dem Unternehmen Kapital aus den im Umsatzprozess erzielten Gewinnen zu. Das zusätzliche Eigenkapital, das dem Unternehmen frei (ohne Zins- und Tilgungszahlungen) zur Verfügung steht, stärkt seine Unabhängigkeit und Kreditwürdigkeit und vermindert seine Krisenanfälligkeit.
  - Die **offene Selbstfinanzierung** wird in der Bilanz einer AG sichtbar, wenn z. B. der nicht an die Aktionäre ausgeschüttete Gewinn in die gesetzliche oder in die freiwilligen Rücklagen eingestellt wird.
  - Die **stille Selbstfinanzierung**, die in der Bilanz nicht offen zu erkennen ist, entsteht durch Unterbewertung der Aktiva (z. B. durch überhöhte Abschreibungen) oder durch Überbewertung der Passiva (z. B. durch zu hohe Rückstellungen).
- Bei der **Finanzierung aus Rückstellungen** liegt der Effekt darin, dass Rückstellungen (selbst erstelltes Fremdkapital z. B. für Pensionen) erst zu einem späteren, ungewissen Zeitpunkt zu Auszahlungen führen; bis dahin verbleiben sie als liquide Mittel im Unternehmen.

8 Marketing

Mit der Veränderung des Marktes vom Verkäufer- zum Käufermarkt begründete sich die Notwendigkeit des Marketing (**marktorientierte Führung** des gesamten Unternehmens). Um den Marketingmix gezielt einsetzen zu können, wird der Gesamtmarkt in möglichst homogene Teilmärkte (Marktsegmente) eingeteilt.

8.1 Produktmix

- **Produktinnovation** (Entwicklung und Einführung neuer Produkte in den Markt) ist eine wichtige Voraussetzung für die internationale Wettbewerbsfähigkeit; enormen Wachstumschancen stehen aber auch große Risiken gegenüber.
- **Produktdifferenzierung** (Anbieten mehrerer Produktvarianten zur gleichen Zeit) ist notwendig, um den unterschiedlichen Bedürfnissen der verschiedenen Zielgruppen gerecht zu werden (z. B. Golf Variant und Golf Cabrio).

- **Produktvariation** (grundlegende Veränderung von bereits im Markt eingeführten Produkten) wird notwendig, wenn sich z. B. Verbraucherbedürfnisse deutlich verändern, neue Konkurrenzprodukte oder technische Neuerungen auf den Markt kommen (z. B. Golf Generation V).
- **Produktdiversifikation** (Programmerweiterung durch zusätzliche Produkte) dient v. a. der Risikostreuung durch das Schaffen eines weiteren Standbeines; auch werden Synergieeffekte wie z. B. Qualitätsausstrahlungseffekte, das bisherige Produktions-Know-How oder der bestehende Kundenstamm genutzt.

Arten der Produktdiversifikation		
horizontale	**vertikale**	**laterale**
sachlicher Zusammenhang		keinerlei Sachzusammenhang
gleiche Produktionsstufe	vor- oder nachgelagerte Produktionsstufe	
z. B. Pullover und Hemden	z. B. Pullover und Wolle	z. B. Pullover und Kaffee

- **Produktelimination** (Herausnehmen bisheriger Produkte aus dem Markt) wird z. B. notwendig bei starkem Umsatzrückgang, bei technischer Veralterung des Produktes oder wenn Konkurrenzprodukte mit besseren Problemlösungen auf den Markt kommen.
- Die einzelnen Entscheidungen zur Produktinnovation, Differenzierung, Variation, Diversifikation oder Elimination eines Produktes sind stets im Zusammenhang mit der betrieblichen Programmpolitik (**Programmgestaltung**) zu sehen.
- Neben der **Produktgestaltung** kommt der **Verpackung** eine besondere Bedeutung zu. Neben der **Schutzfunktion** (Sicherung der Transport-, der Lagerfähigkeit und der Qualität) hat die moderne Verpackung v. a. eine **Verkaufsfunktion:**
  - Identifizierung und Abgrenzung zu Konkurrenzprodukten
  - Werbe- und Informationsträger am Point of Sale (PoS)
  - Erleichterung der Produktverwendung hinsichtlich Handhabung, Dosierbarkeit usw.
- **Bedeutung und Ziele der Markenpolitik**
  Eine Marke ist ein in der Psyche des Konsumenten verankertes, unverwechselbares Vorstellungsbild von einem Produkt (Individualisierung eines Massenprodukts).

Ziele der Markenpolitik aus der Sicht der Hersteller	**Funktionen der Marke aus der Sicht der Konsumenten**
– Absatz, Umsatz, Gewinnsteigerung – Abgrenzung zu Konkurrenzprodukten – Präferenz- und Imagebildung – Vergrößerung des preispolitischen Spielraums – Steigerung der Planungssicherheit	– Orientierungs- und Erinnerungshilfe – Identifikations- und Wiedererkennungshilfe – Reduzierung des Kaufrisikos – Qualitätsvermutung – Prestigegewinn im sozialen Umfeld

8.2 Kontrahierungsmix (Preis- und Konditionenpolitik)

8.2.1 Preispolitik

Der Preis eines Produktes dient dem Verkäufer auch als **Instrument zur Imagesteuerung**, dem Käufer umgekehrt als **Qualitätsvermutung** und **Orientierungshilfe** (hoher Preis bedeutet gute Qualität).

Grundsätzliche **Orientierungspunkte für die Preisfestsetzung** auf Herstellerseite sind die Kosten, die Intensität der Nachfrage und die Konkurrenzsituation.

- **Gegenüberstellung von Hoch- und Niedrigpreispolitik** (in der Anfangsphase):

	Hochpreispolitik	**Niedrigpreispolitik**
Zielgruppe	Kunden mit gehobenen Ansprüchen	Kunden mit starkem Preisbewusstsein und geringeren Ansprüchen
Sonderfall	**Skimming-Strategie**	**Penetrationsstrategie**
Kennzeichen	Der hohe Preis in der Anfangsphase wird sukzessive gesenkt.	Der niedrige Einführungspreis wird nach kurzer Zeit angehoben.
Ziel	Abschöpfen der hohen Preisbereitschaft bestimmter Gruppen.	Marktdurchdringung und Marktanteilsgewinne in kurzer Zeit.
Voraussetzungen	Die Substituierbarkeit und der Wettbewerb sind gering.	Bei großem Marktpotenzial gibt es kaum günstigere Konkurrenzprodukte.
Vorteile	Anfangs hohe Deckungsbeiträge bewirken eine schnelle Amortisation der Entwicklungs- und Markteinführungskosten.	Abschreckung der Konkurrenz durch geringe Gewinnanteile und Kostendegression durch hohe Stückzahlen.
Nachteile	Der hohe Preis schreckt potenzielle Käufer ab bzw. lockt zusätzliche Konkurrenten an.	Der geringe Preis bewirkt eine negative Qualitätsassoziation und eine hohe Gewinnschwelle.
Beispiele	Digitalkameras	Fernsehzeitschriften

- **Mischkalkulation** (preispolitischer Ausgleich): Produkte mit hohen Gewinnen gleichen niedrige Gewinne oder Verluste bei anderen Produkten wieder aus. Oder der Gewinn wird über die für die Nutzung des Produktes notwendigen Materialien erwirtschaftet, d. h. Komplementaritätsbeziehungen (Verbundeffekte) werden genutzt (z. B. preiswerte PC-Drucker und teure Druckerpatronen).
- **Preiskonstanz:** Der Preis wird ohne Rücksicht auf die veränderte Marktsituation konstant gehalten; dem Kunden wird über die Verlässlichkeit im Preis auch eine gleichbleibend gute oder verbesserte Qualität suggeriert, z. B. bei Markenprodukten.
- **Preisflexibilität:** Mit dem Preis wird flexibel auf veränderte Markt-, Kosten- oder Wettbewerbsbedingungen reagiert, um Nachfrageschwankungen auszugleichen, z. B. beim Heizöl.
- **Preisdifferenzierung**:
  - **Räumliche** Preisdifferenzierung trägt der unterschiedlichen Kaufkraft in verschiedenen Regionen Rechnung, z. B. höhere Autopreise in der Schweiz.
  - **Zeitliche** Preisdifferenzierung versucht Nachfrageschwankungen und damit verbundene ungleichmäßige Kapazitätsauslastungen auszugleichen, z. B. beim Tag- und Nachtstrom.

- **Personelle** Preisdifferenzierung berücksichtigt spezifische Käufermerkmale und damit verbundene Kaufkraftunterschiede, z. B. aufgrund des Alters oder der Ausbildungssituation.
- **Sachliche** Preisdifferenzierung unterscheidet z. B. hinsichtlich der nachgefragten Menge (Rabatt), der Produktausführung (Werkzeug für Profis oder Bastler) oder der Verwendung (Haushalts- oder Industriestrom).

8.2.2 Konditionenpolitik

Die Konditionenpolitik ist ein Mittel der preispolitischen Feinsteuerung.

Konditionen			
Rabattpolitik	**Zahlungs-bedingungen**	**Liefer-bedingungen**	**Kreditpolitik**
– Funktionsrabatt	– Zahlungsweise	– Lieferzeit	– Lieferantenkredit
– Mengenrabatt	– Zahlungsziel	– Bezugskosten	– Leasing
– Treuerabatt	– Skonto	– Zuverlässigkeit	– Factoring
– Einführungsrabatt		– Gewährleistung	– Franchising

8.3 Kommunikationsmix

Kommunikationspolitik umfasst die bewusste und geplante Gestaltung aller auf den Markt gerichteten Informationen eines Unternehmens zum Zwecke der Meinungs- und Verhaltenssteuerung (Information und zwangfreie Beeinflussung).

8.3.1 Public Relations

Public Relations dient der langfristigen Vertrauensbildung, der Schaffung einer positiven, emotionalen Grundstimmung; PR ist Werbung für das Unternehmen als Ganzes. PR-Maßnahmen (z. B. PR-Anzeigen, Sponsoring, Tag der offenen Tür, Event-Marketing) sollten auf das Image des Unternehmens (Corporate-Identity) abgestimmt sein, um glaubwürdig zu erscheinen.

8.3.2 Werbung

Werbung übermittelt positive Informationen bezüglich einzelner Produkte und soll den Endverbraucher zur Kaufhandlung anregen.
Im Rahmen der Werbeplanung sind u. a. folgende Überlegungen anzustellen:

- Welchem Teil der Gesamtbevölkerung (**Zielgruppe**) soll etwas übermittelt werden?
- Welche **Werbebotschaft** soll dem Endverbraucher übermittelt werden?
  - Die Basisbotschaft (z. B. ein Logo, eine Figur, ein Slogan, eine Melodie) dient der Identifikation des Produktes.
  - Die Nutzenbotschaft beschreibt einen Nutzen über den normalen Grundnutzen hinaus, z. B. ein besonders <u>sicheres</u> Auto.
  - Eine evtl. Nutzenbegründung (z. B. technische Daten) soll die Werbebotschaft möglichst glaubhaft erscheinen lassen.
- Welche **Werbemittel** sollen die Werbebotschaft in eine für den Umworbenen wahrnehmbare Erscheinungsform (z. B. Anzeigen, Plakate, Fernsehspots) umsetzen?
- Welche Medien (**Werbeträger**) sollen die Werbemittel an die Zielpersonen herantragen (z. B. Zeitungen, Zeitschriften, Fernsehen)? Werbeträger haben ein eigenes Image und legen die Zielgruppe fest.

8.3.3 **Verkaufsförderung** (Sales Promotion)

Maßnahmen der Verkaufsförderung können auf die eigene Verkaufsorganisation (z. B. Schulungen, Verkaufswettbewerbe), auf die Absatzmittler (z. B. Werbehilfen, Funktionsrabatte) oder direkt auf die Endverbraucher (z. B. Gutscheine, Gewinnspiele) gerichtet sein.

8.4 Distributionsmix

Distributionspolitik umfasst alle Entscheidungen, die im Zusammenhang mit dem Weg des Produktes vom Hersteller zum Endverbraucher stehen.

- Der **direkte Absatz** erfolgt (ohne Einschaltung des Handels) über den Einsatz von Reisenden oder Handelsvertretern.
  - Der **Reisende** ist Festangestellter eines Unternehmens, erhält ein festes Gehalt (Fixkosten) und ist weisungsgebunden.
  - Der **Handelsvertreter** erhält eine provisionsabhängige Entlohnung (variable Kosten), arbeitet für mehrere Unternehmen und hat einen eigenen festen Kundenstamm.
- Der **indirekte Absatz** erfolgt unter Einschaltung des Handels, der für den Hersteller je nach Art des Absatzweges (z. B. Fachgeschäft, Warenhaus, Discounter) verschiedene Funktionen (z. B. Verteilungs-, Beratungs-, Werbefunktion) übernimmt.

8.5 Marketingmix

8.5.1 Produktlebenszyklus

- **Modell des typischen Produktlebenszyklus**

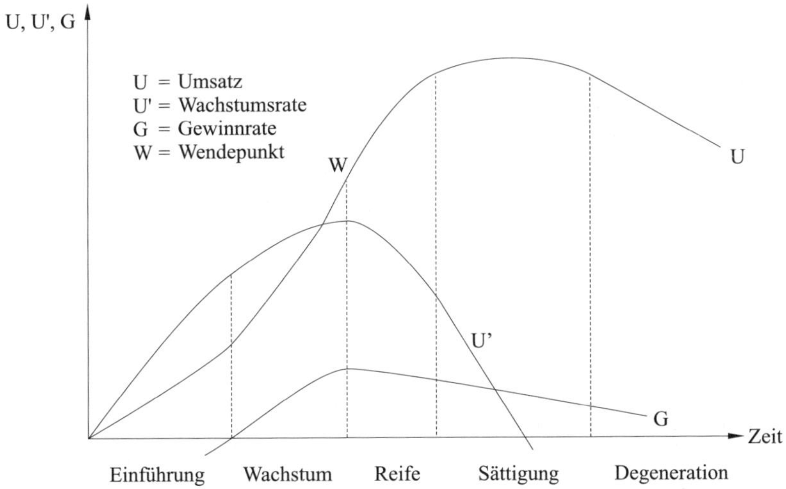

- **Phasen des Produktlebenszyklus**
  - In der **Einführungsphase** sind die Umsätze gering (Probekäufe), die Kosten im Bereich Produktion und Markterschließung hoch; bei steigenden Grenzumsätzen wird noch kein Gewinn erzielt.
  - In der **Wachstumsphase** nimmt der Bekanntheitsgrad des Produktes zu, die kostenlose Mund-zu-Mund-Werbung setzt ein; erste Konkurrenzprodukte drängen auf den Markt, die eine Produktdifferenzierung beim eigenen Produkt notwendig machen.

Bei weiter hohen Werbekosten steigen die Umsätze und der Gesamtgewinn. Am Ende der Wachstumsphase erreichen die Umsätze ihren Wendepunkt und die Grenzumsätze jeweils ihr Maximum.

- Die **Reifephase** ist durch weitere Marktanteilsgewinne, verstärkten Wettbewerb, steigende Umsätze, aber sinkende Grenzumsätze gekennzeichnet; die Anforderungen an das Produkt werden größer und machen evtl. eine Produktvariation notwendig.
- In der **Sättigungsphase** erreichen die Umsätze ihr Maximum, die Grenzumsätze werden negativ und der Gesamtgewinn ist weiter rückläufig. Eine Verlängerung der Sättigungsphase durch produkt- oder preispolitische Maßnahmen ist möglich.
- In der **Degenerationsphase** wird die Überalterung des Produkts deutlich, Konkurrenzprodukte bieten bessere Problemlösungen, Umsätze und Gewinn gehen weiter zurück, das Produkt muss schließlich vom Markt genommen werden.

8.5.2 Marktanteils-Marktwachstums-Portfolio

Bei der Portfolioanalyse wird die Gesamtheit der strategischen Geschäftseinheiten hinsichtlich ihrer Wachstums- und Ertragsaussichten anhand nachfolgender Kennziffern untersucht; aufgrund der Positionierungen im Vier-Felder-Portfolio werden dann jeweils bestimmte Normstrategien empfohlen.

– Marktwachstum = Umsatzsteigerung des Gesamtmarkts : Gesamtumsatz

– Relativer Marktanteil = eigener Umsatz : Umsatz des stärksten Konkurrenten

Marktwachstum

Nachwuchsfeld Offensivstrategie, um durch große Investitionen den Wettbewerbsvorteil zu verstärken und weitere Marktanteile zu gewinnen; Finanzierung aus dem Finanzmittelüberschuss der Cash-Produkte. Defensivstrategie, wenn Möglichkeiten für künftige Erfolge nicht gesehen werden.	**Starfeld** Investitionsstrategie, um durch große Investitionen die Position als Marktführer auf einem schnell wachsenden Markt weiter auszubauen; die Wettbewerbsvorteile sollten konsequent genutzt werden; Finanzierung aus dem Finanzmittelüberschuss der Cash-Produkte und aus eigenen Überschüssen.
Problemfeld Vorsichtige Investitionsstrategie (Cinderellas), um bestimmte Produkte evtl. zu Nachwuchsprodukten weiter zu entwickeln; auch zur Abrundung der Produktpalette. Haltestrategie (Poor Dogs), d. h. minimale Investitionen, solange positive Deckungsbeiträge erzielt werden. Desinvestitionsstrategie (Dying Dogs), d. h. langsames Herausnehmen des Produktes aus dem Markt.	**Cashfeld** Abschöpfungsstrategie, um bei geringem Investitionsbedarf die günstige Kostensituation als Marktführer möglichst lange auszunutzen; die Finanzmittelüberschüsse sollten in die Nachwuchsprodukte investiert werden.

relativer Marktanteil

Übungsaufgaben zur Vollkostenrechnung

1 Auf der Anlage Y der FOS AG wird ein Produkt P hergestellt, für das folgende Daten vorliegen:

– Fertigungszeit	5 Stunden
– Materialkosten	252,00 €/Stück
– Fertigungslöhne	150,00 €/Stück
– Sondereinzelkosten des Vertriebes	151,90 €/Stück
– Barverkaufspreis	1 746,00 €/Stück
– Listenverkaufspreis	2 000,00 €/Stück

Zuschlagssätze:

– MGK	5 %
– Rest-FGK	120 %
– Vw/VtGK	30 %

Weiterhin wird mit folgenden Sätzen kalkuliert:

– Gewinn	10,4 %
– Vertreterprovision	5 %
– Skonto	3 %

Ermitteln Sie mithilfe einer **vollständigen** Angebotskalkulation den Maschinenstundensatz und geben Sie an, wie viel Prozent Rabatt gewährt werden können!

2 Im Zweigwerk 2 der FOS AG wird ausschließlich Produkt A hergestellt. Die Kostenrechnung weist für den Monat Dezember folgende Werte aus:

	Istkosten gesamt in €	Ist-Zuschlagssatz	Normalkosten gesamt in €	Normal-Zuschlagssatz
FM				
MGK		25 %	44 000,00	20 %
FL I	148 800,00			
FGK I				130 %
FL II				
Rest-FGK II	97 830,00			80 %
MaK II			120 100,00	
VwVtGK	198 450,00	21 %	183 000,00	20 %

Anmerkung:
Von der fertig gestellten Menge konnten 40 Stück nicht verkauft werden.
Bei den unfertigen Erzeugnissen wurde eine Bestandsminderung von 1 000,00 € festgestellt. Insgesamt wurde eine Bestandsmehrung von 7 000,00 € errechnet.

2.1 Berechnen Sie den Verbrauch an Fertigungsmaterial.

2.2 Berechnen Sie die Fertigungslöhne II.

2.3 Berechnen Sie die Herstellkosten pro Stück auf Normalkostenbasis.

2.4 Die Angebotskalkulation basiert auf folgenden weiteren Daten:

– Rabatt	20 %,
– Skonto	3 %,
– Gewinnzuschlag	15 %,
– Vertreterprovision	5 %.

Ermitteln Sie den Angebotspreis und die Vertreterprovision in €.

3 Im Werk I der BOS AG wird ausschließlich das Produkt P hergestellt. Die Kosten- und Leistungsrechnung liefert für den Monat November 2005 folgende Daten:

Einzelkosten:

– Fertigungsmaterial	165 000,00 €
– Fertigungslöhne	135 000,00 €
– Sondereinzelkosten der Fertigung	0 €
– Sondereinzelkosten des Vertriebs	? €

Normalzuschlagssätze:

– Materialgemeinkosten	10 %
– Rest-Fertigungsgemeinkosten	65 %
– Verwaltungs- und Vertriebsgemeinkosten	15 %

Die Herstellkosten der Fertigerzeugnisse auf Normalkostenbasis betragen 434 700,00 €.

Folgende Istwerte liegen vor:

– Herstellkosten der Abrechnungsperiode	471 650,00 €
– Verwaltungs- und Vertriebsgemeinkosten	70 012,50 €

Bei den Herstellkosten der Abrechnungsperiode wurde eine Überdeckung von 6 850,00 €, im Verwaltungs- und Vertriebsbereich eine Unterdeckung von 1 500,00 € ermittelt.

Im November wurden 725 Stück des Produktes P zu einem Listenpreis von 950,00 €/Stück verkauft. Die Vertreterprovision von 6 % und der Skonto von 2 % wurden stets in Anspruch genommen.

Ermitteln Sie mithilfe des Kostenträgerzeitblattes

3.1 die Maschinenkosten, die im November 2005 verrechnet wurden,

3.2 Art und Höhe (in €) der Bestandsveränderung der unfertigen Erzeugnisse,

3.3 die im November 2005 angefallenen Sondereinzelkosten des Vertriebs, wenn das Umsatzergebnis 93 162,50 € beträgt.

4 Aus der Vorkalkulation für Produkt X liegen folgende Daten vor:

– Fertigungsmaterial	40,00 €/Stück
– Planungskosten (CAD-Zeichnungen, Modellkosten)	15,30 €/Stück
– Verpackungskosten	4,70 €/Stück

Die Gemeinkosten werden mit folgenden Zuschlägen verrechnet:

– Materialgemeinkostenzuschlagssatz	8 %
– Rest-Fertigungsgemeinkostenzuschlagssatz	75 %
– Verwaltungs-/Vertriebsgemeinkostenzuschlagssatz	22,5 %

Außerdem sind folgende Daten bekannt:

– verrechneter Maschinenstundensatz	79,20 €
– Maschinenlaufzeit	75 min./Stück
– Selbstkosten (auf Normalkostenbasis)	296,25 €/Stück
– Zielverkaufspreis	342,00 €/Stück
– Rabatt	10 %
– Skonto	2 %
– Vertreterprovision	2,5 %

4.1 Berechnen Sie den Angebotspreis und den Gewinn in Prozent.

4.2 Ermitteln Sie die Fertigungslöhne für ein Stück von Produkt X.

4.3 Im Abrechnungszeitraum November 2005 wurde eine Gesamtbestandsminderung an unfertigen und fertigen Erzeugnissen von 20 000,00 € ermittelt. Von Produkt X wurden 2 050 Stück fertig gestellt und 2 200 Stück verkauft.
Ermitteln Sie für November 2005 jeweils die Bestandsveränderungen an fertigen und unfertigen Erzeugnissen von Produkt X nach Art und Höhe.

4.4 Berechnen Sie das Umsatzergebnis im Monat November 2005.

Lösung

1 **Angebotskalkulation**

FM		240,00 €	(252,00 € : 105 % · 100 %)
MGK	(5 %)	12,00 €	(252,00 € : 105 % · 5 %)
Ma.K		455,00 €	(1 037,00 € ./. 252,00 € ./. 150,00 € ./. 180,00 €)
FL		150,00 €	
RFGK	(120 %)	180,00 €	(120 % von 150,00 €)
HK		1 037,00 €	((1 500,00 € ./. 151,90 €) : 130 % · 100 %)
VwVtGK	(30 %)	311,10 €	((1 500,00 € ./. 151,90 €) : 130 % · 30 %)
SEKVt		151,90 €	
SK		1 500,00 €	(1 656,00 € : 110,4 % · 100 %)
Gewinn	(10,4 %)	156,00 €	(1 656,00 € : 110,4 % · 10,4 %)
vVP		1 656,00 €	(1 746,00 € ./. 90,00 €)
Prov.	(5 %)	90,00 €	(5 % von 1 800,00 €)
BVP		1 746,00 €	
Skonto	(3 %)	54,00 €	(1 746,00 € : 97 % · 3 %)
ZVP		1 800,00 €	(1 746,00 € : 97 % · 100 %)
Rabatt		200,00 €	(2 000,00 € ./. 1 800,00 €)
LVP		2 000,00 €	

Rabatt in % = 200,00 € : 2 000,00 € · 100 %
= 10 %

Ma.Std.Satz = Ma.K : Fertigungszeit
= 455,00 € : 5 h
= 91,00 €/h

2.1 **Berechnung des Verbrauchs an Fertigungsmaterial**

$$FM = \frac{44\,000{,}00\ €}{20\ \%} \cdot 100\ \%$$

$$= 220\,000{,}00\ €$$

2.2 **Berechnung der Fertigungslöhne II (auf Normalkostenbasis)**

FM		220 000,00 €	(≙ 100 %; vgl. 2.1)
MGK	20 %	44 000,00 €	(≙ 20 %)
FL I		148 800,00 €	
FGK I	130 %	193 440,00 €	(= 130 % von 148 800,00 €)
FL II		108 700,00 €	(≙ 100 %; (FL II + R-FGK II) : 180 · 100)
R-FGK II	80 %	86 960,00 €	(≙ 80 %; 195 660,00 € : 180 · 80)
MaK II		120 100,00 €	
HKA		922 000,00 €	
BVUE	+	1 000,00 €	
HKFE		923 000,00 €	
BVFE	./.	8 000,00 €	(= BV ./. BVUE = (./. 7 000,00 €) ./. 1 000,00 €)
HKU		915 000,00 €	(≙ 100 %; 183 000,00 € : 20 · 100)
VwVtGK	20 %	183 000,00 €	(≙ 20 %)

Die Fertigungslöhne II betragen 108 700,00 €.

2.3 **Berechnung der Herstellkosten pro Stück** (auf Normalkostenbasis)

$$\text{N-HK/Stck.} = \frac{\text{BVFE in €}}{\text{BVFE in Stck.}}$$

$$= \frac{8\,000\ €}{40\ \text{Stck.}}$$

$$= 200{,}00\ €/\text{Stck.}$$

2.4 **Ermittlung des Angebotspreises und der Vertreterprovision**

HK		200,00 €		
VwVtGK	20 %	40,00 €		
SK		240,00 €		
Gewinn	15 %	36,00 €		
vVP		276,00 €	(≙ 92 % vom ZVP)	
Provision	5 %	15,00 €	(= 276,00 € : 92 · 5)	
BVP		291,00 €		
Skonto	3 %	9,00 €	(= 276,00 € : 92 · 3)	
ZVP		300,00 €	(= 276,00 € : 92 · 100)	(≙ 80 % vom AP)
Rabatt	20 %	75,00 €		(= 300,00 € : 80 · 20)
AP		375,00 €		(= 300,00 € : 80 · 100)

Der Angebotspreis beträgt 375,00 €/Stück, die Vertreterprovision 15,00 €/Stück.

3.1 **Berechnung der Maschinenkosten**

		N-Kosten	
FM		165 000,00 €	
MGK	10 %	16 500,00 €	(= 10 % von 165 000,00 €)
FL		135 000,00 €	
R-FGK	65 %	87 750,00 €	(= 65 % von 135 000,00 €)
MaK		74 250,00 €	
HKA		478 500,00 €	(= Ist-Kosten + Überdeckung)

3.2 **Berechnung der Bestandsveränderungen der unfertigen Erzeugnisse**

		N-Kosten	
HKA		478 500,00 €	(= 471 650,00 € + 6 850,00 €)
BVUE	./.	43 800,00 €	(≙ Bestandsmehrung)
HKFE		434 700,00 €	

3.3 **Berechnung der Sondereinzelkosten des Vertriebs**

		N-Kosten	
HKU		456 750,00 €	(≙ 100 % = 68 512,50 € : 15 · 100)
VwVtGK	15 %	68 512,50 €	(≙ 15 %; Ist-Kosten ./. Unterdeckung)
SEKVt		15 225,00 €	
SK		540 487,50 €	(= 633 650,00 € ./. 93 162,50 €)
Erlöse		633 650,00 €	(= 874,00 €/Stck. · 725 Stck.)
Umsatzergebnis		93 162,50 €	

Nebenrechnung zur Ermittlung des vorläufigen Verkaufspreises

vVP		874,00 €	(≙ 92 % von 950,00 €)
Provision	6 %	57,00 €	(≙ 6 % von 950,00 €)
BVP		931,00 €	
Skonto	2 %	19,00 €	(≙ % von 950,00 €)
ZVP = LP		950,00 €	(≙ 100 %)

4.1 **Berechnung des Angebotspreises und des Gewinns**

SK		296,25 €	(326,61 € ./. 296,25 €)
Gewinn		30,36 €	
vVP		326,61 €	
Prov.	2,5 %	8,55 €	(2,5 % von 342,00 €)
BVP		335,16 €	
Skonto	2 %	6,84 €	(2 % von 342,00 €)
ZVP		342,00 €	
Rabatt	10 %	38,00 €	(342,00 € : 90 · 10)
AP		380,00 €	

prozentualer Gewinn = 30,36 € : 296,25 € · 100 %
= 10,25 %;

der Angebotspreis beträgt 380,00 € pro Stück.

4.2 **Berechnung der Fertigungslöhne**

FM		40,00 €	
MGK	8 %	3,20 €	(8 % von 40,00 €)
MaK		99,00 €	(79,20 €/h : 60 min · 75 min)
FL		46,00 €	(80,50 € : 175 · 100)
R-FGK	75 %	34,50 €	(FL + R-FGK = 80,50 €)
SEKF		15,30 €	
HK		238,00 €	((296,25 € ./. 4,70 €) : 1,225)
VwVtGK	22,5 %	53,55 €	
SEKVt		4,70 €	
SK		296,25 €	

Die Fertigungslöhne betragen 46,00 € pro Stück.

4.3 **Berechnung der Bestandsveränderungen (BVUE/FE)**

./. BVUE	15 700,00 €	(s. u.)
= HKFE	487 900,00 €	(238,00 €/Stck. · 2 050 Stck.)
+ BVFE	35 700,00 €	(238,00 €/Stck. · 150 Stck.)
= HKU	523 600,00 €	(238,00 €/Stck. · 2 200 Stck.)

BVUE = BVUE/FE ./. BVFE
= 20 000,00 € ./. 35 700 €
= (./. 15 700,00 €) ≙ Aufwandsminderung ≙ Bestandsmehrung;
BVFE = (+ 35 700,00 €) ≙ Aufwandsmehrung ≙ Bestandsminderung.

4.4 **Berechnung des Umsatzergebnisses**

Erlöse	718 542,00 €	(326,61 €/Stck. · 2 200 Stck.)
./. N-SKU	651 750,00 €	(296,25 €/Stck. · 2 200 Stck.)
= Umsatzergebnis	66 792,00 €	(30,36 €/Stck. · 2 200 Stck.)

Übungsaufgaben zur Materialwirtschaft

1 Die FOBO AG, ein Unternehmen der Polstermöbelindustrie, rechnet im Jahr 2005 für die Herstellung eines Relax-Sessels mit einem Verbrauch von 54 000 Stück einer Spezialfeder. Die Wiederbeschaffungszeit (Lieferzeit) dieses Fertigteils beträgt 10 Tage. Der von der Geschäftsführung festgelegte Mindestbestand von 2 400 Stück reicht für 16 Tage, wobei stets von einem gleichmäßigen Verbrauch auszugehen ist. Die Kostenrechnung der FOBO AG ermittelt für den Mindestbestand dieser Spezialfeder einen Bezugspreis von 4 800,00 € sowie einen Lagerkostensatz und einen Zinssatz von zusammen 15 %. Je Bestellvorgang fallen Kosten in Höhe von 100,00 € an.

1.1 Berechnen Sie die optimale Bestellmenge.

1.2 Wie würde sich ein Sinken des Einstandspreises bei sonst gleichen Bedingungen auf die Höhe der optimalen Bestellmenge auswirken? – (Kurze betriebswirtschaftliche Begründung.)

Gehen Sie im Folgenden von einer optimalen Bestellmenge von 6 000 Stück aus.

1.3 Veranschaulichen Sie für die FOBO AG in einem Diagramm für einen Zeitraum von 120 Tagen das Bestellpunktverfahren für die Spezialfeder, wobei folgende Größen zu kennzeichnen sind: Höchstbestand, optimale Bestellmenge, Meldebestand, Mindestbestand, Bestellintervall, Lieferzeit, Bestellpunkt, tatsächlicher Bestand.

1.4 Wie oft und in welchem zeitlichen Abstand muss die FOBO AG das Fertigteil in den ersten vier Monaten des Jahres 2005 bestellen? – Begründung.

1.5 Berechnen Sie
- den Meldebestand,
- den durchschnittlichen Lagerbestand,
- die Umschlagshäufigkeit und
- die durchschnittliche Lagerdauer.

1.6 Für das Jahr 2005 wurde ein Lagerzinssatz von 0,60 % ermittelt. – Berechnen Sie den entsprechenden Kapitalzinssatz und die Kapitalverzinsung (in Euro) für den Jahresverbrauch der Spezialfeder.

1.7 Um einen Finanzierungsengpass zu beseitigen, schlägt der Unternehmensberater der FOBO AG vor, den Mindestbestand dieses Fertigteils auf 1 500 Stück zu senken.

1.7.1 Um welche Finanzierungsart handelt es sich dabei?

1.7.2 Beschreiben sie kurz zwei mögliche Gründe, die gegen diese Maßnahme sprechen.

1.7.3 Welche Veränderungen würden sich aus dem Vorschlag des Unternehmensberaters für den Meldebestand und die optimale Bestellmenge ergeben? – Begründung.

2.1 Die FOBO AG erhält drei Angebote über den Bezug von 20 000 Liter Maschinenkraftstoff. Ermitteln Sie das kostengünstigste Angebot:

Angebot A: Listenpreis 0,58 €/Liter, Zahlung sofort mit Scheck, Transportversicherung 30,00 €, Fracht 120,00 €, Umfüllkosten 20,00 €.

Angebot B: Listenpreis 0,64 €/Liter, 2,5 % Skonto bei Zahlung innerhalb von 14 Tagen oder 30 Tage Ziel, 10 % Mengenrabatt, Fracht 500,00 €.

Angebot C: Listenpreis 0,62 €/Liter, 5 % Treuerabatt, frachtfrei, Zahlung sofort mit Scheck. Anbieter C ist auch bereit, einen Kredit für 30 Tage zu gewähren, wobei er einen Jahreszinssatz von 6 % zugrunde legt.

Die FOBO AG verfügt derzeit nicht über den notwendigen eigenen Bargeldbestand und rechnet erst in einem Monat mit neuen Zahlungseingängen. Jedoch kann die FOBO AG jederzeit über einen großzügigen, noch nicht ausgeschöpften Kreditrahmen bei der Hausbank in Höhe von 150 000,00 € zu einem Jahreszinssatz von 8 % verfügen.

2.2 Bei der Auswahl der Lieferanten sind die quantitativen Kriterien ein wichtiger Faktor, jedoch sollten auch die qualitativen Kriterien mit berücksichtigt werden. Nennen Sie vier qualitative Kriterien, die grundsätzlich mit in die Entscheidung einbezogen werden sollten.

Lösung

1.1 **Berechnung der optimalen Bestellmenge** (Andler'sche Formel)

$$x_{opt} = \sqrt[2]{\frac{2 \cdot \text{Jahresbedarfsmenge} \cdot \text{fixe Bestellkosten}}{\text{Einstandspreis} \cdot (\text{Zinssatz} + \text{Lagerkostensatz})}}$$

$$= \sqrt[2]{\frac{2 \cdot 54\,000 \text{ Stck.} \cdot 100{,}00 \text{ €}}{(4\,800{,}00 \text{ €} : 2\,400 \text{ Stck.}) \cdot 0{,}15}}$$

$$= 6\,000 \text{ Stck.}$$

1.2 Ein **Sinken des Einstandspreises** würde die optimale Bestellmenge erhöhen, da sich die Lagerhaltungskosten (Kosten der Kapitalbindung) vermindern.

1.3 **Grafische Darstellung des Bestellpunktverfahrens**

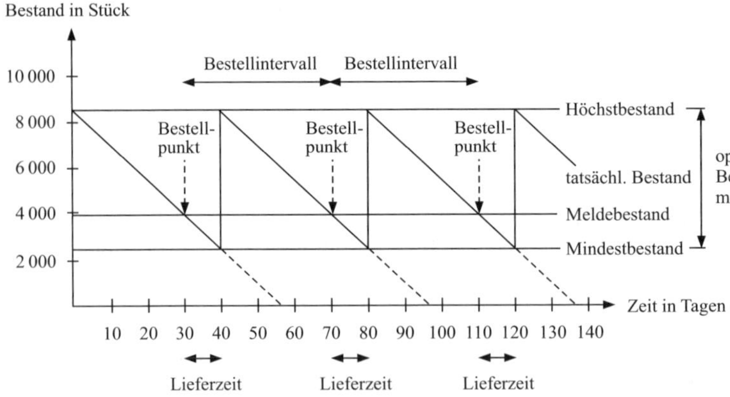

1.4 **Ermittlung der Bestellhäufigkeit und des Bestellintervalls**

Bestellhäufigkeit = Jahresbedarfsmenge : x_{opt}
= 54 000 Stck. : 6 000 Stck.
= 9;

in 120 Tagen muss folglich drei Mal bestellt werden (vgl. Skizze).

Bestellintervall = 360 Tg. : Bestellhäufigkeit
= 360 Tg. : 9
(oder) = (Höchstbestand ./. Mindestbestand) : Tagesverbrauch
= (8 4000 Stck. ./. 2 400 Stck.) : (2 400 Stck. : 16 Tg.)
= 6 000 Stck. : 150 Stck. /Tg.
= 40 Tg. (vgl. Skizze)

1.5 **Berechnung des Meldebestandes**

Meldebestand = Tagesverbrauch · Beschaffungszeit + Mindestbestand
= 150 Stck. /Tg. · 10 Tg. + 2 400 Stck.
= 3 900 Stck. (vgl. Skizze)

Berechnung des durchschnittlichen Lagerbestandes

∅-Lagerbestand = (Anfangsbestand + Schlussbestand) : 2
= (Höchstbestand + Mindestbestand) : 2
= (8 400 Stck. + 2 400 Stck.) : 2
(oder) = x_{opt} : 2 + Mindestbestand
= 6 000 Stck. : 2 + 2 400 Stck.
= 5 400 Stck.

Berechnung der Umschlagshäufigkeit

Umschlagshäufigkeit = Jahresbedarfsmenge : ∅-Lagerbestand
= 54 000 Stck. : 5 400 Stck.
= 10

Berechnung der durchschnittlichen Lagerdauer

∅-Lagerdauer = 360 Tg. : Umschlagshäufigkeit
= 360 Tg. : 10
= 36 Tg.

1.6 **Berechnung des Kapitalzinssatzes**

Lagerzinssatz = Kapitalzinssatz : 360 Tg. · ∅-Lagerdauer;
Kapitalzinssatz = Lagerzinssatz · 360 Tg. : ∅-Lagerdauer
= 0,60 % · 360 Tg. : 36 Tg.
= 6,00 %

Berechnung der Kapitalverzinsung für den Jahresverbrauch

Kapitalverzinsung = Jahresbedarfsmenge · Einstandspreis · Lagerzinssatz
= 54 000 Stck. · 2,00 € /Stck. · 0,60 %
= 648,00 € (≙ Kapitalbindungskosten)

1.7.1 **Bestimmung der Finanzierungsart**

Bei der Reduzierung des Vorratsvermögens handelt es sich um eine Finanzierung aus Vermögensumschichtung (≙ Eigen- und Innenfinanzierung); die Kosten für das im Lagerbestand gebundene Kapital sinken.

1.7.2 **Nachteile durch die Verringerung des Mindestbestandes**

Streiks in den Zulieferbetrieben oder Transportprobleme könnten die rechtzeitige Versorgung mit dem Fremdbauteil behindern und so zu Engpässen in der eigenen Produktion führen.

1.7.3 **Auswirkungen der Reduzierung des Mindestbestandes**

Meldebestand	=	Tagesverbrauch · Beschaffungszeit + Mindestbestand
	=	150 Stck./Tg. · 10 Tg. + 1 500 Stck.
	=	3 000 Stck. < 3 900 Stck. (vgl. Aufgabe 1.5);

der Meldebestand sinkt um 900 Stck.
Auf die optimale Bestellmenge hat die Verringerung des Mindestbestandes keine Auswirkung (vgl. Andler'sche Formel, Aufgabe 1.1).

2.1 **Ermittlung des kostengünstigsten Angebots** (Angebotsvergleich)

		Angebot A		**Angebot B**		**Angebot C**
Listenpreis		11 600,00 €		12 800,00 €		12 400,00 €
./. Rabatt		–	10 %	1 280,00 €	5 %	620,00 €
= Ziel-EP		11 600,00 €		11 520,00 €		11 780,00 €
./. Skonto		–	2,5 %	288,00 €		–
= Bar-EP		11 600,00 €		11 232,00 €		11 780,00 €
+ Bezugskosten		170,00 €		500,00 €		–
= Einstandspreis		11 770,00 €		11 732,00 €		11 780,00 €
+ Zinskosten	8 %	78,47 €	8 %	41,71 €	6 %	58,90 €
= Gesamtkosten		11 848,47 €		11 773,71 €		11 838,90 €

Nebenrechnungen:

Zinskosten (Angebot A)	=	8 % von 11 770,00 € : 360 Tg. · 30 Tg.
	=	78,47 €;
Zinskosten (Angebot B)	=	8 % von 11 732,00 € : 360 Tg. · (30 ./. 14) Tg.
	=	41,71 €;
Zinskosten (Angebot C)	=	6 % von 11 780,00 € : 360 Tg. · 30 Tg.
	=	58,90 €;

das kostengünstigste Angebot macht der Lieferant B.

2.2 Bei der Auswahl der Lieferanten zu berücksichtigende **qualitative Kriterien** sind z. B. die Produktqualität, die Zuverlässigkeit des Lieferers, sein Kulanzverhalten bei Reklamationen und die Lieferzeit.

Übungsaufgaben zur Geschäftsbuchführung

1 Für die Rohstoffe liegen zum 01. 12. 2007 folgende Nettobeträge vor:

Anfangsbestand	50 000,00 €
Einkäufe	800 000,00 €
Rücksendungen	7 000,00 €
Nachlässe	16 000,00 €
Bezugskosten	40 000,00 €

Führen Sie nachstehende Buchungen für Dezember durch:

1.1 Beim Lieferanten A werden am 04. 12. 2007 Rohstoffe im Wert von 8 000,00 € netto bestellt.

1.2 Am 14. 12. 2007 trifft die Eingangsrechnung des Lieferanten A ein.

1.3 Am 22. 12. 2007 begleicht die AG die Rohstoffrechnung des Lieferanten A unter Abzug von 2 % Skonto vom Warenwert durch Banküberweisung.

1.4 Der Schlussbestand an Rohstoffen beträgt zum 31. 12. 2007 27 000,00 €.
Ermitteln Sie in übersichtlicher Form den Verbrauch an Rohstoffen und geben Sie hierzu alle Vorabschlussbuchungen an.

2 Buchen Sie folgende Vorgänge:

2.1 Die Wertholz AG liefert Fertigerzeugnisse an einen Kunden; Ausgangsrechnung vom 01. 12. 2007:
- Listenpreis 157 500,00 € netto,
- 8 % Rabatt.

An Verpackungskosten werden 700,00 € netto in Rechnung gestellt.

2.2 Der Kunde beanstandet einen Teil der Lieferung. Die Wertholz AG gewährt dafür am 09. 12. 2007 einen Preisnachlass auf die Fertigerzeugnisse von 5 355,00 € brutto. Gleichzeitig schickt der Kunde die Verpackung zurück und erhält hierfür eine Gutschrift von 80 %.

3 Die Textil AG liefert am 02. 12. 2007 300 Mäntel an einen Kunden aus.
Buchen Sie folgende Vorgänge:

3.1 Am 02. 12. 2007 wird für die Sonderverpackung der Mäntel Material im Wert von 500,00 € netto bar gekauft.

3.2 Die Lieferung der Mäntel erfolgt gemäß Kaufvertrag „ab Werk". Die Transportkosten in Höhe von 2 380,00 € brutto werden am 02. 12. 2007 an den Spediteur per Bankscheck bezahlt.

3.3 Dem Kunden wird am 03. 12. 2007 die Ausgangsrechnung geschickt:
- Listenverkaufspreis 400,00 € pro Mantel,
- 20 % Rabatt,
- Sonderverpackung (siehe 3.1) und Fracht (siehe 3.2),
- zahlbar innerhalb 14 Tagen ab Rechnungsdatum unter Abzug von 2 % Skonto oder innerhalb 30 Tagen rein netto.

3.4 Wegen einer Mängelrüge wird am 10. 12. 2007 auf 30 Mäntel ein zusätzlicher Nachlass von 10 % auf den Listenverkaufspreis gewährt.

3.5 Der Kunde gleicht die Rechnung am 15. 12. 2007 per Banküberweisung aus.

4 Am 08. 12. 2007 wird von der FOS AG ein neuer Lkw zum Listenpreis von 400 000,00 € netto angeschafft. Der Händler berechnet zusätzlich für die Überführung 1 400,00 € netto und für die erste Tankfüllung 476,00 € brutto. Bei Zahlung innerhalb von 14 Tagen gewährt er 2 % Skonto vom Listenpreis des neuen Lkws.
Am selben Tag gibt die AG einen gebrauchten Lkw (Buchwert 60 000,00 €) für 80 000,00 € netto in Zahlung.

4.1 Buchen Sie am 08. 12. 2007.

4.2 Buchen Sie den Rechnungsausgleich am 18. 12. 2007 per Banküberweisung.

5 Am 01. 12. 2007 erwirbt die Wertholz AG einen Lieferwagen:
- Listenpreis 72 000,00 € netto,
- 7 % Rabatt,
- 2 % Skonto bei Zahlung innerhalb von 14 Tagen,
- Überführung 1 300,00 € netto,
- Sonderlackierung mit Firmenaufschrift 1 150,00 € netto.

Gleichzeitig nimmt der Händler einen gebrauchten Kleintransporter, der am 01. 09. 2005 (Anschaffungskosten 62 700,00 €) beschafft wurde, zum Preis von 38 675,00 € brutto in Zahlung. Da der Kleintransporter im Schichtbetrieb eingesetzt war, stimmte das Finanzamt einer Nutzungsdauer von 3 Jahren zu. Das Unternehmen hat das Fahrzeug bisher planmäßig abgeschrieben.
Die Zulassungsgebühr für den neuen Lieferwagen in Höhe von 225,00 € (keine Umsatzsteuerpflicht) wird von der Wertholz AG am 02. 12. 2007 bar bezahlt.

Buchen Sie

5.1 alle mit dem Kauf des Lieferwagens zusammenhängenden Vorgänge,

5.2 die Inzahlunggabe des Altfahrzeugs,

5.3 den Rechnungsausgleich durch Banküberweisung am 12. 12. 2007.

6 Die DONAU AG bestellt im Mai 2007 eine computergesteuerte Fertigungsanlage.

6.1 Buchen Sie dazu die folgenden Vorgänge:

6.1.1 Am 28. 05. 2007 wird die Fertigungsanlage geliefert.

6.1.2 Der Rechnungseingang erfolgt am 01. 08. 2007:
- Preis ab Werk 10 000 000,00 € netto,
- 5 % Rabatt,
- 2 % Skonto bei Bezahlung innerhalb von 10 Tagen,
- Fracht 20 000,00 € netto,
- Spezialcontainer für den Transport 80 000,00 € netto.

Für die Fertigungsanlage wird ein Wartungsvertrag abgeschlossen. Der Jahresbetrag von 6 000,00 € netto für den Zeitraum vom 01. 08. 2007 bis 31. 07. 2008 wird durch Bankscheck bezahlt.

6.1.3 Die DONAU AG erhält vom Lieferanten am 06. 08. 2007 eine Gutschrift für den zurückgesandten Spezialcontainer in Höhe von 85 680,00 € brutto.

6.1.4 Am 09. 08. 2007 erfolgt der Rechnungsausgleich durch Banküberweisung.

6.2 Die Fertigungsanlage hat eine Nutzungsdauer von 8 Jahren.
Ermitteln Sie in übersichtlicher Form die Anschaffungskosten und den AfA-Betrag zum 31. 12. 2007.

6.3 Erstellen Sie die am 31. 12. 2007 anfallende Vorabschlussbuchung.

Lösung

1.1 **Keine Buchung** am 04. 12. 2007.

1.2 **Buchung der Eingangsrechnung**

(6000)	8 000,00 €	/		
(2600)	1 520,00 €	/	(4400)	9 520,00 €

1.3 **Buchung der Banküberweisung** mit Skontoabzug

(4400)	9 520,00 €	/	(6002)	160,00 €
		/	(2600)	30,40 €
		/	(2800)	9 329,60 €

1.4 **Ermittlung des Verbrauchs**

Anfangsbestand	50 000,00 €
./. Schlussbestand	27 000,00 €
+ Zukäufe	808 000,00 €
+ Bezugskosten	40 000,00 €
./. Rücksendungen	7 000,00 €
./. Nachlässe	16 160,00 €
= Verbrauch	847 840,00 €

Buchungen auf den T-Konten

S	6001		H
(Div.)	40 000,00 €	(6000)	40 000,00 €

S	6002		H
(6000)	16 160,00 €	(Div.)	16 000,00 €
		(1.3)	160,00 €

S	6000		H
(Div.)	800 000,00 €	(Div.)	7 000,00 €
(1.2)	8 000,00 €	(6002)	16 160,00 €
(6001)	40 000,00 €	(8020)	847 840,00 €
(2000)	23 000,00 €		

S	2000		H
AB	50 000,00 €	SB	27 000,00 €
		(6000)	23 000,00 €

Die Unterkonten Bezugskosten (6001) und Nachlässe (6002) sowie die Bestandsminderung bei den Rohstoffen (2000) werden über das Aufwandskonto (6000) abgeschlossen; der Saldo auf diesem Konto (6000) entspricht dem Verbrauch.

Vorabschlussbuchungssätze

(6000)	40 000,00 €	/	(6001)	40 000,00 €
(6002)	16 160,00 €	/	(6000)	16 160,00 €
(6000)	23 000,00 €	/	(2000)	23 000,00 €

2.1 **Buchung der Ausgangsrechnung**

(2400)	173 264,00 €	/	(5000)	145 600,00 €
		/	(4800)	27 664,00 €

2.2 Der Preisnachlass ist auf einem Unterkonto (5001), die Gutschrift für die Verpackung ist wie eine Rücksendung auf demselben Konto (5000) zu buchen; die Umsatzsteuer ist jeweils zu korrigieren.

Buchung des Preisnachlasses und der Gutschrift

(5001)	4 500,00 €	/		
(5000)	560,00 €	/		
(4800)	961,40 €	/	(2400)	6 021,40 €

3.1 **Buchung der Verpackungskosten**

(6040)	500,00 €	/		
(2600)	95,00 €	/	(2880)	595,00 €

3.2 **Buchung der Transportkosten**

(6140)	2 000,00 €	/		
(2600)	380,00 €	/	(2800)	2 380,00 €

3.3 Der Rabatt wird sofort vom Listenverkaufspreis abgezogen, aber nicht extra gebucht, die Verpackungs- und Frachtkosten werden dem Kunden gemäß Kaufvertrag in Rechnung gestellt; **Buchung der Ausgangsrechnung:**

(2400)	117 215,00 €	/	(5000)	98 500,00 €
		/	(4800)	18 715,00 €

3.4 **Buchung der Mängelrüge**

(5001)	1 200,00 €	/		
(4800)	228,00 €	/	(2400)	1 428,00 €

3.5 Skonto wird nur auf den Zielverkaufspreis abzüglich des Preisnachlasses (vgl. 3.4) gewährt:

2 % Skonto = 2 % von (96 000,00 € ./. 1 200,00 €)
= 1 896,00 €

Buchung des Rechnungsausgleichs

(2800)	113 530,76 €	/		
(5001)	1 896,00 €	/		
(4800)	360,24 €	/	(2400)	115 787,00 €

4.1 **Buchung des Neukaufs**

(0840)	401 400,00 €	/		
(6030)	400,00 €	/		
(2600)	76 342,00 €	/	(4400)	478 142,00 €

Buchung der Inzahlunggabe

(4400)	95 200,00 €	/	(5410)	80 000,00 €
		/	(4800)	15 200,00 €

Erfolgsbuchung

(5410)	80 000,00 €	/	(0840)	60 000,00 €
		/	(5460)	20 000,00 €

4.2 **Buchung des Rechnungsausgleichs** mit Skontoabzug

(4400)	382 942,00 €	/	(0840)	8 000,00 €
		/	(2600)	1 520,00 €
		/	(2800)	373 422,00 €

5.1 Bevor der Neukauf des Lieferwagens gebucht werden kann, müssen die vorläufigen Anschaffungskosten (ohne Skontoabzug) ermittelt werden.

Berechnung der vorläufigen Anschaffungskosten

Listenpreis	72 000,00 €	
./. Rabatt	5 040,00 €	(7 % von 72 000,00 €)
= Zieleinkaufspreis	66 960,00 €	
+ Überführungskosten	1 300,00 €	
+ Sonderlackierung	1 150,00 €	
= vorläufige AG	69 410,00 €	

Buchung des Neukaufs und der Barzahlung der Zulassungsgebühr

(0840)	69 410,00 €	/		
(2600)	13 187,90 €	/	(4400)	82 597,90 €
(0840)	225,00 €	/	(2880)	225,00 €

5.2 **Buchung der Inzahlunggabe des Altfahrzeugs**

(4400)	38 675,00 €	/	(5410)	32 500,00 €
		/	(4800)	6 175,00 €

Um die auch notwendige Erfolgsbuchung durchführen zu können, muss zunächst der Restbuchwert des Altfahrzeuges zu Beginn des Veräußerungsjahres (vor der Abschreibung für das Jahr 2007) berechnet werden; im ersten Nutzungsjahr können nur 4/12 des Jahresabschreibungsbetrages angesetzt werden, da die Anschaffung erst im September des Jahres 2005 erfolgte.

Berechnung des Restbuchwertes

AK 2003	62 700,00 €	
./. AfA 2003	6 966,67 €	(62 700,00 €: 3 Jahre : 12 · 4)
= RW 2003	55 733,33 €	
./. AfA 2004	20 900,00 €	(62 700,00 € : 3 Jahre)
= RW 2004	34 833,33 €	

Buchung des Erfolgs aus dem Verkauf des Altfahrzeugs

(5410)	32 500,00 €	/	(0840)	34 833,33 €
(6960)	2 333,33 €	/		

5.3 Der Rechnungsausgleich erfolgt mit 2 % Skonto auf den Zieleinkaufspreis von 66 960,00 €; die Vorsteuer ist entsprechend zu korrigieren.

Buchung des Rechnungsausgleichs per Banküberweisung (mit Skontoabzug)

(4400)	43 922,90 €	/	(0840)	1 339,20 €
		/	(2600)	254,45 €
		/	(2800)	42 329,25 €

6.1.1 **Keine Buchung** bei Lieferung

6.1.2 **Buchung des Rechnungseingangs**

Der Rabatt von 5 % wird sofort vom Listenpreis abgezogen, die Fracht- und Transportkosten werden als Anschaffungsnebenkosten aktiviert.

(0720)	9 600 000,00 €	/		
(2600)	1 824 000,00 €	/	(4400)	11 424 000,00 €

Buchung der Ausgaben für die Wartung der Anlage (laufende Kosten)

(6160)	6 000,00 €	/		
(2600)	1 140,00 €	/	(2800)	7 140,00 €

6.1.3 **Buchung der Rücksendung**

(4400)	85 680,00 €	/	(0720)	72 000,00 €
		/	(2600)	13 680,00 €

6.1.4 **Buchung des Rechnungsausgleichs** (mit Skontoabzug vom Zieleinkaufspreis)

(4400)	11 338 320,00 €	/	(0720)	190 000,00 €
		/	(2600)	36 100,00 €
		/	(2800)	11 112 220,00 €

Skonto = 2 % von (10 000 000,00 € ./. 500 000,00 €)
= 190 000,00 €

6.2 **Berechnung der Anschaffungskosten**

Listenpreis	10 000 000,00 €	
./. Rabatt	500 000,00 €	(= 5 % von 10 Mio. €)
./. Skonto	190 000,00 €	(= 2 % von 9,5 Mio. €)
+ Fracht	20 000,00 €	
+ Spezialcontainer	8 000,00 €	(= 80 000,00 € ./. 72 000, 00 €)
= Anschaffungskosten	9 338 000,00 €	

Berechnung des Abschreibungsbetrages

Da die Anlage im August angeschafft wurde, können im Anschaffungsjahr nur 5/12 des Jahres-AfA-Betrages angesetzt werden:

AfA-Betrag '07 = 9 338 000,00 € : 8 Jahre : 12 Mon. · 5 Mon.
= 486 354,17 €

6.3 **Buchung der Abschreibung**

(6520) 486 354,17 € / (0720) 486 354,17 €

Übungsaufgaben zur Teilkostenrechnung

1 Im Werk II der BOS AG werden drei Produkte hergestellt. Folgende Daten liegen für November 2005 vor:

	A	B	C
Preis/Stück in €	362,00	448,50	540,00
variable Kosten/Stück in €	200,00	270,00	340,00
produzierte und verkaufte Menge in Stück	1 200	1 000	950

Die gesamten Fixkosten betragen 450 300,00 €. Davon können 25 % Produkt A zugerechnet werden. Fixkosten in Höhe von 27 300,00 € sind keinem Produkt zuzuordnen. Produkt B bringt einen negativen DB II von 24 135,00 €.

1.1 Berechnen Sie für November 2005
- die Erzeugnisfixkosten der drei Produkte,
- die fehlenden DB I und DB II,
- das Betriebsergebnis.

1.2 Für das Produkt B sind mehrere Möglichkeiten zu prüfen.

1.2.1 Es wird erwogen, die Produktion von B einzustellen. Die Erzeugnisfixkosten wären um 80 % abbaubar.
Berechnen Sie, wie sich das monatliche Betriebsergebnis unter sonst gleich bleibenden Bedingungen verändern würde.

1.2.2 Anstelle des Produktes B soll das Produkt D in das Programm aufgenommen werden. Die Fertigungszeit von D beträgt 20 Minuten pro Stück auf der vorhandenen Anlage. Die gesamte Produktionsmenge von D wäre absetzbar. Die variablen Stückkosten von D belaufen sich auf 320,00 €. Es ist noch mit einer zusätzlichen Investition in Höhe von 168 408,00 € je Monat zu rechnen. Die Kapazität ändert sich dadurch nicht. Das Produkt B nahm pro Monat 385 Stunden der vorhandenen Kapazität in Anspruch. Die Erzeugnisfixkosten von B sind zu 80 % abbaubar.
Berechnen Sie den Preis für D, der mindestens erzielt werden müsste, damit sich das Betriebsergebnis aus 1.1 nicht verschlechtert.

2 Die INDUSTRIE AG stellt in Zweigwerk 1 die Produkte X, Y und Z her. Die Kostenrechnung liefert für das Produkt Z im 1. Quartal folgende Daten:

- Fertigungsmaterial pro Stück 260,00 €,
- Fertigungslöhne pro Stück 420,00 €,
- Gemeinkosten insgesamt 112 000,00 €,
  davon Erzeugnisfixkosten 97 000,00 €,
- Erlöse pro Stück 1 200,00 €,
- hergestellte und verkaufte Menge 200 Stück.

2.1 Ermitteln Sie für Produkt Z die Deckungsbeiträge (DB) I und II.

2.2 Zur Verbesserung des Betriebsergebnisses werden verschiedene Überlegungen angestellt.

2.2.1 Die Produktion des Typs Z wird eingestellt, wobei die Erzeugnisfixkosten um 45 000,00 € abbaubar wären. Eine Marktprognose ergibt einen unveränderten Absatz von 200 Stück pro Quartal. Begründen Sie rechnerisch, ob diese Maßnahme sinnvoll wäre.

2.2.2 Die Produktion von Z wird beibehalten und eine Erhöhung des Verkaufspreises erwogen. Berechnen Sie den Umsatz pro Quartal, der bei gleich bleibender Absatzmenge die Kosten von Z gerade noch deckt.

2.2.3 Eine weitere Überlegung ist die Erhöhung der Absatzmenge. Der ursprüngliche Preis von 1 200,00 € wird beibehalten. Berechnen Sie, um wie viel Stück der Absatz pro Quartal gesteigert werden müsste, um die dem Produkt Z zurechenbaren Kosten zu decken.

2.3 Im 2. Quartal gelten für das Produkt Z folgende neue Daten:

- Stückpreis 1 150,00 €,
- variable Stückkosten 700,00 €,
- Erzeugnisfixkosten unverändert,
- maximale Absatzmenge pro Quartal 600 Stück,
- feste Lieferverpflichtungen pro Quartal 500 Stück.

Das Unternehmen stellt neben Z noch weitere Produkte her.
Die Stückdeckungsbeiträge betragen bei

- Produkt X 422,50 €,
- Produkt Y 525,00 €.

Alle drei Produkte werden aus dem gleichen Rohstoff hergestellt. Benötigt werden je Stück für:

- Produkt X 5 kg,
- Produkt Y 3 kg,
- Produkt Z 10 kg.

Es stehen pro Quartal 7 650 kg dieses Rohstoffes zur Verfügung.

Berechnen Sie das neue optimale Produktionsprogramm, wenn pro Quartal von X 400 Stück und von Y 800 Stück verkauft werden können.

3 Die Fertigungsanlagen F1 und F2 der FOS AG werden zur Herstellung der Erzeugnisse A, B und C verwendet. Für den Abrechnungsmonat November 2005 liegen folgende Daten vor:

	A	B	C
Maximaler Absatz in Stück	800	640	500
Lieferverpflichtungen in Stück	460	160	—
Verkaufspreis/Stück in €	362,00	648,00	927,50
variable Kosten/Stück in €	296,00	463,00	634,50

Alle Produkte durchlaufen beide Fertigungsanlagen mit folgenden Bearbeitungszeiten:

	A	B	C
Fertigungsanlage F1	5 min	12,5 min	20 min
Fertigungsanlage F2	8 min	7 min	16 min

Die Fertigungsanlagen haben eine Monatskapazität von je 320 Stunden.

3.1 Ermitteln Sie das gewinnmaximale Produktionsprogramm für November 2005.

3.2 Auf einer der beiden Fertigungsanlagen verbleibt im November 2005 freie Kapazität, die zur Herstellung des Bauteils D genutzt werden könnte.
Bauteil D beansprucht eine Fertigungszeit von 16 Minuten pro Stück und verursacht variable Stückkosten von 200,00 € sowie erzeugnisfixe Kosten von 60 000,00 € pro Monat.
Die gesamte herstellbare Menge wäre zu einem Stückpreis von 400,00 € absetzbar.

3.2.1 Ermitteln Sie rechnerisch, ob die noch vorhandene Kapazität ausreicht, um durch die Herstellung von Produkt D das Betriebsergebnis zu verbessern.

3.2.2 Ermitteln Sie grafisch die Gewinnschwellenmenge für Produkt D. Beschriften Sie die Grafik vollständig.

Maßstab: x- und y-Achse je 10 cm,
x-Achse: 1 cm $\hat{=}$ 50 Stück,
y-Achse: 1 cm $\hat{=}$ 20 000,00 €.

4 Im Zweigwerk III der SOLAND AG können auf einer Produktionsanlage die Produkte A, B und C gefertigt werden. Im 3. Quartal wurden ausschließlich die Produkte A und B hergestellt. Ein Großkunde bietet der AG an, langfristig 240 Stück von C pro Quartal abzunehmen.

Folgende Daten sind bekannt:

	A	B	C
Preis/Stück in €	320,00	400,00	480,00
variable Kosten/Stück in €	260,00	336,00	368,00
Fertigungszeit/Stück in min	10	16	14
maximale Absatzmenge pro Quartal in Stück	1 200	535	240

Die gesamte Kapazität der Produktionsanlage beträgt 20 960 Minuten pro Quartal. Sie reicht nicht aus, um die maximalen Absatzmengen von A, B und C zu produzieren. Die Produktion von A und B könnte reduziert oder eingestellt werden. Die Umrüstung von einem Produkt auf ein anderes dauert jeweils 400 Minuten. Die Anlage ist produktionsbereit.
Die Fixkosten belaufen sich auf 80 928,00 € je Quartal.

Berechnen Sie das optimale Produktionsprogramm sowie das dazugehörige Betriebsergebnis für das 4. Quartal!

5 Zur Risikostreuung erwägt die Geschäftsleitung der SOLAND AG, ein weiteres Produkt anzubieten. Hierzu müsste der Maschinenpark erweitert werden.

Es liegen zwei Angebote vor:

Anbieter	Fixkosten	variable Stückkosten	Kapazität pro Jahr
FRIMAG AG	110 000,00 €	75,00 €/Stück	5 000 Stück
OLAX AG	250 000,00 €	40,00 €/Stück	11 000 Stück

5.1 Erstellen Sie eine Skizze, die den Kostenverlauf der beiden Maschinen zeigt (nicht maßstabsgetreu).
Markieren Sie auf der X-Achse den Bereich, in dem die Maschine der FRIMAG AG kostengünstiger produziert als die Maschine der OLAX AG. Achten Sie auf die vollständige Beschriftung Ihrer Zeichnung.

5.2 Entgegen den bisherigen Prognosen ist ein langfristiger Absatz von 14 000 Stück pro Jahr möglich. Deshalb werden beide Maschinen gekauft. Geben Sie die optimale Maschinenbelegung an und begründen Sie Ihre Lösung.

Lösung

1.1 **Berechnung des Betriebsergebnisses** (Beträge in €)

	Produkt A	Produkt B	Produkt C	insgesamt
$E = p \cdot x$	434 400,00	448 500,00	513 000,00	1 395 900,00
./. $K_v = k_v \cdot x$	240 000,00	270 000,00	323 000,00	833 000,00
= DB I = $db \cdot x$	194 400,00	178 500,00	190 000,00	562 900,00
./. erz. fixe K.	112 575,00	202 635,00	107 790,00	423 000,00
= DB II	81 825,00	./. 24 135,00	82 210,00	139 900,00
./. untern. fixe K.				27 300,00
= BE				112 600,00

1.2.1 **Berechnung der Veränderung des Betriebsergebnisses**

DB II von Prod. B bei Produktion = (./. 24 135,00 €);

DB II von Prod. B bei Nicht-Produktion $\hat{=}$ nicht abbaubare erzeugnisfixe Kosten von Prod. B
= (./. 20 % von 202 635,00 €)
= (./. 40 527,00 €);

das Betriebsergebnis würde sich bei Einstellung der Produktion von Produkt B um 16 392,00 € (= 40 527,00 € ./. 24 135,00 €) verschlechtern.

1.2.2 **Berechnung des Verkaufspreises von Produkt D**

Produzierbare Stückzahl von Produkt D = 385 h · 60 min/h : 20 min/Stck.
= 1 155 Stck.;

Erlöse	554 000,00 € ↑	
./. var. Kosten	369 600,00 €	(320,00 €/Stck. · 1 155 Stck.)
= DB I	184 800,00 €	
./. Investition	168 408,00 €	
./. fixe Kosten (Prod. B)	40 527,00 €	(20 % von 202 635,00 €)
= DB II	./. 24 135,00 €	

p = 554 400,00 € : 1 155 Stck.
= 480,00 €/Stck.

2.1 **Ermittlung der Deckungsbeiträge DB I und DB II**

db = p ./. k_v
= 1 200,00 €/Stck. ./. 260,00 €/Stck. ./. 420,00 €/Stck. ./. (15 000,00 € : 200 Stck.)
= 445,00 €/Stck.;

DB I	89 000,00 €	(445,00 €/Stck. · 200 Stck.)
./. erz.fixe K	97 000,00 €	
= DB II	./. 8 000,00 €	

2.2.1 **Vergleich der Ergebnisse bei Produktion und Nicht-Produktion**

DB II bei Produktion = (./. 8 000,00) €;

DB II bei Nicht-Produktion:

erz.fixe Kosten	97 000,00 €	
./. abbaubare Fixkosten	45 000,00 €	
= Rest-Fixkosten	52 000,00 €	≙ negativer DB II bei Nicht-Produktion;

der Verlust bei Nicht-Produktion ist größer als der Verlust bei Produktion, die Einstellung der Produktion ist also nicht sinnvoll.

2.2.2 **Berechnung des Mindestumsatzes**

Mindestumsatz = bisheriger Umsatz + notwendige Steigerung
= (1 200,00 €/Stck. · 200 Stck.) + 8 000,00 €
= 248 000,00 €

2.2.3 **Berechnung der notwendigen Absatzsteigerung**

$$\Delta x = \frac{\text{Verlust}}{\text{db}}$$

$$= \frac{8\,000{,}00\ €}{445{,}00\ €/\text{Stck.}}$$

= 17,98 Stck.;

Der Absatz müsste um 18 Stück gesteigert werden.

2.3 **Berechnung des neuen optimalen Produktionsprogramms**

Bevor der vorhandene Rohstoff auf die drei Produkte verteilt wird, ist mittels der relativen Deckungsbeiträge die Rangfolge festzulegen.

	Produkt X	Produkt Y	Produkt Z
absoluter db (pro Stück)	422,50 €	525,00 €	450,00 €
relativer db (pro kg)	84,50 €	175,00 €	45,00 €
Rangfolge	II	I	III

Verteilung des vorhandenen Rohstoffs auch unter Berücksichtigung der festen Lieferverpflichtung für Produkt Z:

Vorhandener Rohstoff	7 650 kg	
./. 500 Stck. von Z à 10 kg	5 000 kg	(feste Lieferverpflichtung)
./. 800 Stck. von Y à 3 kg	2 400 kg	(Rang I)
= Restrohstoff	250 kg	

mögliche Stückzahl von Prod. X = 250 kg : 5 kg/Stck.
= 50 Stck.;

optimales Produktionsprogramm: 50 Stck. von Prod. X,
800 Stck. von Prod. Y,
500 Stck. von Prod. Z.

3.1 **Feststellung eines evtl. vorhandenen Engpasses** (bei maximalem Absatz)

	Anlage F1	Anlage F2
Produktionszeit für A	4 000 min	6 400 min
Produktionszeit für B	8 000 min	4 480 min
Produktionszeit für C	10 000 min	8 000 min
notwendige Kapazität	22 000 min	18 880 min
vorhandene Kapazität	19 200 min	19 200 min
fehlende bzw. freie Kapazität	./. 2 800 min (Engpass)	+ 320 min

Ermittlung der Produktrangfolge auf der Engpassanlage (rel. db)

	A	B	C
absoluter db (in €/Stck.)	66,00	185,00	293,00
relativer db (in €/min)	13,20	14,80	14,65
Rang	III	I	II

Verteilung der vorhandenen Kapazität auf der Engpassanlage

Vorhandene Monatskapazität	19 200 min	
./. max. Absatz von Prod. B (Rang I)	8 000 min	(640 Stck. · 12,5 min/Stck.)
./. Lieferverpfl. von Prod. A (Rang III)	2 300 min	(460 Stck. · 5 min/Stck.)
= Restkapazität für Prod. C (Rang II)	8 900 min	

mögliche Stückzahl von Prod. C = 8 900 min : 20 min/Stck.
= 445 Stck. (< maximaler Absatz);

die gewinnoptimalen Produktionszahlen sind:

460 Stck. von Produkt A,
640 Stck. von Produkt B,
445 Stck. von Produkt C.

3.2.1 **Berechnung der Restkapazität für Produkt D auf Anlage F2**

Vorhandene Monatskapazität	19 200 min
./. Prod. A: 460 Stck. · 8 min/Stck.	4 680 min
./. Prod. B: 640 Stck. · 7 min/Stck.	4 480 min
./. Prod. C: 445 Stck. · 16 min/Stck.	7 120 min
= Restkapazität für Produkt D	3 920 min

Berechnung der möglichen Stückzahl und des DB II von Produkt D

Mögliche Stückzahl	3 920 min : 16 min/Stck. 245 Stck.;		
DB I = db · x	200,00 €/Stck. · 245 Stck.	=	49 000,00 €
./. erzeugnisfixe Kosten			60 000,00 €
= DB II			./. 11 000,00 €

Der DB II von Produkt D ist negativ, die vorhandene Stückzahl von D reicht also nicht aus, um das Betriebsergebnis zu verbessern; dazu müssten mehr als 300 Stck. von Produkt D produziert und verkauft werden können:

Gewinnschwellenmenge von Prod. D = K_f : db
= 60 000,00 € : 200,00 €/Stck.
= 300 Stck. (> 245 Stck.)

3.2.2 Grafische Ermittlung der Gewinnschwellenmenge von Produkt D

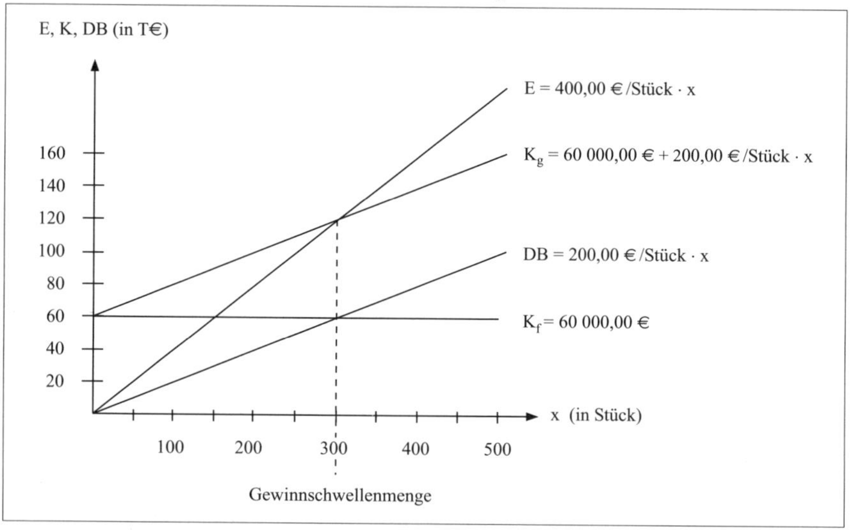

(Grafik nicht maßstabsgetreu)

4 Berechnung des optimalen Produktionsprogramms

	A	B	C
Absoluter db = p ./. k_v	60,00 €/Stck.	64,00 €/Stck.	112,00 €/Stck.
relativer db = abs. db : Prod.zeit	6,00 €/min	4,00 €/min	8,00 €/min
Rangfolge	II	III	I

maximale Kapazität	20 960 min
./. 240 Stck. von Prod. C · 14 min/Stck.	3 360 min
./. 1. Umstellung	400 min
./. 1 200 Stck. von Prod. A · 10 min/Stck.	12 000 min
./. 2. Umstellung	400 min
= Restkapazität für Produkt B	4 800 min

Stückzahl von Prod. B = Restkapazität : Produktionszeit pro Stck. von Prod. B
= 4 800 min : 16 min/Stck.
= 300 Stck.;
Stückzahl von Prod. A = 1 200 Stck.;
Stückzahl von Prod. C = 240 Stck.

Berechnung des optimalen Betriebsergebnisses

	A	B	C	insgesamt
DB = db · x	72 000,00 €	19 200,00 €	26 880,00 €	118 080,00 €
./. K_f				80 928,00 €
= BE				37 152,00 €

5.1 **Skizze zur Darstellung des Kostenverlaufs**

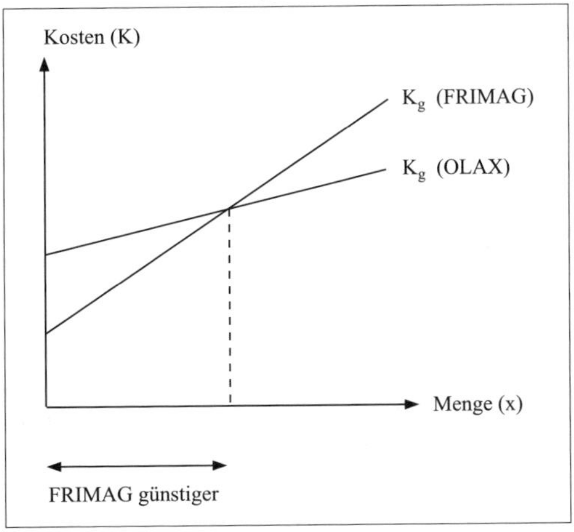

5.2 **Optimale Maschinenbelegung**

Bei einem Absatz von 14 000 Stück werden **beide** Maschinen benötigt, d. h. die Fixkosten fallen für beide Maschinen an; die Maschine mit den geringeren variablen Stückkosten (OLAX AG) wird zunächst voll ausgelastet (≙ 11 000 Stück.), der Rest (≙ 3 000 Stück) wird auf der anderen Maschine (FRIMAG AG) produziert.

Maschine (OLAX AG): 11 000 Stck.
Maschine (FRIMAG AG): 3 000 Stck.

Übungsaufgaben zum Jahresabschluss

1 Die TEXTIL AG kaufte im Jahr 2005 ein Grundstück.

- Kaufpreis des Grundstücks 1 400 000,00 €,
- 3,5 % Grunderwerbsteuer,
- Grundbuchgebühr 7 000,00 €,
- Vermessungskosten 4 000,00 €,
- Notariatsgebühren 6 000,00 € (netto).

Auf dem Grundstück wurde eine Lagerhalle gebaut, die am 01. 03. 2006 in Betrieb genommen wurde:

- Anschaffungskosten 2 100 000,00 €,
- betriebsgewöhnliche Nutzungsdauer 25 Jahre.

Ende 2006 wurde die ursprünglich vorgesehene Verkehrsanbindung des Grundstücks an eine Bundesautobahn auf unbestimmte Zeit verschoben. Die TEXTIL AG geht von einer dauerhaften Wertminderung aus und setzt folgende Teilwerte zum 31. 12. 2006 an:

- Grundstück 1 000 000,00 €,
- Lagerhalle 1 500 000,00 €.

1.1 Ermitteln und begründen Sie die nach Einkommensteuerrecht möglichen Wertansätze zum 31. 12. 2006 für das Grundstück und die Lagerhalle.

1.2 Geben Sie die vorbereitenden Abschlussbuchungen zum 31. 12. 2006 an.

1.3 Im Jahr 2007 wurde der Ausbau des Autobahnzubringers unerwartet genehmigt. Der Buchwert der Lagerhalle beträgt nach Fortführung der Abschreibung am 31. 12. 2007 1 437 200,00 €. Die Werte von Grundstück und Lagerhalle werden nun auf jeweils 2 000 000,00 € geschätzt.

Ermitteln und begründen Sie die möglichen Wertansätze zum 31. 12. 2007 für das Grundstück und die Lagerhalle.

2 Die SOLAND AG fertigte im Jahr 2007 eine Maschine, die sie in ihrer Produktion einsetzt. Die Maschine wurde am 01. 10. 2007 in Betrieb genommen. Die Nutzungsdauer beträgt 6 Jahre.

Der Finanzbuchhaltung stehen zur Ermittlung der Herstellungskosten folgende Daten zur Verfügung:

- Fertigungsmaterial 3 000,00 €
- Fertigungslöhne 2 000,00 €
- MGK-Zuschlagssatz 10 %
- FGK-Zuschlagssatz 150 %
- VwGK-Zuschlagssatz 15 %
- VtGK-Zuschlagssatz 8 %

2.1 Buchen Sie die aktivierungspflichtigen Herstellungskosten.

2.2 Buchen Sie dazu die Abschreibung zum 31. 12. 2007.

3 Die WERTHOLZ AG bezieht ihre Hilfsstoffe von einem einzigen Lieferanten. Am 06. 12. 2007 kauft sie 28 000 kg zu folgenden Konditionen:

- Listenpreis 3,75 €/kg,
- 20 % Rabatt,
- 3 % Skonto bei Zahlung innerhalb von 10 Tagen nach Rechnungseingang,
- Lieferung frei Haus.

3.1 Buchen Sie
- den Rechnungseingang am 06. 12. 2007,
- die Bezahlung durch Banküberweisung am 15. 12. 2007.

3.2 Weitere Zugänge im Jahr 2007:

Datum	Menge	Anschaffungskosten
20. 1. 2007	21 000 kg	63 000,00 €
14. 3. 2007	14 000 kg	55 000,00 €
15. 8. 2007	24 000 kg	85 520,00 €

Der Schlussbestand des Jahres 2006 von 13 000 kg wurde mit 39 400,00 € bewertet. Am 30. 12. 2007 erhält die Wertholz AG eine Mitteilung des Lieferanten, dass auf die Umsätze des Jahres 2007 ein Bonus von 4 % gewährt wird. Der Bonus wird mit Lieferverbindlichkeiten verrechnet. Bei der Inventur am 31. 12. 2007 wird von diesem Hilfsstoff ein Bestand von 14 500 kg festgestellt. Der Marktpreis beträgt am Bilanzstichtag 3,10 €/kg. Die Wertholz AG wendet das Durchschnittswertverfahren an.

3.2.1 Buchen Sie die Gutschrift des Lieferanten am 30. 12. 2007.

3.2.2 Ermitteln und begründen Sie den Bilanzansatz des Hilfsstoffes zum 31. 12. 2007.

4 Zum 01. 12. 2007 sind der Saldenbilanz unter anderem folgende Werte zu entnehmen:

2400	Forderungen aus Lieferungen und Leistungen	678 300,00 €
3670	Einzelwertberichtigung zu Forderungen	20 000,00 €
3680	Pauschalwertberichtigung zu Forderungen	30 000,00 €

4.1 Im Dezember sind noch folgende Geschäftsfälle zu buchen:

4.1.1 Von einer Forderung in Höhe von 119 000,00 € gehen am 02. 12. 2007 auf dem Bankkonto 40 % als Vergleichsquote ein. Der Rest ist endgültig verloren.

4.1.2 Kunde A sendet am 13. 12. 2007 falsch gelieferte Ware im Wert von 15 000,00 € netto zurück.

4.1.3 Kunde B überweist nach Abzug von 2 % Skonto am 20. 12. 2007 den Betrag von 104 958,00 € auf das Postbankkonto.

4.2 Zum 31. 12. 2007 sind noch folgende Sachverhalte zu berücksichtigen:

Die Forderung an einen Kunden beträgt 142 800,00 €.
Wegen des schwebenden Insolvenzverfahrens ist mit einer Ausfallquote von 70 % zu rechnen.

Die TEXTIL AG setzt die Pauschalwertberichtigung zu Forderungen um 20 200,00 € herab.

4.2.1 Ermitteln Sie mithilfe eines T-Kontos den Schlussbestand des Kontos Forderungen aus Lieferungen und Leistungen.
Gegenkonten sind anzugeben. Das Konto ist ordnungsgemäß abzuschließen. Buchungssätze sind nicht zu erstellen.

4.2.2 Berechnen Sie den Delkrederesatz.

5 Wegen eines laufenden Rechtsstreits wurde im Jahr 2006 eine Rückstellung für Anwaltskosten in Höhe von 11 000,00 € gebildet. Die tatsächlichen Anwaltskosten belaufen sich laut Rechnung vom 08. 12. 2007 auf 9 520,00 € brutto. Der Betrag wird am 28. 12. 2007 per Bank überwiesen.

Buchen Sie den Rechnungseingang und die Überweisung.

6 Bei der WERTHOLZ AG wird das Eigenkapital der Jahre 2006 und 2007 nach teilweiser Verwendung des Jahresergebnisses folgendermaßen ausgewiesen:

	31. 12. 2006	31. 12. 2007
I. Gezeichnetes Kapital	15 000 T€	17 000 T€
II. Kapitalrücklage	600 T€	1 400 T€
III. Gewinnrücklagen		
1. gesetzliche Rücklage	260 T€	?
2. andere Gewinnrücklagen	2 500 T€	?
IV. Bilanzgewinn	1 080 T€	?

Die WERTHOLZ AG schüttete für 2006 die höchstmögliche Dividende (in vollen Prozent) aus. Im Jahr 2007 wurde eine Kapitalerhöhung durch Ausgabe junger Aktien vorgenommen. Die jungen Aktien sind voll dividendenberechtigt. Die Aktien der WERTHOLZ AG haben einen Nennwert von 50,00 € pro Stück. Die WERTHOLZ AG erzielte 2007 einen Jahresüberschuss von 1 300 T€. Die Hauptversammlung beschließt, je Aktie eine Dividende von 4,00 € auszuschütten. Für 2007 soll weder ein Gewinn- noch ein Verlustvortrag ausgewiesen werden.

6.1 Stellen Sie die Ergebnisverwendung für 2007 vollständig dar. Die Einstellung in die gesetzliche Rücklage beträgt 40 T€.

6.2 Ergänzen Sie die fehlenden Bilanzpositionen der Schlussbilanz 2007, wenn das Eigenkapital nach teilweiser Verwendung des Jahresergebnisses bilanziert wird.

Lösung

1.1 Bewertung des Grundstücks

Kaufpreis	1 400 000,00 €
+ 3,5 % Grunderwerbsteuer	49 000,00 €
+ Grundbuchgebühr	7 000,00 €
+ Vermessungskosten	4 000,00 €
+ Notariatsgebühren	6 000,00 €
= Anschaffungskosten	1 466 000,00 €

Teilwert (31. 12. 2006) 1 000 000,00 € ≙ Bilanzansatz 2006

Bewertung der Lagerhalle

AK 2006	2 100 000,00 €	
./. AfA 2006	70 000,00 €	(2 100 000,00 € : 25 Jahre : 12 Mon. · 10 Mon.)
= RW 2006	2 030 000,00 €	
TW 2006	1 500 000,00 €	≙ Bilanzansatz 2006

Begründung
Beide Objekte gehören zum Sachanlagevermögen; bei einer voraussichtlich dauerhaften Wertminderung besteht eine Abschreibungspflicht auf den jeweils niedrigeren Teilwert.

1.2 **Buchung der außerplanmäßigen Abschreibung für das Grundstück**

(6550)	466 000,00 €	/	(0510)	466 000,00 €

Buchung der Abschreibungen für die Lagerhalle

(6520)	70 000,00 €	/		
(6550)	530 000,00 €	/	(0530)	600 000,00 €

1.3 Für den Fall, dass der Grund für die Wertminderung ganz oder teilweise wieder weggefallen ist, besteht eine Wertaufholungspflicht bis zu den (fortgeführten) Anschaffungskosten (≙ Obergrenze).

Bewertung des Grundstücks
Bilanzansatz 2007: 1 466 000,00 €

Bewertung der Lagerhalle
Zunächst sind die fortgeführten Anschaffungskosten zu berechnen:

AK 2006	2 100 000,00 €	
AfA 2006	70 000,00 €	(vergl. 1.1)
./. AfA 2007	84 000,00 €	(4 % von 2 100 000,00 €)
= fortgef. AK 2007	1 946 000,00 €	
Bilanzansatz 2007	1 946 000,00 €	

2.1 Den **aktivierungspflichtigen Herstellungskosten** entsprechen die Herstellkosten (HK); für die Verwaltungsgemeinkosten besteht ein Aktivierungswahlrecht, für die Vertriebsgemeinkosten ein Aktivierungsverbot.

FM		3 000,00 €	
MGK	(10 %)	300,00 €	(10 % von 3 000,00 €)
FL		2 000,00 €	
FGK	(150 %)	3 000,00 €	(150 % von 2 000,00 €)
HK		8 300,00 €	

Buchung der Herstellkosten (≙ Untergrenze)

(0720)	8 300,00 €	/	(5300)	8 300,00 €

2.2 Es ergibt sich folgende Abschreibung:

Da die Inbetriebnahme erst im Oktober erfolgte, können nur 3/12 des Jahres-AfA-Betrages angesetzt werden.

AfA-Betrag = 8 300,00 € : 6 Jahre : 12 Mon. · 3 Mon.
= 345,83 €

Buchung der Abschreibung

(6520)	345,83 €	/	(0720)	345,83 €

3.1 **Buchung des Rechnungseingangs**

(6020)	84 000,00 €	/		
(2600)	15 960,00 €	/	(4400)	99 960,00 €

Buchung der Bezahlung durch Banküberweisung (mit Skontoabzug)

(4400)	99 960,00 €	/	(6022)	2 520,00 €
		/	(2600)	478,80 €
		/	(2800)	96 961,20 €

3.2.1 Für die Berechnung der Gutschrift auf die Umsätze des Jahres 2007 sind zunächst die Anschaffungskosten für die gekauften Hilfsstoffe zu ermitteln:

63 000,00 €	(20. 01. 2007)
+ 55 000,00 €	(14. 03. 2007)
+ 85 520,00 €	(15. 08. 2007)
+ 81 480,00 €	(06. 12. 2007; 84 000,00 € ./. 2 520,00 €)
= 285 000,00 €	

Bonus = 4 % von 285 000,00 €
= 11 400,00 €, netto

Buchung der Gutschrift des Lieferanten

(4400)	13 566,00 €	/	(6022)	11 400,00 €
		/	(2600)	2 166,00 €

3.2.2 Bei Anwendung des Durchschnittswertverfahrens ist zunächst der gewogene Durchschnittspreis pro kg zu ermitteln, welcher grundsätzlich mit dem aktuellen Marktpreis zu vergleichen ist.

Ermittlung des gewogenen Durchschnittspreises

Anfangsbestand	13 000 kg	≙	39 400,00 €	
+ 1. Zukauf	21 000 kg	≙	63 000,00 €	
+ 2. Zukauf	14 000 kg	≙	55 000,00 €	
+ 3. Zukauf	24 000 kg	≙	85 520,00 €	
+ 4. Zukauf	28 000 kg	≙	70 080,00 €	(81 480,00 € ./. 11 400,00 €)
= Summe	100 000 kg	≙	313 000,00 €	
	1 kg	≙	3,13 €	(gewogener Durchschnittspreis)

Vergleich mit dem aktuellen Marktpreis und Bilanzansatz

Der Schlussbestand von 14 500 kg ist mit dem Durchschnittspreis von 3,13 €/kg zu bewerten, da Preisschwankungen bei Rohstoffen normal und somit als vorübergehend anzusehen sind; der niedrigere Marktpreis (3,10 €/kg) darf nicht angesetzt werden (Abschreibungsverbot).

Bilanzansatz 2007 = 14 500 kg · 3,13 €/kg
= 45 385,00 €

4.1.1 **Buchung des Bankeingangs (40 %) und der Abschreibung der Restforderung (60 %)**

(2800)	47 600,00 €	/		
(6951)	60 000,00 €	/		
(4800)	11 400,00 €	/	(2400)	119 000,00 €

4.1.2 **Buchung der Rücksendung**

(5000)	15 000,00 €	/		
(4800)	2 850,00 €	/	(2400)	17 850,00 €

4.1.3 **Buchung der Überweisung auf das Postbankkonto** mit Skontoabzug

98 % brutto	≙	104 958,00 €	≙	Eingang auf dem Postbankkonto
100 % brutto	≙	107 100,00 €	≙	Bruttoforderung insgesamt
2 % brutto	≙	2 142,00 €		
2 % netto	≙	1 800,00 €	≙	Skontobetrag, netto

(2800)	104 958,00 €	/		
(5001)	1 800,00 €	/		
(4800)	342,00 €	/	(2400)	107 100,00 €

4.2.1 **Ermittlung des Schlussbestandes an Forderungen**

Die noch zu berechnenden Einzel- und Pauschalwertberichtigungen sind über das Konto Forderungen (2400) abzuschließen; außerdem sind die Buchungen aus Aufgabe 4.1 zu berücksichtigen;

notwendige EWB = 70 % von (142 800,00 € : 1,19)
= 84 000,00 €;

notwendige PWB = vorhandene PWB ./. Herabsetzung der PWB
= 30 000,00 € ./. 20 200,00 €
= 9 800,00 €

Soll		2400 Forderungen	Haben
AB (01. 12. 07)	678 300,00 €	(2800, 6951, 4800)	119 000,00 €
		(5000, 4800)	17 850,00 €
		(2800, 5001, 4800)	107 100,00 €
		(3670)	84 000,00 €
		(3680)	9 800,00 €
		(8010)	340 550,00 €
	678 300,00 €		678 300,00 €

Der Schlussbestand an Forderungen beträgt 340 550,00 € (≙ Habensaldo).

4.2.2 **Berechnung des Delkrederesatzes**

AB an Forderungen (01. 12. 07),	brutto	678 300,00 €
./. Forderung aus Aufg. 4.1.1,	brutto	119 000,00 €
./. Forderung aus Aufg. 4.1.2,	brutto	17 850,00 €
./. Forderung aus Aufg. 4.1.3,	brutto	107 100,00 €
./. einzelwertberichtigte Forderung,	brutto	142 800,00 €
= einwandfreie Forderungen,	brutto	291 550,00 €
≙ einwandfreie Forderungen,	netto	245 000,00 €

$$\text{Delkrederesatz} = \frac{\text{notwendige PWB}}{\text{einwandfreie Nettoforderungen}} \cdot 100\,\% = \frac{9\,800{,}00\,€}{245\,000{,}00\,€} \cdot 100\,\% = 4\,\%$$

5 Die im Jahr 2006 vorsorglich gebildete Rückstellung für ungewisse Verbindlichkeiten konnte seinerzeit nur mit dem geschätzten Nettobetrag gebucht werden. Die Vorsteuer fällt erst jetzt, da der Rechnungsbetrag genau feststeht, in voller Höhe an; die gebildete Rückstellung kann aufgelöst werden; es ergibt sich ein Ertrag aus der Herabsetzung der Rückstellung, da die tatsächlichen Anwaltskosten mit 8 000,00 € (netto) um 3 000,00 € (netto) geringer als ursprünglich angenommen ausfallen.

Buchung des Rechnungseingangs und der anschließenden Banküberweisung

(3930)	11 000,00 €	/	(4400)	9 520,00 €
(2600)	1 520,00 €	/	(5480)	3 000,00 €
(4400)	9 520,00 €	/	(2800)	9 520,00 €

6.1 Bevor die Ergebnisverwendung für das Jahr 2007 vollständig dargestellt werden kann, müssen folgende Einzelpositionen berechnet werden:

Berechnung des Gewinnvortrages aus dem Vorjahr

$$\text{Mögliche Dividende 2006} = \frac{\text{Bilanzgewinn '06}}{\text{gez. Kapital}} \cdot 100\,\% = \frac{1\,080\text{ T€}}{15\,000\text{ T€}} \cdot 100\,\% = 7{,}2\,\% \approx 7\,\%$$

Bilanzgewinn 2006	1 080 T€	
./. Dividende 2006	1 050 T€	(7 % von 15 000 T€)
= Gewinnvortrag 2006	30 T€	

Nach der Einstellung von 40 T€ in die gesetzliche Rücklage entsprechen Kapitalrücklage und gesetzliche Rücklage zusammen 10 % des gezeichneten Kapitals.

Berechnung des notwendigen Bilanzgewinns 2007

4,00 € Dividende pro 50,00 €-Aktie	=	8 % Dividende;
notwendiger Bilanzgewinn 2007	=	8 % vom gezeichneten Kapital
	=	8 % von 17 000 T€
	=	1 360 T€

Darstellung der Ergebnisverwendung 2007

Jahresüberschuss 2007	1 300 T€
+ Gewinnvortrag aus dem Vorjahr	30 T€
./. Einstellung in die gesetzliche Rücklage	40 T€
+ Entnahme aus den anderen Rücklagen	70 T€
= Bilanzgewinn 2007	1 360 T€
./. Dividende 2007	1 360 T€
= Gewinnvortrag 2007	0 T€

Um die geplante Dividende ausschütten zu können, müssen den anderen Gewinnrücklagen 70 T€ entnommen werden.

6.2 **Ergänzung der fehlenden Bilanzpositionen 2007**

Gesetzliche Rücklage	=	260 T€	+	40 T€	=	300 T€;
andere Gewinnrücklagen	=	2 500 T€	./.	70 T€	=	2 430 T€;
Bilanzgewinn	=	1 360 T€				

Übungsaufgaben zur Finanzwirtschaft

Dem Jahresabschluss der BOS AG sind nach teilweiser Ergebnisverwendung folgende Daten zu entnehmen:

Bilanz der BOS AG in Mio. € (zum 31. 12. 2004 bzw. 31. 12. 2005)					
Aktiva	**2005**	**2004**	**Passiva**	**2005**	**2004**
Sachanlagen		2 400	Gezeichnetes Kapital		700
Vorräte	770	870	Kapitalrücklage	700	300
Forderungen	470	450	Gewinnrücklagen	250	245
Wertpapiere des UVs	8	33	Bilanzgewinn	210	200
Flüssige Mittel	62	57	Pensionsrückstellungen	500	380
			Sonstige Rückstellungen	185	185
			Darlehen	550	520
			Kurzfr. Verbindlichkeiten	715	1 280
		3 810			**3 810**

Aus dem Jahr 2004 blieb ein Gewinnvortrag von 4 Mio. €. Zum 01. Juli 2005 wurde eine Kapitalerhöhung bei einem Bezugsverhältnis von 7 : 2 vorgenommen. Für das Geschäftsjahr 2005 wird auf die alten Aktien eine Dividende von 1,30 € pro 5,00 €-Aktie gezahlt, auf die jungen Aktien die Hälfte.

Die Abschreibungen im Jahr 2005 betragen gemäß der Gewinn- und Verlustrechnung 290 Mio. €, die kalkulatorische Abschreibung wird mit 270 Mio. € angegeben.

1 Berechnen Sie das neue gezeichnete Kapital nach der Kapitalerhöhung im Jahr 2005.

2 Errechnen Sie für das Jahr 2004 die Veränderung bei den Gewinnrücklagen, wenn aus dem Vorjahr ein Verlustvortrag von 2 Mio. € besteht und der Jahresüberschuss im Jahr 2004 208 Mio. € beträgt.

3 Ermitteln Sie die für das Jahr 2004 ausgeschüttete Dividende in Euro und Prozent.

4 Berechnen Sie den nach der Ausschüttung im Jahr 2005 entstehenden Gewinn- oder Verlustvortrag.

5 Errechnen Sie das Agio und den Emissionskurs pro 5,00 €-Aktie, zu dem die Kapitalerhöhung durchgeführt wurde.

6 Bestimmen Sie die Höhe des Eigenkapitals
- zum 01. 01. 2005 und
- zum 31. 12. 2005 vor jeglicher, nach teilweiser und nach vollständiger Ergebnisverwendung.

7 Berechnen Sie die Investition in das Sachanlagevermögen im Jahr 2005.

8 Bezeichnen Sie exakt unter Verwendung der Fachbegriffe die erkennbaren Finanzierungsarten aus dem Jahr 2005 und geben Sie den jeweiligen Betrag an.

Lösung

1 **Berechnung des neuen gezeichneten Kapitals**

Bezugsverhältnis	=	altes gez. Kapital : Δ gez. Kapital;
Δ gez. Kapital	=	altes gez. Kapital : 7 · 2
	=	700 Mio. € : 7 · 2
	=	200 Mio. €;
neues gez. Kapital	=	altes gez. Kapital + Δ gez. Kapital
	=	700 Mio. € + 200 Mio. €
	=	900 Mio. €

2 **Berechnung der Veränderung bei den Gewinnrücklagen** im Jahr 2004

Jahresüberschuss 2004	208 Mio. €
./. Verlustvortrag (Vorjahr)	2 Mio. €
./. Einst. Gewinnrücklagen	6 Mio. €
= Bilanzgewinn 2004	200 Mio. €

Im Jahr 2004 wurden die Gewinnrücklagen um 6 Mio. € (von 239 Mio. € auf 245 Mio. €) erhöht.

3 **Ermittlung der Dividende** im Jahr 2004

Bilanzgewinn 2004	200 Mio. €
./. Dividende	196 Mio. €
= Gewinnvortrag (neues Jahr)	4 Mio. €

Dividende (in %)	=	Dividende : gez. Kapital · 100 %
	=	196 Mio. € : 700 Mio. € · 100 %
	=	28 %;

die für das Jahr 2004 ausgeschüttete Dividende beträgt 196 Mio. € bzw. 28 %.

4 **Berechnung der dividendenberechtigten Aktien** im Jahr 2005

Anzahl der alten Aktien	=	altes gez. Kapital : Nennwert pro Aktie
	=	700 Mio. € : 5,00 €/Aktie
	=	140 Mio. alte Aktien;
Anzahl der neuen Aktien	=	Δ gez. Kapital : Nennwert pro Aktie
	=	200 Mio. € : 5,00 €/Aktie
	=	40 Mio. neue Aktien

Berechnung der Dividende für das Jahr 2005

Dividende 2005 = Anzahl der Aktien · Dividende pro Aktie
= 140 Mio. Aktien · 1,30 €/Aktie + 40 Mio. Aktien · 0,65 €/Aktie
= 208 Mio. €

Berechnung des Gewinn- oder Verlustvortrags für das nächste Jahr

Bilanzgewinn 2005	210 Mio €
./. Dividende	208 Mio €
= Gewinnvortrag (neues Jahr)	2 Mio €

Für das neue Jahr bleibt ein Gewinnvortrag von 2 Mio. €.

5 **Berechnung des Emissionskurses** der jungen Aktien

Ausgabekurs = (Δ gez. Kapital + Δ Kapitalrücklage) : Anzahl der jungen Aktien
= (200 Mio. € + 400 Mio. €) : 40 Mio. Aktien
= 15,00 €/Aktie;

Agio = Ausgabekurs ./. Nennwert
= 15,00 €/Aktie ./. 5,00 €/Aktie
= 10,00 €/Aktie;

der Ausgabekurs der im Jahr 2005 neu ausgegebenen Aktien beträgt 15,00 € pro Aktie, das Agio (Aufschlag auf den Nennwert) beträgt 10,00 € pro Aktie.

6 **Berechnung der Höhe des Eigenkapitals** im Jahr 2005

Gez. Kapital 2004	700 Mio. €	
+ Kapitalrücklage 2004	300 Mio. €	
+ Gewinnvortrag (Vorjahr)	4 Mio. €	
+ Gewinnrücklagen 2004	245 Mio. €	
= EK_1	1 249 Mio. €	(SB 2004 ≙ AB 2005)
+ Δ gez. Kapital 2005	200 Mio. €	
+ Δ Kapitalrücklage 2005	400 Mio. €	
+ Jahresüberschuss 2005	211 Mio. €	(s. u.)
= EK_2	2 060 Mio. €	(SB 2005 vor jeglicher und nach teilweiser Ergebnisverwendung)
./. Dividende	208 Mio. €	(s. o.)
= EK_3	1 852 Mio. €	(SB 2005 nach vollständiger Ergebnisverwendung)

Nebenrechnung zur Berechnung des Jahresüberschuss 2005:

Jahresüberschuss 2005	211 Mio. €	
+ Gewinnvortrag (Vorjahr)	4 Mio. €	
./. Einst. Gewinnrücklagen 2005	5 Mio. €	(250 Mio. € ./. 245 Mio. €)
= Bilanzgewinn 2005	210 Mio. €	

Das Eigenkapital der BOS AG zum 01. 01. 2005 beträgt 1 249 Mio. € (≙ EK_1), zum 31. 12. 2005 vor und nach teilweiser Ergebnisverwendung 2 060 Mio. € (≙ EK_2), nach vollständiger Ergebnisverwendung 1 852 Mio. € (≙ EK_3); die Einstellung der 5 Mio. € aus dem Jahresüberschuss in die Gewinnrücklagen ändert nichts an der Höhe des Eigenkapitals insgesamt.

7 **Berechnung der Investition in das Sachanlagevermögen** im Jahr 2005

Aktiva 2005 = Passiva 2005
= 4 010 Mio. €;

Sachanlagen 2005 = Aktiva 2005 ./. (770 + 470 + 8 + 62) Mio. €
= 2 700 Mio. €;

Δ Sachanlagen = 2 700 Mio. € ./. 2 400 Mio. €
= 300 Mio. €;

die Investition des Jahres 2005 in das Sachanlagevermögen beträgt 300 Mio. € zzgl. der bilanziellen Abschreibung von 290 Mio. €, also 590 Mio. €.

8 **Bestimmung der Finanzierungsarten** aus dem Jahr 2005

Beteiligungsfinanzierung = Δ gez. Kapital + Δ Kapitalrücklage
= 200 Mio. € + 400 Mio. €
= 600 Mio. €
≙ Eigen- und Außenfinanzierung

Offene Selbstfinanzierung = Jahresüberschuss 2005 ./. Dividende 2005
= 211 Mio. € ./. 208 Mio. €
(oder) = Einst. Gewinnrücklagen '05 + Δ Gewinn-/Verlustvorträge
= 5 Mio. € + (2 Mio. € ./. 4 Mio. €)
= 3 Mio. €
≙ Eigen- und Innenfinanzierung

Stille Selbstfinanzierung = bilanzielle Abschreibung ./. kalkulatorische Abschreibung
= 290 Mio. € ./. 270 Mio. €
= 20 Mio. €
≙ Eigen- und Innenfinanzierung

Finanzierung aus Abschreibungen = kalkulatorische Abschreibung
= 270 Mio. €
≙ Eigen- und Innenfinanzierung
≙ Finanzierung aus Vermögensumschichtung

Finanzierung aus Pensionsrückstellungen = Einstellung in Pensionsrückstellungen
= 500 Mio. € ./. 380 Mio. €
= 120 Mio. €
≙ Fremd- und Innenfinanzierung

Kreditfinanzierung = Erhöhung der Darlehen
= 550 Mio. € ./. 520 Mio. €
= 30 Mio. €
≙ Fremd- und Außenfinanzierung

Finanzierung aus Vermögensumschichtung = Abbau einzelner Vermögensteile + Abschreibungsfinanzierung
= Δ Vorräte + Δ Wertpapiere + kalk. Abschreibung
= (100 + 25 + 270) Mio. €
= 395 Mio. €
≙ Eigen- und Innenfinanzierung

Übungsaufgaben zum Marketing

1 Produktpolitik (Produktdiversifikation)
Ein mittelständisches Familienunternehmen (ca. 100 Mitarbeiter) ist einer der führenden Hersteller von Haarpflegemitteln und vertreibt seine 20 Produkte sowohl über Fachgeschäfte als auch über Verbrauchermärkte. Da die Verkaufspolitik der großen Konkurrenten immer aggressiver wird, entschließt sich die Firmenleitung zur Produktdiversifikation. Das Ziel ist eine Umsatzsteigerung von mindestens 15 %.
Beschreiben Sie mögliche Alternativen und machen Sie einen konkreten, begründeten Vorschlag.

2 Distributionspolitik (Funktionen des Handels)
Welche Marketingfunktionen kann der Handel dem Hersteller von z. B. hochwertigen Fahrrädern abnehmen?

3 Distributionspolitik (Reisender oder Handelsvertreter)
Ein neues Produkt soll zu einem Verkaufspreis von 50,00 € pro Stück angeboten werden. Die Geschäftsleitung hofft pro Monat 900 Stück absetzen zu können. Fraglich ist noch, ob das Produkt über Reisende oder Handelsvertreter vertrieben werden soll. Einem Reisenden müssten ein Fixum von 2 000,00 € pro Monat und 4 % Umsatzprovision, einem Handelsvertreter nur 8 % Provision gezahlt werden.
Bereiten Sie die Entscheidung der Geschäftsleitung vor, wenn man davon ausgeht, dass Reisender und Vertreter mengenmäßig gleichviel absetzen.

4 Preispolitik (Bedeutung des Preises)
Zeigen Sie kurz die Veränderung in der Bedeutung des Preises als Instrument der Absatzpolitik auf.

5 Preispolitik (Veränderung der Preis-Absatz-Funktion)
Wie verändert sich eine linear fallende Preis-Absatz-Funktion für ein bestimmtes Unternehmen in einem Markt mit wenigen Konkurrenten, wenn
- die Inflationsrate deutlich ansteigt bzw.
- einer der wenigen Konkurrenten aus dem Markt ausscheidet und alle anderen Bestimmungsfaktoren jeweils unverändert bleiben?

6 Kommunikationspolitik (Werbeplanung)
Für ein neu auf dem Markt einzuführendes Produkt (z. B. ein Erfrischungsgetränk) sollen Sie die Werbeplanung durchführen.
Beschreiben Sie Ihre grundsätzlichen Überlegungen.

7 Marketingmix (Preisgestaltung in der ersten Phase des Produktlebenszyklus)
Erörtern Sie die Möglichkeiten der Preisgestaltung in der ersten Phase eines Produktlebenszyklus.

8 Marketingmix (Marktanteils-Marktwachstums-Portfolio)
Die FOS AG vertreibt die vier verschiedenen strategischen Geschäftseinheiten A, B, C und D. Eine Analyse des Wettbewerbsumfelds, der eigenen Unternehmens- und der Marktentwicklung ergibt folgende Daten (Beträge in Mio. Euro):

	SGE A	SGE B	SGE C	SGE D
FOS AG				
Umsatz '05	10	5	3	4
Prognose '07	11	7	3	5
Konkurrent X				
Umsatz '05	5	4	9	6
Prognose '07	6	6	10	8
Konkurrent Y				
Umsatz '05	6	3	2	8
Prognose '07	6	5	2	10
Gesamtmarkt				
Umsatz '05	50	22	19	26
Prognose '07	52	28	20	32

8.1 Berechnen Sie die Positionen der strategischen Geschäftseinheiten der FOS AG nach dem Marktanteils-Marktwachstums-Portfolio und zeichnen Sie diese unter Berücksichtigung der einzelnen Umsatzanteile der vier Geschäftseinheiten am Gesamtumsatz der FOS AG in das 4-Felder-Portfolio ein!

8.2 Welche Normstrategien empfehlen Sie aufgrund der Lage der einzelnen strategischen Geschäftseinheiten der FOS AG?

Lösung

1 Grundsätzlich sind drei **Möglichkeiten der Produktdiversifikation** zu unterscheiden:

- Horizontale Diversifikation, d. h.:
  Erweiterung des bestehenden Produktprogramms um Erzeugnisse, die mit den bisherigen in sachlichem Zusammenhang und auf gleicher Wirtschaftsstufe stehen.
- Vertikale Diversifikation, d. h.:
  Vergrößerung in der Tiefe des Programms mit Produkten, die in sachlichem Zusammenhang, aber auf vor- oder nachgelagerten Wirtschaftsstufen stehen.
- Laterale Diversifikation, d. h.:
  Erweiterung des Programms mit Produkten, die in keinerlei Sachzusammenhang mit den bisherigen stehen.

Die Durchführung einer vertikalen oder lateralen Produktdiversifikation bedeutet den Einstieg in neue Produktfelder oder sogar in ganz neue Märkte und ist folglich mit entsprechend großem Risiko behaftet.
Empfohlen wird eine horizontale Diversifikation, um das bisher erworbene Wissen im Fertigungs- und Marketingbereich weiter Erfolg versprechend einsetzen zu können.
Außerdem können so, wenn das neue Produkt in Design und Styling nicht zu sehr vom Stammsortiment abweicht, positive Synergieeffekte wie z. B. Erhöhung der Kunden-

treue oder Qualitätsausstrahlungseffekte der bisherigen, gut laufenden Produkte genutzt werden.
Das traditionelle Standbein sollte auf keinen Fall zugunsten des neuen, zweiten Beins geschwächt werden.

Um Ideen für neue Produkte zu produzieren, wäre ein Brainstorming unter den Mitarbeitern des Unternehmens denkbar oder die Einschaltung eines betriebsfremden Unternehmensberaters möglich.

Zur Erweiterung des bisherigen Sortiments von 20 Haarpflegemitteln wären folgende drei Alternativen denkbar:
Einstieg in das Geschäft mit Badezusätzen (aber: Trend weg vom Baden, hin zum Duschen), Herstellung von pharmazeutischen Präparaten wie z. B. Heilmittel gegen Rheuma (aber: keine Erfahrung mit dem Vertriebsweg Apotheke) oder Produktion einer „Sportler-Fitpflege-Serie“ (Duschpräparat, Massage- und Körperöl usw.).
Die letzte Alternative erscheint als die beste, da hier ähnliche Fertigungstechnologien eingesetzt werden können und der Vertrieb über den bestehenden Außendienst erfolgen kann.

2 Funktionen des Handels

Sortimentsfunktion
Die Nachfrage nach hochwertigen Fahrrädern kann durch die Präsentation im Sortiment mit anderen Produkten wie z. B. Fahrradbekleidung, -reisetaschen, -kindersitzen usw. weiter gesteigert werden.

Beratungsfunktion
Hochwertige Fahrräder sind erklärungsbedürftig. Auch bei der Auswahl des für den einzelnen Kunden richtigen Rades (Art des Fahrrades, Rahmenhöhe, Ausstattung usw.) ist unbedingt eine kompetente Beratung des Fachhandels notwendig.

Servicefunktion
Bei der komplizierten Technik moderner Fahrräder z. B. hinsichtlich der Gangschaltung übernimmt der Handel häufig Reparatur- und Kundendienstleistungen vor Ort.

Werbefunktion
Aufgrund seiner Stellung zwischen Produktion und Verbrauch stellt der Handel den Kontakt zwischen dem Hersteller und dem Kunden her, der Händler wirbt für die Produkte des Fahrradherstellers mit Ausstellungsstücken und kompetenter Beratung.

Räumliche Überbrückungsfunktion
Der Handel sorgt dafür, dass die Nachfrager die Fahrräder in nächster Nähe ihres Wohnsitzes beziehen können und sich nicht an die ihnen meist unbekannten Hersteller wenden müssen.

Zeitliche Überbrückungsfunktion
Da Produktion und Verwendung nicht immer zeitlich übereinstimmen bzw. der Bedarf gerade an Fahrrädern stark saisonabhängig ist, übernimmt der Handel zur Zeitüberbrückung auch eine gewisse Lagerfunktion.

3 Einsatz eines Reisenden oder eines Handelsvertreters

Zur Lösung des Problems aus kostenrechnerischer Sicht wird zunächst die Absatzmenge ermittelt, bei der beide Vertriebswege gleich teuer sind:

$$x_g = \frac{\Delta K_f}{\Delta k_v}$$

$$= \frac{2\,000{,}00\,€}{4{,}00\,€/\text{Stck.}\ /\ 2{,}00\,€/\text{Stck.}}$$

$$= 1\,000\,\text{Stck.}$$

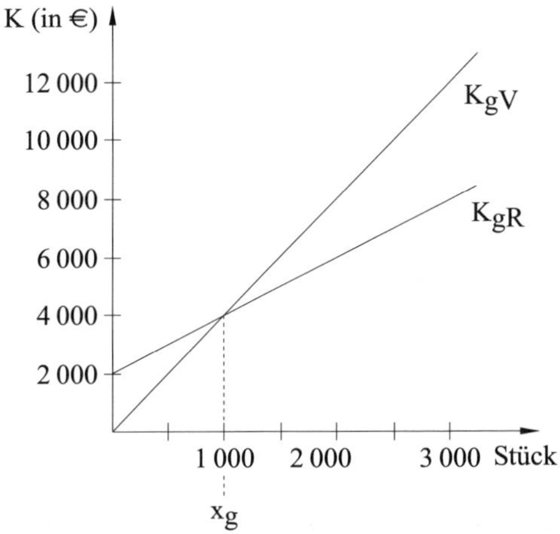

Da die erhoffte Absatzmenge (900 Stück) unter der Grenzmenge (1 000 Stück) liegt, ist die Vertriebsmethode mit den geringeren Fixkosten, also der Handelsvertreter die kostengünstigere Alternative. Erst ab einer verkauften Stückzahl von mehr als 1 000 Stück lohnt sich der Einsatz eines Reisenden (vgl. Skizze), da sich dann die Fixkosten von 2 000,00 € auf eine genügend große Stückzahl verteilen.

Außer diesen kostenrechnerischen Überlegungen sind natürlich noch weitere Kriterien für den Einsatz eines Reisenden oder eines Handelsvertreters zu beachten:
Ein Reisender ist stark weisungsgebunden, daher besser steuerbar und gezwungen, nur die Interessen des eigenen Unternehmens zu vertreten.
Ein Handelsvertreter verfügt dagegen über vielseitige Kontakte durch ein breites Sortiment und über einen entsprechend großen Kundenstamm, was gerade bei der Einführung eines neuen Produktes vorteilhaft sein kann.

4 Bedeutung des Preises

In früheren Zeiten war der Preis das wohl wichtigste Instrument des Absatzerfolges, wegen der damals fehlenden Differenzierungsmöglichkeiten mittels Werbung, Aufmachung der Produkte, Markenbildung usw. einerseits und der geringen Kaufkraft der Haushalte, die nach dem Ende des Krieges einen starken Nachholbedarf im Kosumgüterbereich verspürten, andererseits (Verkäufermarkt).
Mit steigenden Einkommen und wachsenden Ansprüchen der Konsumenten konnte der Absatz von Produkten immer weniger über den Preis gesteuert werden (Käufermarkt). Heute ist der Preis nur noch ein Element des absatzpolitischen Instrumentariums, in dem alle Instrumente optimal aufeinander abgestimmt sein müssen, wenn sich ein Anbieter gegen seine meist zahlreichen Konkurrenten behaupten will.

5 Veränderung der Preis-Absatz-Funktion

Annahme: Die Inflationsrate steigt deutlich an.

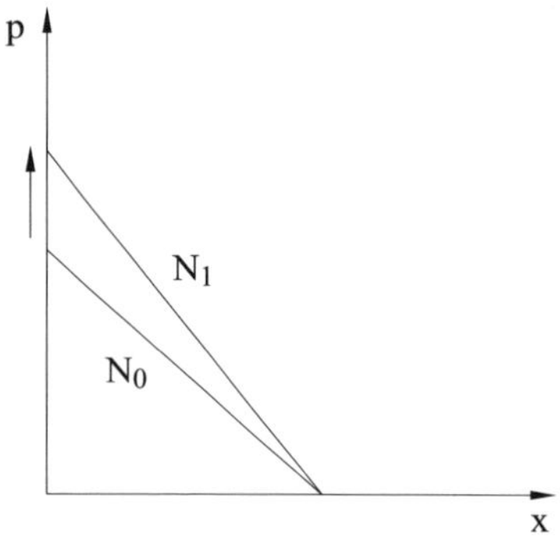

Alle Unternehmen sind von der Inflation gleichermaßen betroffen, bei gestiegenen Preisen verkauft jeder Anbieter seine bisherige Menge. Die Preis-Absatz-Funktion dreht sich um die Sättigungsmenge.

Annahme: Einer der wenigen Konkurrenten scheidet aus dem Markt aus.

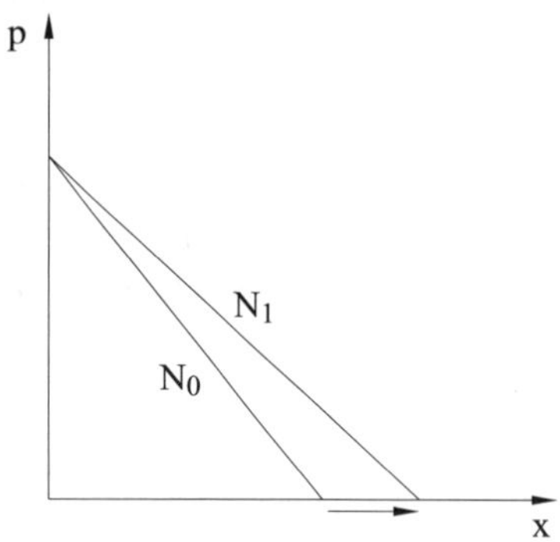

Bei unverändertem Preis verkaufen die verbleibenden Unternehmen eine entsprechend höhere Menge. Die Preis-Absatz-Funktion dreht sich um den Höchstpreis.

6 Werbeplanung

Werbung für ein bestimmtes Produkt bedeutet Information und Beeinflussung (absichtlich, aber ohne Zwang) der Konsumenten zur Erfüllung der Werbeziele.
Natürlich muss die Werbung mit den anderen Instrumenten des Kommunikationsmix (Public Relations, Sales Promotion, Corporate Identity usw.) abgestimmt werden, wobei auch der zur Verfügung stehende Werbeetat eine bedeutende Rolle spielt.

Bestimmung der Zielgruppe
Wem soll etwas übermittelt werden?
Die einzelnen Produkte werden i. d. R. nicht von allen gleichmäßig stark nachgefragt, sondern nur von einem Teil der Grundgesamtheit, z. B. von sportlichen, jungen Menschen im Alter zwischen 15 und 30 Jahren.

Festlegung der Werbebotschaft
Was soll übermittelt werden?
Eine Werbebotschaft kann man in drei Teile aufgliedern:
1. Teil: Basisbotschaft: Sie dient der Identifikation des Produktes z. B. mittels einer einprägsamen Figur, eines Slogans oder auch einer Melodie, um das Produkt auf den ersten Blick von den Konkurrenzprodukten abzuheben.
2. Teil: Nutzenbotschaft: V. a. der über den normalen Grundnutzen hinausgehende Zusatznutzen wird hervorgehoben, z. B. ein besonders natürliches und gesundes Getränk.
3. Teil: Nutzenbegründung: Um möglichst glaubhaft zu wirken, werden den Konsumenten sofort Argumente (meist in Textform) vorgelegt.

Festlegung der Werbemittel
In welcher Form soll die Botschaft übermittelt werden?
Um die Botschaft vom Werbenden zum Umworbenen zu bringen, muss sie in eine wahrnehmbare Erscheinungsform umgesetzt werden, z. B. Anzeigen, Plakate oder Fernsehspots.

Festlegung der Werbeträger
Wie soll die Botschaft übermittelt werden?
Die Werbeträger (Medien) tragen die Werbemittel und damit auch die Werbebotschaft an die Zielgruppe heran. Das können je nach Art der Werbemittel z. B. Zeitschriften, Plakatwände, das Fernsehen oder Filmtheater sein.
Werbemittel und Werbeträger bedingen sich gegenseitig.
Der Festlegung der Werbeträger kommt eine besondere Bedeutung zu, da
- sie sehr kostenintensiv sind,
- sie die Zielgruppe zum großen Teil festlegen (Sportzeitung, Frauenzeitschrift),
- sie ein eigenständiges Image haben (Focus, Bildzeitung) und
- sie eine bestimmte Erscheinungshäufigkeit haben (wöchentlich, täglich).

Festlegung des Werbezeitraums
Wann und wie oft soll die Werbebotschaft übermittelt werden?
Grundsätzlich ist zwischen folgenden Möglichkeiten oder Kombinationen zu wählen:
- einmalige, intensive Werbeaktionen z. B. in der Einführungsphase, um schnell möglichst viele Menschen anzusprechen,
- kontinuierliche Werbeaktionen, um das Produkt ständig in Erinnerung zu bringen,
- intermittierende Aktionen in unregelmäßigen Abständen zu besonderen Zeiten (z. B. Ferienzeit).

7 Preisgestaltung in der Einführungsphase

Für jedes Unternehmen tut sich bei der Preisfindung ein Spannungsfeld auf. Der Preis sollte nicht zu hoch, aber auch nicht zu niedrig sein. Er muss die Kosten decken und einen Gewinn abwerfen oder auch am Status des Produktes und an den Preisen der Konkurrenzprodukte orientiert sein. Der Preis ist für ein neues Produkt Wegbereiter in den Markt und soll bei bereits etablierten Produkten helfen, die Marktstellung zu erhalten oder auszubauen.
Um das Produkt in den Markt einzuführen, bestehen grundsätzlich zwei unterschiedliche Möglichkeiten.
Durch hohe Preise in der Einführungsphase, die später zurückgenommen werden können, wird zunächst versucht, Käuferschichten anzusprechen, die bereit und fähig sind, für neuartige Produkte einen Aufpreis zu zahlen. Auf diese Weise können auch zumindest teilweise die hohen Anfangskosten für die Entwicklung des Produkts, für die intensive Einführungswerbung, für den Aufbau neuer Vertriebswege usw. gedeckt werden.
Die andere Variante zielt mit niedriger Preisgestaltung von Anfang an auf eine möglichst schnelle Marktdurchdringung und versucht entsprechende Gewinne über höchstmögliche Marktanteile zu erreichen.

8 Marktanteils-Marktwachstums-Portfolio

8.1 Berechnung der Positionen der strategischen Geschäftseinheiten

Zur Berechnung der relativen Marktanteile der einzelnen Geschäftseinheiten wird der eigene Anteil ins Verhältnis zum Anteil des stärksten Konkurrenten gesetzt;

$$\text{rel. Marktanteil (SGE A)} = \frac{\text{Umsatz '05 (FOS AG)}}{\text{Umsatz '05 (Konkurrent Y)}} = \frac{10 \text{ Mio. €}}{6 \text{ Mio. €}} = 1{,}67;$$

$$\text{rel. Marktanteil (SGE B)} = \frac{5 \text{ Mio. €}}{4 \text{ Mio. €}} = 1{,}25;$$

$$\text{rel. Marktanteil (SGE C)} = \frac{3 \text{ Mio. €}}{9 \text{ Mio. €}} = 0{,}33;$$

$$\text{rel. Marktanteil (SGE D)} = \frac{4 \text{ Mio. €}}{8 \text{ Mio. €}} = 0{,}50.$$

Berechnung des Marktwachstums (bezogen auf den Gesamtmarkt) der einzelnen Geschäftseinheiten

$$\text{Marktwachstum (SGE A)} = \frac{\text{Umsatzsteigerung}}{\text{Umsatz '05}} = \frac{2\text{ Mio. €}}{50\text{ Mio. €}} = 0{,}04;$$

$$\text{Marktwachstum (SGE B)} = \frac{6\text{ Mio. €}}{22\text{ Mio. €}} = 0{,}27;$$

$$\text{Marktwachstum (SGE C)} = \frac{1\text{ Mio. €}}{19\text{ Mio. €}} = 0{,}05;$$

$$\text{Marktwachstum (SGE D)} = \frac{6\text{ Mio. €}}{26\text{ Mio. €}} = 0{,}23.$$

Berechnung der Umsatzanteile der einzelnen Geschäftseinheiten am Gesamtumsatz der FOS AG

$$\text{Umsatzanteil (SGE A)} = \frac{\text{Umsatz '05 (FOS AG)}}{\text{Gesamtumsatz '05 (FOS AG)}} = \frac{10\text{ Mio. €}}{22\text{ Mio. €}} = 0{,}45;$$

$$\text{Umsatzanteil (SGE B)} = \frac{5\text{ Mio. €}}{22\text{ Mio. €}} = 0{,}23;$$

$$\text{Umsatzanteil (SGE C)} = \frac{3\text{ Mio. €}}{22\text{ Mio. €}} = 0{,}14;$$

$$\text{Umsatzanteil (SGE D)} = \frac{4\text{ Mio. €}}{22\text{ Mio. €}} = 0{,}18.$$

Zusammenfassend ergeben sich folgende Prozentwerte:

	SGE A	SGE B	SGE C	SGE D
relativer Marktanteil	167 %	125 %	33 %	50 %
Wachstum des gesamten Marktes	4 %	27 %	5 %	23 %
Anteil am Gesamtumsatz der FOS AG	45 %	23 %	14 %	18 %

Darstellung der Positionen der strategischen Geschäftseinheiten im 4-Felder-Portfolio, wobei der Anteil der einzelnen Geschäftseinheiten am Gesamtumsatz der FOS AG jeweils in der Größe der Kreise zum Ausdruck kommt:

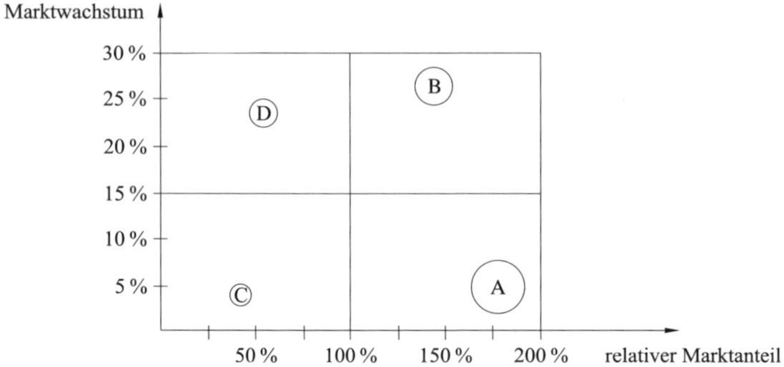

8.2 **Normstrategien für die einzelnen strategischen Geschäftseinheiten** aufgrund der Portfolio-Analyse

SGE A (Cashfeld) zeichnet sich durch einen hohen relativen Marktanteil (167 %) bei einem allerdings geringen Marktwachstum (4 %) aus, d. h. es besteht nur geringer Investitionsbedarf (evtl. zur Rationalisierung), um diese Position zu halten bzw. zu festigen (Abschöpfungsstrategie). Der hier erzielte Finanzmittelüberschuss (Cashflow) sollte in Nachwuchsprodukte investiert werden, um deren Position zu stärken.

SGE B (Starfeld) ist durch einen recht hohen relativen Marktanteil (125 %) und starkes Marktwachstum (27 %) gekennzeichnet. Um die Position als Marktführer auf diesem schnell wachsenden Markt zu halten oder gar noch auszubauen, sind hohe Investitionen notwendig (Investitionsstrategie), auch um so den Anteil dieses Produktes am Gesamtumsatz der FOS AG (bisher 23 %) auszubauen. Die bestehenden Wettbewerbsvorteile sollten konsequent ausgenutzt werden.

SGE C (Problemfeld) weist einen geringen relativen Marktanteil (33 %) und geringes Marktwachstum (5 %) auf. Es ist zu entscheiden, ob sich weitere Investitionen lohnen, um SGE C z. B. über die Erschließung neuer Märkte zum Nachwuchsprodukt weiter zu entwickeln; lohnt es sich nicht, sollte dieses Produkt mit dem geringsten Anteil am Gesamtumsatz der FOS AG (14 %) langsam eliminiert werden (Desinvestitionsstrategie).

SGE D (Nachwuchsfeld) lässt bei einem geringen relativen Marktanteil (50 %) ein starkes Marktwachstum (23 %) erkennen. Auch in diesem Bereich muss überlegt werden, ob sich weitere, dann aber große Investitionen zum Ausbau des geringen relativen Marktanteils auf einem schnell wachsenden Markt lohnen (Offensivstrategie); bei pessimistischer Einschätzung der weiteren Entwicklung dieser Geschäftseinheit sollte man eine Rückzugsstrategie verfolgen.

Abschlussprüfung an Fachoberschulen 2002
Betriebswirtschaftlehre mit Rechnungswesen: Aufgabe I
Geschäftsbuchführung und Jahresabschluss

In der HUMER AG, die Wohnmobile und Caravans herstellt, ist die Finanzbuchführung des Geschäftsjahres 2001 (01. 01.–31. 12.) zu vervollständigen.
Die Buchungssätze sind mit vierstelligen Kontonummern lt. IKR und den jeweiligen Beträgen zu erstellen. Der Umsatzsteuersatz beträgt 19 % bzw. 7 %.

1 Die HUMER AG stellt am 26. 11. 2001 dem Caravan Center KOENIG ein Wohnmobil *Globetrotter* zum Listenpreis von 38 000,00 € netto sowie zwei Caravans *Tramper* zum Listenpreis von 8 200,00 € netto pro Stück in Rechnung. Für diesen Auftrag gewährt die HUMER AG 5 % Rabatt. Die Rechnung ist innerhalb von 10 Tagen unter Abzug von 3 % Skonto oder innerhalb von 30 Tagen rein netto zu begleichen. Am 28. 11. 2001 bestätigt der Kunde den Erhalt der Lieferung und rügt gleichzeitig kleine Lackschäden an einem *Tramper*. Die HUMER AG erteilt daraufhin eine Gutschrift in Höhe von 833,00 € brutto. Am 20. 12. 2001 erfolgt der Ausgleich des noch offenen Rechnungsbetrags durch Banküberweisung. Erstellen Sie die notwendigen Buchungen für

1.1 den 26. 11. 2001,

1.2 den 28. 11. 2001 und

1.3 den 20. 12. 2001.

2 Nach erfolgter Inventur werden die Schlussbestände an unfertigen und fertigen Erzeugnissen bewertet und die Bestandsveränderungen ermittelt.

2.1 Beim Caravan-Modell *Family Star* wird ein Schlussbestand von 8 Stück ermittelt. Aus der Kostenrechnung ergeben sich Herstellkosten/Stück in Höhe von 4 800,00 €, wobei die Material- und Fertigungsgemeinkosten kalkulatorische Kosten von insgesamt 320,00 € pro Stück beinhalten, denen keine entsprechenden Aufwendungen gegenüberstehen. Die Verwaltungs- und Vertriebsgemeinkosten betragen jeweils 448,00 €/Stück.

Ermitteln Sie mögliche Wertansätze für die Schlussbilanz.

2.2 Für den Abschluss des Kontos 2200 liegen bereits folgende Werte vor:

Anfangsbestand 01. 01. 2001	7 250 640,00 €
vorläufiger Endbestand (ohne Berücksichtigung von 2.1)	8 390 000,00 €

Bei den unfertigen Erzeugnissen wird ein Minderbestand in Höhe von 485 000,00 € errechnet.
Die HUMER AG strebt einen möglichst niedrigen Gewinnausweis an. Ermitteln Sie, mit welchem Wert die Bestandsveränderungen an fertigen und unfertigen Erzeugnissen insgesamt in die Gewinn- und Verlustrechnung eingehen.

3 Die HUMER AG erwarb am 02. 03. 2000 ein unbebautes Grundstück mit einer Fläche von 2 000 m². Für einen Quadratmeter Grund wurden einschließlich Nebenkosten 250,00 € gezahlt.
Das Grundstück war für den Bau von Werkswohnungen vorgesehen, da die Einbeziehung des Geländes in den Bebauungsplan als sicher galt. Noch im gleichen Jahr wurde jedoch von der Gemeinde ein Flächennutzungsplan beschlossen, der das Gelände als

landwirtschaftliche Nutzfläche auswies. Unter diesen Umständen schätzte ein Sachverständiger den Wert des Grundstücks am Bilanzstichtag auf 50,00 € je m².

3.1 Begründen Sie den Wertansatz für das Grundstück am 31. 12. 2000 und geben Sie eine eventuell erforderliche Vorabschlussbuchung an.

3.2 Im Jahr 2001 klagt die HUMER AG erfolgreich gegen den Bebauungsplan. Die Gemeinde verabschiedet deshalb einen neuen Bebauungsplan, der das Gelände als Baugebiet ausweist. Aufgrund der dadurch gestiegenen Bodenpreise erhöht sich der Teilwert des Grundstücks laut Gutachten auf 350,00 € je m².

Begründen Sie, mit welchem Wert das Grundstück am 31. 12. 2001 zu bilanzieren ist, und geben Sie, falls notwendig, die Vorabschlussbuchung an.

3.3 Überprüfen Sie, ob und gegebenenfalls in welcher Höhe stille Reserven zum 31. 12. 2000 und 31. 12. 2001 bestanden.

3.4 Zeigen Sie jeweils einen Gesichtspunkt auf, der für bzw. gegen stille Reserven spricht.

4 Am 03. 09. 2001 kauft die HUMER AG eine Fertigungsmaschine auf Ziel. Die Eingangsrechnung lautet: „Preis ab Werk 200 000,00 € netto abzüglich 20 % Rabatt". Der Spediteur erhält für die Anlieferung einen Verrechnungsscheck in Höhe von 1 190,00 € brutto.
Am 10. 09. 2001 erfolgt der Rechnungsausgleich durch Banküberweisung in Höhe von 182 784,00 €. Der Differenzbetrag wird vom Maschinenhersteller als Skontoabzug akzeptiert.
Die Kosten für die Montage, die von der HUMER AG selbst vorgenommen wird, betragen 13 300,00 €. Der Probelauf verursacht 1 600,00 € an Materialkosten und Fertigungskosten in Höhe von 2 900,00 €.

4.1 Führen Sie alle notwendigen Buchungen durch.

4.2 Ermitteln Sie den Bilanzansatz der Maschine zum 31. 12. 2001, wenn die Nutzungsdauer mit 8 Jahren veranschlagt wird.

5* Am 10. 10. 2001 erwarb die HUMER AG Aktien der MASCHINENBAU AG mit Anschaffungskosten von 161 600,00 € zur vorübergehenden Anlage. Für Spesen stellte die Bank 1 % des Kurswertes in Rechnung. Der Stückkurs für eine Aktie zum Nennwert von 5,00 € betrug am Kauftag 40,00 €. Am 31. 12. 2001 liegt der Teilwert der MASCHINENBAU-Aktie bei 30,30 €. Während des Jahres wurden 600 Aktien verkauft.

Begründen Sie den Wertansatz für die Aktien der MASCHINENBAU AG zum 31. 12. 2001.

6 Vor Bewertung der Forderungen am 31. 12. 2001 liegen folgende Bestände in € vor:

	Soll	Haben
2400 Forderungen	5 652 500,00	
3670 EWB		210 000,00
3680 PWB		78 000,00

6.1 Die MÜLLER GmbH beantragte am 11.09.2001 das Insolvenzverfahren. Deshalb rechnet die HUMER AG bei der Forderung gegenüber der MÜLLER GmbH mit einem Ausfall von 60 %. Alle anderen Forderungen scheinen sicher. Die HUMER AG bucht am 31. 12. 2001:

3670	60 000,00 €	an 5450	60 000,00 €

Ermitteln Sie den Bruttobetrag der zweifelhaften Forderung.

6.2 Für das Konto 3680 wird am 31. 12. 2001 folgende Buchung vorgenommen:

6953	12 000,00 €	an 3680	12 000,00 €

Ermitteln Sie den Schlussbestand des Kontos 2400 Forderungen aLL.

7 Die HUMER AG erstellt den Jahresabschluss für das Geschäftsjahr 2001. Sie weist zum 31. 12. 2001 auf den Eigenkapitalkonten nach teilweiser Ergebnisverwendung folgende Schlussbestände aus:

Gezeichnetes Kapital	?
Kapitalrücklage	3 000 000,00 €
Gesetzliche Rücklage	400 000,00 €
Andere Gewinnrücklagen	2 000 000,00 €

Zum 31. 12. 2001 beträgt das Fremdkapital 9 200 000,00 €. Im abgelaufenen Geschäftsjahr erhöhten sich aufgrund gestiegener Beschäftigung die Pensionsrückstellungen um 50 000,00 €. Bei den anderen Fremdkapitalpositionen ergab sich insgesamt eine Minderung um 120 000,00 €.

Darüber hinaus liegen zum 31. 12. 2001 u. a. folgende Angaben vor:

Umsatzerlöse	35 000 000,00 €
Zinsaufwendungen	500 000,00 €
Gewinnvortrag aus dem Vorjahr	50 000,00 €
Bilanzgewinn	1 800 000,00 €
Einstellung in die gesetzliche Rücklage	0,00 €
Einstellung in die anderen Gewinnrücklagen	550 000,00 €

7.1 Berechnen Sie den im Geschäftsjahr 2001 erzielten Jahresüberschuss.

7.2 Auf Vorschlag des Vorstandes wird der gesamte Bilanzgewinn an die Aktionäre ausgeschüttet. Die Stückdividende beträgt 0,60 € bei einem Nennwert von 5,00 € pro Aktie.

Ermitteln Sie das gezeichnete Kapital der HUMER AG zum 31. 12. 2001.

7.3 Im Anhang zum Jahresabschluss findet sich u. a. noch folgende Erläuterung:
„Die Kapitalrücklage wurde während des Jahres 2001 im Zuge einer Neuemission von Aktien um 2 000 000,00 € erhöht. Dieser Zuwachs resultiert aus der Differenz (= Agio) des Nennbetrags von 5,00 € je Aktie und des Ausgabebetrags von 15,00 € je Aktie“.

7.3.1 Ermitteln Sie den Bestand des Eigenkapitals zum 01. 01. 2001.

7.3.2*Berechnen Sie für das Jahr 2001 die Gesamtkapitalrentabilität nach der ROI-Formel.

Lösung

1.1 Buchung der Ausgangsrechnung

	Listenpreis *Globetrotter*	38 000,00 €	
+	Listenpreis *Tramper*	16 400,00 €	(2 · 8 200,00 €)
=	Listenpreis insgesamt	54 400,00 €	
./.	Rabatt	2 720,00 €	(5 % von 54 400,00 €)
=	Zielverkaufspreis insgesamt	51 680,00 €	

(2400)	61 499,20 €	/	(5000)	51 680,00 €
		/	(4800)	9 819,20 €

1.2 Buchung des Preisnachlasses mit USt.-Korrektur

(5001)	700,00 €	/		
(4800)	133,00 €	/	(2400)	833,00 €

1.3 Buchung der Restzahlung

Nachdem die Restzahlung nicht mehr innerhalb der Skontierungsfrist von 10 Tagen erfolgt, ist auch kein Skontoabzug mehr möglich.

Restforderung = 61 499,20 € ./. 833,00 €
= 60 666,20 €;

(2800)	60 666,20 €	/	(2400)	60 666,20 €

2.1 Ermittlung der möglichen Wertansätze

Gemäß Steuerrecht dürfen kalkulatorische Kosten und Vertriebsgemeinkosten bei der Berechnung der Herstellungskosten nicht berücksichtigt werden; für die Verwaltungsgemeinkosten besteht ein Aktivierungswahlrecht.

	HK/Stck.	4 800,00 €	
./.	kalk. Kosten	320,00 €	
=	Wertuntergrenze	4 480,00 €	≙ 35 840,00 € für 8 Stück
+	VwGK	448,00 €	
=	Wertobergrenze	4 928,00 €	≙ 39 424,00 € für 8 Stück

Die möglichen Wertansätze in der Schlussbilanz liegen zwischen 35 840,00 € (Untergrenze) und 39 424,00 € (Obergrenze).

2.2 Berechnung der Bestandsveränderungen

Da ein möglichst niedriger Gewinnausweis angestrebt wird, muss der Schlussbestand des *Family Star* (vgl. 2.1) auch möglichst niedrig angesetzt werden, damit möglichst wenig aktiviert wird.

	AB an FE	7 250 640,00 €	
./.	SB an FE (vorläufig)	8 390 000,00 €	
./.	SB an FE (Family Star)	35 840,00 €	(vgl. 2.1)
=	Bestandsmehrung an FE	1 175 200,00 €	
./.	Bestandsminderung an UE	485 000,00 €	
=	Bestandsmehrung an FE/UE	690 200,00 €	≙ Aufwandsminderung

Die **Buchungen auf den T-Konten** sehen wie folgt aus:

S	2200		H
AB	7 250 640,00 €	SB (vorl.)	8 390 000,00 €
(5200)	1 175 200,00 €	SB (2.1)	35 840,00 €
	8 425 840,00 €		8 425 840,00 €

S	5200		H
(2100)	485 000,00 €	(2200)	1 175 200,00 €
(8020)	690 200,00 €		
	1 175 200,00 €		1 175 200,00 €

Die Bestandsveränderungen an fertigen und unfertigen Erzeugnissen gehen mit 690 200,00 € (≙ Aufwandsminderung) in die Gewinn- und Verlustrechnung (Konto 8020) ein.

3.1 **Begründung des Wertansatzes '00**

Aufgrund der voraussichtlich dauerhaften Wertminderung muss der niedrigere Teilwert angesetzt werden, es besteht eine Abschreibungspflicht.

AK = 250,00 €/m² · 2 000 m²
= 500 000,00 €;

BA '00 = 50,00 €/m² · 2 000 m²
= 100 000,00 €

Buchung der Teilwertabschreibung

(6550)	400 000,00 €	/	(0500)	400 000,00 €

3.2 **Begründung des Wertansatzes '01**

Da der Grund für die Wertminderung wieder entfallen ist, besteht eine Wertaufholungspflicht, aber nur bis zu den Anschaffungskosten.

BA '01 = 500 000,00 €

Buchung der Teilwertzuschreibung

(0500)	400 000,00 €	/	(5440)	400 000,00 €

3.3 **Ermittlung der stillen Reserven**

Stille Reserven können durch Unterbewertung der Aktiva oder Überbewertung der Passiva entstehen.

TW '00 = 100 000,00 € = BA '00;

im Jahr 2000 bestand keine stille Reserve.

TW ’01 = 350,00 €/m² · 2 000 m² = 700 000,00 € > 500 000,00 € = BA ’01;
im Jahr 2001 bestand eine stille Reserve in Höhe von 200 000,00 €.

3.4 **Argumente für stille Reserven**

- Durch den geringeren Gewinnausweis vermindert sich die Steuerlast für das Unternehmen;
- durch den geringeren Mittelabfluss dienen stille Reserven so der Substanzerhaltung des Betriebes und es verbessert sich der Gläubigerschutz.

Argumente gegen stille Reserven

- Nach außen werden die tatsächlichen Vermögensverhältnisse verschleiert;
- durch den geringeren Gewinnausweis werden die Aktionäre wegen der so verminderten Dividende benachteiligt.

4.1 **Buchung der Eingangsrechnung**

Die 20 % Rabatt (= 40 000,00 €) werden sofort abgezogen und nicht extra gebucht.

(0720)	160 000,00 €	/		
(2600)	30 400,00 €	/	(4400)	190 400,00 €

Buchung der Anschaffungsnebenkosten

Auch die Transportkosten sind als Anschaffungsnebenkosten zu aktivieren, da sie den Wert der Maschine erhöhen und bei der späteren Abschreibung mit zu berücksichtigen sind.

(0720)	1 000,00 €	/		
(2600)	190,00 €	/	(2800)	1 190,00 €

Buchung des Rechnungsausgleichs mit Skontoabzug und Vorsteuer-Korrektur

Der Skontoabzug mindert den Wert der Maschine und ist entsprechend zu verbuchen.

Skonto, brutto = Verbindlichkeit ./. Banküberweisung
= 190 400,00 € ./. 182 784,00 €
= 7 616,00 €;
Skonto, netto = 7 616,00 € : 1,19
= 6 400,00 €

(4400)	190 400,00 €	/	(0720)	6 400,00 €
		/	(2600)	1 216,00 €
		/	(2800)	182 784,00 €

Buchung der aktivierten Eigenleistung

Ebenso wie die Transportkosten zählen auch die Kosten der Montage zu den zu aktivierenden Anschaffungsnebenkosten, nicht aber die Kosten für den Probelauf (≙ laufende Kosten).

(0720)	13 300,00 €	/	(5300)	13 300,00 €

4.2 **Ermittlung des Bilanzansatzes**

AHK = AP ./. Rabatt ./. Skonto + Transportkosten + Montagekosten
= (200 000,00 ./. 40 000,00 ./. 6 400,00 + 1 000,00 + 13 300,00) €
= 167 900,00 €;

da die Anschaffung der Maschine erst im September erfolgte, können nur 4/12 des Jahresabschreibungsbetrages angesetzt werden;

BA '01 = AHK ./. AfA '01
= 167 900,00 € ./. 167 900,00 € : 8 Jahre : 12 Mon. · 4 Mon.
= 167 900,00 € ./. 6 995,83 €
= 160 904,17 €

5 **Begründung des Wertansatzes für die Aktien**

Kursschwankungen bei Aktien sind normal und somit als vorübergehend anzusehen, der niedrigere Teilwert (= 30,30 €) darf nicht angesetzt werden (Abschreibungsverbot).

Stückzahl bei Anschaffung = AK : AK/Stck.
= 161 600,00 € : (40,00 €/Stck. · 1,01)
= 4 000 Stck.;

Stückzahl am 31. 12. 01 = 4 000 Stck. ./. 600 Stck.
= 3 400 Stck.;

BA am 31. 12. 01 = 161 600,00 € : 4 000 Stck. · 3 400 Stck.
= 137 360,00 €

6.1 **Berechnung der zweifelhaften Forderung**

Die Vorabschlussbuchung zeigt, dass die Einzelwertberichtigungen am Ende des Jahres um 60 000,00 € herabgesetzt wurden;

	vorhandene EWB	210 000,00 €	
./.	Herabsetzung	60 000,00 €	
=	notwendige EWB	150 000,00 €	≙ 60 % der zweifelhaften Nettoforderung ≙ SB an EWB;

zweifelhafte Forderung (netto) = 150 000,00 € : 60 % · 100 %
= 250 000,00 €;

zweifelhafte Forderung (brutto) = 250 000,00 € · 1,19
= 297 500,00 €

6.2 **Berechnung des Schlussbestandes der Forderungen**

Die Vorabschlussbuchung zeigt, dass die Pauschalwertberichtigungen am Ende des Jahres um 12 000,00 € erhöht wurden;

	vorhandene PWB	78 000,00 €	
+	Erhöhung	12 000,00 €	
=	notwendige PWB	90 000,00 €	≙ SB an PWB;

	vorläufiger Forderungsbestand	5 652 500,00 €	
./.	SB an EWB	150 000,00 €	(vgl. 6.1)
./.	SB an PWB	90 000,00 €	
=	SB an Forderungen	5 412 500,00 €	

7.1 **Berechung des Jahresüberschusses**

	Jahresüberschuss '01	2 300 000,00 €
+	Gewinnvortrag (Vorjahr)	50 000,00 €
./.	Einstellung in die anderen Rücklagen	550 000,00 €
=	Bilanzgewinn '01	1 800 000,00 €

7.2 **Ermittlung des gezeichneten Kapitals**

Anzahl der Aktien = Bilanzgewinn : Dividende pro Aktie
= 1 800 000,00 € : 0,60 €/Stck.
= 3 000 000 Stck.;

auf Vorschlag des Vorstandes wird der gesamte Bilanzgewinn ausgeschüttet, es bleibt also kein Gewinnvortrag für das nächste Jahr übrig;

gezeichnetes Kapital = Nennwert pro Aktie · Anzahl der Aktien
= 5,00 €/Stck. · 3 000 000 Stck.
= 15 000 000,00 €

7.3.1 **Berechnung des Eigenkapitals zum 01. 01. 2001**

Zunächst muss die Veränderung beim gezeichneten Kapital berechnet werden; die Veränderungen bei den anderen Positionen des Eigenkapitals sind bekannt.

Anzahl der neuen Aktien = Erhöhung der Kapitalrücklage : Agio pro Aktie
= 2 000 000,00 € : (15,00 €/Stck. ./. 5,00 €/Stck.)
= 200 000 Stck.;

Erhöhung des gez. Kapitals = Nennwert pro Aktie · Anzahl der neuen Aktien
= 5,00 €/Stck. · 200 000 Stck.
= 1 000 000,00 €;

ausgehend von den bekannten Schlussbeständen berechnet sich unter Berücksichtigung der Veränderungen der Anfangsbestand des Eigenkapitals wie folgt:

	Gezeichnetes Kapital	14 000 000,00 €	(= 15 000 000.00 € ./. 1 000 000,00 €)
+	Gewinnvortrag (Vorjahr)	50 000,00 €	
+	Kapitalrücklage	1 000 000,00 €	(= 3 000 000,00 € ./. 2 000 000,00 €)
+	gesetzliche Gewinnrückl.	400 000,00 €	(≙ SB)
+	andere Gewinnrücklagen	1 450 000,00 €	(= 2 000 000,00 € ./. 550 000,00 €)
=	AB an EK	16 900 000,00 €	

Der Bestand des Eigenkapitals zum 01. 01. 2001 betrug 16 900 000,00 €.

7.3.2 **Berechnung der Gesamtkapitalrentabilität nach der ROI-Formel**

GK-Rent. (ROI) = Umsatzrentabilität · Kapitalumschlag

$$= \frac{\text{Jahresüberschuss + FK-Zins}}{\text{Umsatzerlöse}} \cdot 100\,\% \cdot \frac{\text{Umsatzerlöse}}{\text{AB an GK}};$$

bis auf den Anfangsbestand des Gesamtkapitals sind alle anderen Größen bekannt;

AB an GK	=	AB an (EK + FK);
AB an EK	=	16 900 000,00 €;
AB an FK	=	SK an FK ./. Veränderungen während des Jahres
	=	9 200 000,00 € ./. 50 000,00 € + 120 000,00 €
	=	9 270 000,00 €;
AB an GK	=	16 900 000,00 € + 9 270 000,00 €
	=	26 170 000,00 €;

$$\text{GK-Rent. (ROI)} = \frac{2\,300\,000{,}00\,€ + 500\,000{,}00\,€}{35\,000\,000{,}00\,€} \cdot 100\,\% \cdot \frac{35\,000\,000{,}00\,€}{26\,170\,000{,}00\,€}$$

$$= 8\,\% \cdot 1{,}34$$

$$= 10{,}72\,\%$$

Abschlussprüfung an Fachoberschulen 2002
Betriebswirtschaftlehre mit Rechnungswesen: Aufgabe II
Voll- und Teilkostenrechnung

1 Die WICKER AG stellt chemische Produkte in verschiedenen Zweigwerken her.

1.1 Im Werk Augsburg sind nach Durchführung der Kostenträgerzeitrechnung folgende Daten bekannt:
- Kostenüberdeckung im Materialbereich 5 000,00 €
- Kostenunterdeckung im Fertigungsbereich 2 700,00 €
- HKFE-IST 155 000,00 €
- Es wurden 1 100 Stück verkauft.
- Im Lager der Fertigerzeugnisse ergab sich eine Minderung von 100 Stück.
- Die SKU-IST betragen 210 000,00 €.
- Der vorkalkulierte Gewinn beträgt 20,00 €/Stück.
- Die vorkalkulierten SK/Stück betragen 180,00 €.
- Aus den Aufzeichnungen des Unternehmens geht hervor, dass Rabatt, Vertreterprovision und Skonto stets in Anspruch genommen wurden.

1.1.1 Berechnen Sie die Herstellkosten pro Stück, die der Vorkalkulation zugrunde lagen.

1.1.2 Berechnen Sie die gesamte Kostenüber- bzw. Kostenunterdeckung und das Betriebsergebnis.

1.2 Im Werk Burghausen wurden im BAB des Monats Mai für die Fertigungsstelle I Gemeinkosten im Gesamtwert von 476 000,00 € ermittelt. Die Nachkalkulation errechnete für diese Kostenstelle einen Maschinenstundensatz von 40,00 €, basierend auf 8 000 Fertigungsstunden. Für die Rest-FGK ergab sich ein Zuschlagsatz von 60 %. Obwohl den Kunden für Rest-FGK 65 % verrechnet wurden, entstand im Mai eine Unterdeckung im Fertigungsbereich von 15 000,00 €.

Berechnen Sie die Maschinenkosten (gesamt) auf Normalkostenbasis.

2 Die WICKER AG erzielte im Monat Mai mit dem Produkt Y bei einem Verkaufspreis von 8,00 € einen Gesamtumsatz von 144 000,00 €.
Die Selbstkosten beliefen sich dabei auf 134 000,00 €. Vollkostendeckung wird bei einer Absatzmenge von 13 000 Stück/Monat erreicht. Der relative Stückdeckungsbeitrag liegt bei 24,00 €/Stunde.

Berechnen Sie

2.1 den Stückdeckungsbeitrag,

2.2 die gesamten Fixkosten,

2.3 die kurzfristige Preisuntergrenze,

2.4 die Fertigungszeit/Stück in Minuten und

2.5 die Gewinnschwellenmenge nach einer Preiserhöhung um 5 %.

3 Die folgende Grafik leistet Hilfestellung bei verschiedenen betriebswirtschaftlichen Fragestellungen:

Erläutern Sie kurz zwei betriebswirtschaftliche Problemstellungen, die mit einer solchen Grafik dargestellt werden können.

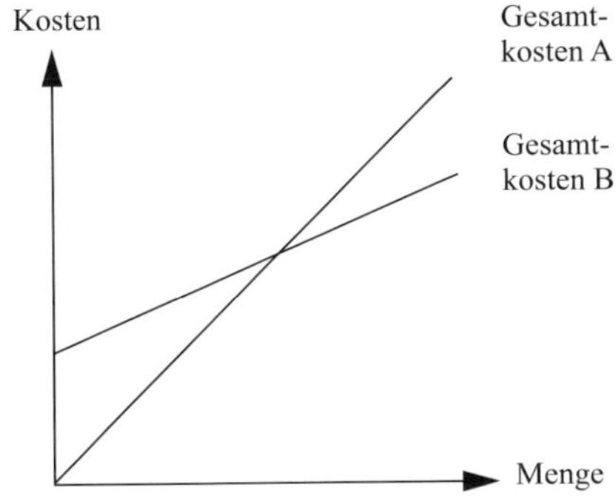

4 Im Werk Forchheim werden auf einer Maschine die Produkte Pl und P2 hergestellt, für die folgende Werte bekannt sind:

	P1	P2
Stückdeckungsbeitrag in €	150,00	140,00
Bearbeitungszeit je Stück in Minuten	24	20

Bei voller Auslastung der Kapazität kann für jedes Produkt genau die maximale Absatzmenge produziert werden.
Auf dieser Maschine könnte auch das Produkt P3 hergestellt werden. Das Produkt würde die Maschine 18 Minuten je Stück beanspruchen und könnte zu einem Preis von 192,50 € abgesetzt werden. Eine Kapazitätserweiterung ist in absehbarer Zeit nicht möglich.

Berechnen Sie die variablen Kosten, die das Produkt P3 maximal verursachen darf, damit sich die Aufnahme ins Produktionsprogramm lohnt.

Lösung

1.1.1 **Berechnung der Normal-Herstellkosten pro Stück**

N-HKFE	=	Ist-HKFE + Überdeckung im Materialbereich ./. Unterdeckung im Fertigungsbereich
	=	155 000,00 € + 5 000,00 € ./. 2 700,00 €
	=	157 300,00 €;
N-HK/Stck.	=	N-HKFE : fertiggestellte Stück
	=	157 300,00 € : (1 100 Stck. ./. 100 Stck.)
	=	157,30 €/Stck.

1.1.2 **Berechnung des Betriebsergebnisses und der Kostenüber- bzw. Kostenunterdeckung**

Zuvor müssen noch das Umsatzergebnis und die Erlöse berechnet werden:

Umsatzergebnis	=	kalk. Gewinn pro Stück · verkaufte Stück
	=	20,00 €/Stck. · 1 100 Stck.
	=	22 000,00 €;

Erlöse = vorläufiger Verkaufspreis pro Stück · verkaufte Stück
= (N-SK pro Stück + kalk. Gewinn pro Stück) · verkaufte Stück
= (180,00 €/Stck. + 20,00 €/Stck.) · 1 100 Stck.
= 220 000,00 €;

	Ist	Über-/Unterdeckung	Normal
SKU	210 000,00 €	./. 12 000,00 €	198 000,00 €
Erlöse	220 000,00 €		220 000,00 €
Umsatzergebnis			22 000,00 €
Unterdeckung			./. 12 000,00 €
BE	10 000,00 €		10 000,00 €

Das Betriebsergebnis beträgt 10 000,00 €, die gesamte Unterdeckung 12 000,00 €.

1.2 **Berechnung der Maschinenkosten auf Normalkostenbasis**

Um von den Ist-Werten (lt. BAB) auf die N-Werte schließen zu können, sind zunächst noch folgende Größen zu berechnen:

Ist-MaK = Ma.Std.Satz · Maschinenlaufzeit
= 40,00 €/Std. · 8 000 Std.
= 320 000,00 €;

Ist-RFGK = Ist-FGK ./. Ist-MaK
= 476 000,00 € ./. 320 000,00 €
= 156 000,00 €;

FL = Ist-RFGK : Ist-RFGK-Satz · 100 %
= 156 000,00 € : 60 % · 100 %
= 260 000,00 €;

		Ist	Über-/Unterdeckung		Normal
FL		260 000,00 €			260 000,00 €
RFGK	(60 %)	156 000,00 €		(65 %)	169 000,00 €
MaK		320 000,00 €			292 000,00 €
FK		736 000,00 €	./. 15 000,00 €		721 000,00 €

Die Maschinenkosten auf Normalkostenbasis betragen 292 000,00 €.

2.1 **Berechnung des Stückdeckungsbeitrages**

Verkaufte Menge = Erlöse : Verkaufspreis pro Stück
= 144 000,00 € : 8,00 €/Stck.
= 18 000 Stck.;

Gewinn (Prod. Y) = Erlöse ./. SKU
= 144 000,00 € ./. 134 000,00 €
= 10 000,00 €;

der Gewinn von 10 000,00 € wird bei einem Verkauf von 18 000 Stck. erzielt; diese Stückzahl liegt mit 5 000 Stück (= 18 000 Stck. ./. 13 000 Stck.) über der Gewinnschwellenmenge (x_m);

db = 10 000,00 € : 5 000 Stck.
= 2,00 €/Stck.

2.2 **Berechnung der Fixkosten**

$x_m = K_f : db;$

$K_f = x_m \cdot db$

$= 13\,000$ Stck. · 2,00 €/Stck.

$= 26\,000{,}00$ €

2.3 **Berechnung der kurzfristigen Preisuntergrenze**

$p_{kurz} \mathrel{\hat{=}} k_v$

$= p$ ./. db

= 8,00 €/Stck. ./. 2,00 €/Stck.

= 6,00 €/Stck.

2.4 **Berechnung der Produktionszeit**

Rel. db = db : Prod.zeit;

Prod.zeit = db : rel. db

= 2,00 €/Stck. : 24,00 €/Std. · 60 min/Std.

= 5 min/Stck.

2.5 **Berechnung der neuen Gewinnschwellenmenge**

p_{neu} = 8,00 €/Stck. · 1,05

= 8,40 €/Stck.;

$x_m = K_f : db$

= 26 000,00 € : (8,40 €/Stck. ./. 6,00 €/Stck.)

= 10 833,33 Stck.;

ab einer Menge von 10 834 Stück wird Gewinn erzielt.

3. **Erläuterung der möglichen betriebswirtschaftlichen Problemstellungen**

Die Gesamtkosten K_{gA} beinhalten im Gegensatz zu K_{gB} keine Fixkosten.

- Bei welcher Menge sind der Vertrieb eines Produktes über einen Vertreter auf Provisionsbasis (ohne Fixum) und der Vertrieb über einen Reisenden mit einem festen Gehalt bei nur geringer Provision gleich kostenintensiv?
- Ab welcher Menge ist die Eigenfertigung eines Fertigungsteils (mit Fixkosten) kostengünstiger als der Fremdbezug ohne Fixkosten?

4. **Berechnung der zulässigen variablen Kosten**

Das neue Produkt P3 muss mindestens den relativen Deckungsbetrag erzielen, den das schlechtere der beiden bisherigen Erzeugnisse erreicht;

relativer db = db : Prod.zeit;

rel. db (P1) = 150,00 €/Stck. : 24 min/Stck.

= 6,25 €/min;

rel. db (P2) = 140,00 €/Stck. : 20 min/Stck.

= 7,00 €/min > 6,25 €/min;

db (P3) = rel. db (P1) · Prod.zeit (P3)

= 6,25 €/min · 18 min/Stck.

= 112,50 €/Stck.;

k_v (P3) = p ./. db

= 192,50 €/Stck ./. 112,50 €/Stck.

= 80,00 €/Stck.;

die variablen Kosten von Produkt P3 dürfen maximal 80,00 €/Stck. betragen.

Abschlussprüfung an Fachoberschulen 2002
Betriebswirtschaftlehre mit Rechnungswesen: Aufgabe III
Marketing

Die WINTERSPORT AG ist weltweit bekannt geworden durch den Verkauf von Langlaufski. Mittlerweile werden außerdem sehr erfolgreich Alpinski und Snowboards sowie die entsprechenden Schuhe und Bindungen verkauft. In der Saison 2000/2001 wurden zusätzlich Bigfoots (extreme Kurzski) inklusive Zubehör ins Produktionsprogramm aufgenommen.

1 Die WINTERSPORT AG denkt über das Sponsoring von Leistungssportlern nach.

Ordnen Sie diese Maßnahme einem Instrument innerhalb des Kommunikationsmix zu und nennen Sie je einen Vor- und Nachteil dieser Maßnahme.

2 Der Gesamtumsatz der WINTERSPORT AG liegt bei 300 Mio. €. Das Wachstum des Bruttoinlandsproduktes beträgt im Berichtsjahr ca. 2 %. Die WINTERSPORT AG weist folgendes Portfolio aus:

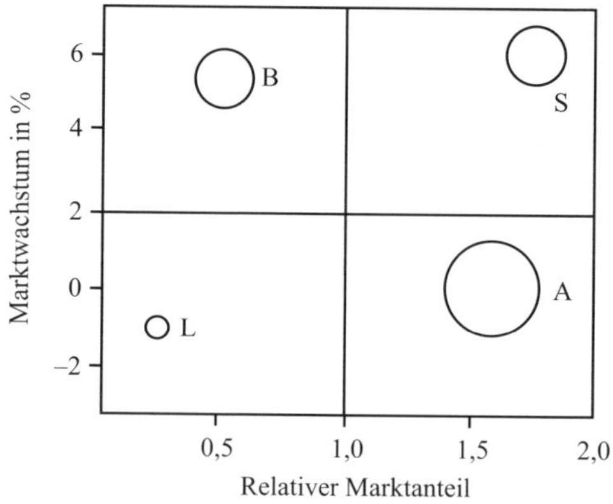

A = Alpinski B = Bigfoots
L = Langlaufski S = Snowboards

2.1 Mit einem Umsatz von 60 Mio. € erzielt die WINTERSPORT AG bei den Bigfoots einen relativen Marktanteil von 0,5. Berechnen Sie für dieses Produkt das Absatzvolumen des stärksten Konkurrenten.

2.2 Beurteilen Sie die Bedeutung der SGE Alpinski im Hinblick auf den gesamten Unternehmenserfolg.

2.3 Erläutern Sie, in welcher Phase des Produktlebenszyklus sich die SGE Langlaufski befindet, und schlagen Sie jeweils eine geeignete Maßnahme aus der Produkt- und Preispolitik vor.

2.4 Bei Markteinführung der Snowboards 1993 blieben Marktwachstum und relativer Marktanteil zunächst weit unter den erwarteten Zahlen. Die SGE befand sich als Cinderella im Problemfeld.

Erläutern Sie, warum aus kostenrechnerischer Sicht eine Elimination des Produktes nicht befürwortet wurde.

3 Die WINTERSPORT AG vertreibt sämtliche Produkte ausschließlich über den Facheinzelhandel. Es wird erwogen, das Programm um Sportschlitten mit Sicherheitslenkrad und Fußbremse zu erweitern.

3.1* Für die konkrete Ausgestaltung des Produktes soll die Meinung der potenziellen Kunden einbezogen werden. Beschreiben Sie eine geeignete konkrete Erhebungsmethode.

3.2 Beschreiben Sie je zwei Vor- und Nachteile dieses Absatzweges im Hinblick auf die Markteinführung des neuen Bobschlittens.

Lösung

1 Vor- und Nachteile des Sponsoring

Sponsoring ist ein eigenständiges Instrument innerhalb des Kommunikationsmix und soll vorrangig psychografische Zielsetzungen unterstützen; so kann Sponsoring z. B. der Imagepflege dienen, wenn ein bekannter und geachteter Sportler mit einem bestimmten Untenehmen in Verbindung gebracht wird und sich dann seine guten Leistungen auch positiv auf die Verkaufszahlen des Sponsors auswirken.

Umgekehrt ist natürlich auch eine Negativwirkung bei einem Leistungsabfall oder Fehlverhalten (Doping) des Sportlers möglich; ebenso kann es sich als ungünstig erweisen, wenn sich das Image des Sponsors nicht mit dem des Gesponserten in Einklang bringen lässt (Imagebruch).

2.1 Berechnung des Absatz- bzw. Umsatzvolumens

$$\text{Relativer Markanteil} = \frac{\text{eigener Umsatz}}{\text{Umsatz des stärksten Konkurrenten}};$$

$$\text{Umsatz des stärksten Konkurrenten} = \frac{\text{eigener Umsatz}}{\text{relativer Marktanteil}}$$

$$= 60 \text{ Mio. €} : 0{,}5$$

$$= 120 \text{ Mio. €};$$

das Umsatzvolumen des stärksten Konkurrenten beträgt 120 Mio. €.

2.2 Bedeutung der Alpinski für den Unternehmenserfolg

Die strategische Geschäftseinheit Alpinski ist im Cashfeld positioniert; sie zeichnet sich durch einen hohen relativen Marktanteil ($> 1 \triangleq$ Marktführer) aus, allerdings auf einem nahezu stagnierenden Markt. Aufgrund des geringen Investitionsbedarfs werden hier große Finanzmittelüberschüsse erzielt, die v. a. in die Nachwuchs- oder auch Starprodukte investiert werden sollten. Außerdem haben die Alpinski den mit Abstand größten Anteil am Gesamtumsatz des Unternehmens.

2.3 Begründung der Produktlebenszyklusphase der Langlaufski

Die Langlaufski weisen auf einem rückläufigen Markt einen nur geringen relativen Marktanteil aus, sie befinden sich also in der Degenerationsphase.

Vorschläge zur Produkt- und Preispolitik

Bei einer pessimistischen Einschätzung der Absatzsituation sollte diese Geschäftseinheit vom Markt genommen werden (Produktelimination), spätestens dann, wenn der Deckungsbeitrag gegen Null geht. Diese Maßnahme könnte mit einer Preisreduzierung einhergehen, um möglichst noch restliche Lagerbestände abzusetzen.

Wird die Situation der Langlaufski weniger pessimistisch gesehen (Langlauf hat eine lange Tradition!), könnte man versuchen, durch eine Produktvariation (technische und optische Verbesserungen) alte Stammkunden zu halten und neue dazu zu gewinnen. Parallel dazu sollte der Preis grundsätzlich nicht gesenkt werden, um so auch auf eine gleich bleibend gute bzw. verbesserte Qualität hinzuweisen. Dieses Relaunching (Neustart des Produktes) müsste natürlich durch entsprechende, verkaufsfördernde Maßnahmen begleitet werden.

2.4 Grund gegen eine Elimination aus kostenrechnerischer Sicht

Solange ein Produkt einen positiven Deckungsbeitrag erzielt, können damit die evtl. nicht abbaubaren, erzeugnisfixen Kosten gedeckt werden.

3.1 Beschreibung einer geeigneten Erhebungsmethode

Man könnte in Zusammenarbeit mit den Fachgeschäften interessierte Kunden auswählen und ihnen einen solchen Sportschlitten zu Testzwecken zur Verfügung stellen. Nach einer Testphase von ca. vier Wochen erfolgt eine Befragung der Probanden zu den Stärken und Schwächen des neuen Produkts. Diese Erhebung könnte in schriftlicher (Zustellung der Fragebögen z. B. durch die Post) und in standardisierter Form (jeder Versuchsperson werden die gleichen Fragen gestellt) durchgeführt werden, um möglichst kostengünstig einfach auszuwertende Aussagen zu erhalten.

3.2 Vor- und Nachteile einer Distribution über den Facheinzelhandel

Fachgeschäfte garantieren durch die fundierte Ausbildung ihres Verkaufspersonals eine gute Beratung der Kunden; auch ist die Zielgruppe (sportlich interessierte Personen) ziemlich genau erreichbar.

Allerdings verursacht gut ausgebildetes Personal auch höhere Kosten, was sich in höheren Preisen niederschlägt; dadurch und durch die Beschränkung der Zielgruppe (kein Vertrieb über Warenhäuser oder Discounter) könnten die Verkaufszahlen des neuen Produkts negativ beeinflusst werden.

Abschlussprüfung an Fachoberschulen 2003
Betriebswirtschaftslehre mit Rechnungswesen: Aufgabe I
Geschäftsbuchführung und Jahresabschluss

In der COMTECH AG, die Hochleistungsgetriebe für industrielle Anwendungen herstellt, ist die Finanzbuchführung des Geschäftsjahres 2002 (01. 01. – 31. 12.) zu vervollständigen. Die Buchungssätze sind mit vierstelligen Kontonummern lt. IKR und den jeweiligen Beträgen zu erstellen. Der Umsatzsteuersatz beträgt 19 % bzw. 7 %.

1 Die COMTECH AG bezieht am 15. 10. 2002 von der GUSSWERKE AG 1 000 Getriebegehäuse (Fremdbauteile) zum Listenpreis von 250,00 € pro Stück. Die Zahlungsbedingungen sehen 10 % Rabatt und 3 % Skonto innerhalb von 10 Tagen bzw. rein netto innerhalb von 30 Tagen vor. Die COMTECH AG zahlt für die Lieferung an den Spediteur 1 190,00 € in bar.
Am 18. 10. 2002 werden 100 Gehäuse zurückgesendet, da sie Haarrisse aufweisen. Die übrigen Gehäuse wurden teilweise nur unzureichend entgratet, wofür der COMTECH AG ein Nachlass in Höhe von 8 000,00 € netto gewährt wird.
Am 24. 10. 2002 erfolgt der Ausgleich des noch offenen Rechnungsbetrags durch Banküberweisung.

Nehmen Sie die notwendigen Buchungen für

1.1 den 15. 10. 2002,

1.2 den 18. 10. 2002 und

1.3 den 24. 10. 2002 vor.

1.4 Am 31. 12. 2002 sind von diesen Gehäusen noch 300 Stück auf Lager. Ein Anfangsbestand war nicht vorhanden. Während des Jahres erfolgten keine weiteren Lieferungen.

1.4.1 Bewerten und begründen Sie den Schlussbestand, wenn der Marktpreis zum Bilanzstichtag 260,00 € pro Stück beträgt.

1.4.2 Bilden Sie die vorbereitende Abschlussbuchung und die Abschlussbuchung für das entsprechende Bestandskonto.

1.4.3 Berechnen Sie den wertmäßigen Verbrauch für das Jahr 2002.

2 Die Mitarbeiter der COMTECH AG haben Anspruch auf eine betriebliche Altersversorgung. Der Bestand an Pensionsanwartschaften zum 01. 01. 2002 belief sich auf 2 500 000,00 €, während er zum 31. 12. 2002 2 650 000,00 € beträgt.
Am 15. 12. 2002 wurden Pensionen in Höhe von 80.000,00 € an Rentner der COMTECH AG per Bank überwiesen

2.1 Nehmen Sie die erforderlichen Buchungen zum 15. 12. 2002 und zum 31. 12. 2002 vor.

2.2 Erläutern Sie an diesem Beispiel den Begriff Rückstellungen.

3 Erläutern Sie, welcher Sachverhalt den folgenden Buchungen vom 31. 12. 2002 zugrunde liegt:

4800	3 200 000,00 €	an	2600	3 200 000,00 €
4800	400 000,00 €	an	8010	400 000,00 €

4 Die COMTECH AG aktivierte im August 2001 einen Getriebeprüfstand, der in Eigenleistung erstellt wurde. Aufgrund der intensiven Beanspruchung wurde eine Nutzungsdauer von 6 Jahren festgelegt.
Als Obergrenze der Herstellungskosten errechnete sich ein Wert von 462 000,00 € .
Die COMTECH AG strebt einen niedrigen Gewinnausweis an. In der Kostenrechnung wurde mit folgenden aufwandsgleichen Gemeinkostenzuschlagsätzen gerechnet:

Materialgemeinkosten	8 %
Fertigungsgemeinkosten	80 %
Verwaltungsgemeinkosten	10 %
Vertriebsgemeinkosten	5 %

4.1 Bestimmen und begründen Sie den Wert, mit dem der Prüfstand im August 2001 aktiviert wurde.

4.2 Ermitteln Sie den Bilanzansatz des Getriebeprüfstandes am 31. 12. 2002.

4.3 Zum Jahresende 2003 zeichnet sich ab, dass der Teilwert zum 31. 12. 2003 voraussichtlich dauerhaft auf 180 000,00 € sinken wird.

Begründen Sie den Bilanzansatz des Getriebeprüfstandes zum 31. 12. 2003 und geben Sie dann eventuell erforderliche Vorabschlussbuchungen an.

5 Die COMTECH AG liefert am 02. 12. 2002 ein Getriebe an die KRAFTWERKE AG, wofür nach Abzug von 15 % Rabatt und 2 % Skonto am 11. 12. 2002 auf dem Bankkonto der COMTECH AG 991 270,00 € als Rechnungsausgleich eingehen.

Buchen Sie die Ausgangsrechnung der COMTECH AG am 02. 12. 2002 und den Zahlungseingang am 11. 12. 2002.

6 Am 31. 12. 2002 sind vor Durchführung der Forderungsbewertung folgende Kontostände vorhanden:

Konto 2400	9 520 000,00 €
Konto 3670	100 000,00 €
Konto 3680	35 000,00 €

6.1 Die WERFT AG bittet um Stundung unserer Forderung in Höhe von 357 000,00 €. Zum Bilanzstichtag scheinen 70 % dieser Forderung sicher zu sein. Weitere Forderungen sind nicht zweifelhaft.

Nehmen Sie die erforderlichen Vorabschlussbuchungen zum 31. 12. 2002 vor.

6.2 Berechnen Sie den Prozentsatz der Pauschalwertberichtigung, wenn das Konto 2400 mit 9 353 000,00 € bilanziert wird.

7 Die Bilanz der COMTECH AG zeigt zum 31. 12. 2002 vor Gewinnverwendung unter anderem folgende Werte:

Gezeichnetes Kapital	100 000 Tsd. €
Kapitalrücklage	3 600 Tsd. €
Gesetzliche Rücklage	6 000 Tsd. €
Andere Gewinnrücklagen	?
Jahresüberschuss	12 000 Tsd. €
Verlustvortrag	2 000 Tsd. €

7.1 Erläutern Sie, wie es zur Bildung einer Kapitalrücklage kommt.

7.2* Berechnen Sie die laut Aktiengesetz notwendige Einstellung in die gesetzliche Rücklage.

7.3 Ermitteln Sie den Anfangsbestand der anderen Gewinnrücklagen, wenn im Jahr 2002 die Eigenkapitalrentabilität 9,6 % beträgt und während des Jahres 2002 keine Kapitalerhöhung vorgenommen wurde.

Lösung

1.1 **Buchung der Eingangsrechnung** vom 15. 10. 2002

Der Rabatt von 10 % auf die Fremdbauteile ist sofort abzuziehen.

(6010)	225 000,00 €	/		
(2600)	42 750,00 €	/	(4400)	267 750,00 €

Die Kosten der Lieferung sind als Bezugskosten zu verbuchen.

(6011)	1 000,00 €	/		
(2600)	190,00 €	/	(2880)	1 190,00 €

1.2 **Buchung der Rücksendung und des Preisnachlasses** (mit VSt-Korrektur) vom 18. 10. 2002

(4400)	36 295,00 €	/	(6010)	22 500,00 €
		/	(6012)	8 000,00 €
		/	(2600)	5 795,00 €

1.3 **Buchung der Restzahlung** (mit Skontoabzug und VSt-Korrektur) vom 24. 10. 2002

Skonto = 3 % von (225 000,00 € ./. 22 500,00 € ./.8 000,00 €)
= 5 835,00 €

(4400)	231 455,00 €	/	(6012)	5 835,00 €
		/	(2600)	1 108,65 €
		/	(2800)	224 511,35 €

1.4.1 **Bewertung und Begründung des Schlussbestandes der Fremdbauteile**

Der Marktpreis ist zum Bilanzstichtag auf 260,00 € pro Stück angestiegen; als absolute Wertobergrenze gelten die Anschaffungskosten; diese sind nun zu berechnen, wobei zu berücksichtigen ist, dass von den 1 000 gelieferten Stück 100 Stück sofort wieder zurückgeschickt wurden. Der Restbestand am Bilanzstichtag beträgt 300 Stück.

Listeneinkaufspreis	225 000,00 €	(250,00 €/Stck. · 900 Stck.)
./. Rabatt	22 500,00 €	(10 % von 225 000,00 €)
= Zieleinkaufspreis	202 500,00 €	
./. Nachlass	8 000,00 €	
= verminderter ZEP	194 500,00 €	
./. Skonto	5 835,00 €	(3 % von 194 500,00 €)
= Bareinkaufspreis	188 665,00 €	
+ Fracht	1 000,00 €	
= Anschaffungskosten	189 665,00 €	

AK pro Stück = 189 665,00 € : 900 Stck.
= 210,74 €/Stck. < 260,00 €/Stck. = Teilwert;

Bilanzansatz = AK/Stck. · Restbestand
= 210,74 €/Stck. · 300 Stck.
= 63 222,00 €
≙ AHK als Wertobergrenze

1.4.2 **Vorbereitende Abschlussbuchung und Abschlussbuchung des Bestandskontos 2010**

S	2010		H
AB	—	SB	63 222,00 €
BV	63 222,00 €		
	63 222,00 €		63 222,00 €

Buchung der Bestandsveränderung über das Aufwandskonto 6010:
(2010) 63 222,00 € / (6010) 63 222,00 €

Buchung des Schlussbestands über das Schlussbilanzkonto 8010:
(8010) 63 222,00 € / (2010) 63 222,00 €

1.4.3 **Ermittlung des wertmäßigen Verbrauchs** (im Konto 6010) für das Jahr 2002
Nach Abschluss der Unterkonten 6011 und 6012 und des Bestandskontos 2010 sieht das Konto 6010 wie folgt aus:

S	6010		H
Neulieferung	225 000,00 €	Rücksendung	22 500,00 €
Bezugskosten	1 000,00 €	Nachlass	8 000,00 €
		Skonto	5 835,00 €
		BV	63 222,00 €
		Verbrauch	126 443,00 €
	226 000,00 €		226 000,00 €

Verbrauch = AHK ./. SB
= 189 665,00 € ./. 63 222,00 €
= 126 443,00 €

2.1 **Buchung der Pensionsauszahlung**

(6440) 80 000,00 € / (2800) 80 000,00 €

Betriebspensionen werden als Aufwand gebucht; die Pensionsrückstellungen (ruhendes Konto) ändern sich dadurch nicht.

Buchung der Erhöhung der betrieblichen Pensionen

(6440) 150 000,00 € / (3700) 150 000,00 €

Abschlussbuchung der Pensionsrückstellungen (über das Schlussbilanzkonto)

(3700) 2 650 000,00 € / (8010) 2 650 000,00 €

2.2 **Erläuterung des Begriffs der Rückstellungen**
Rückstellungen werden zur zeitlichen Abgrenzung, wenn sie das alte Jahr betreffen, gebildet. Pensionsrückstellungen sind ungewisse Verbindlichkeiten, die ihrem Ursprung nach (Pensionszusagen) bekannt sind, aber deren Fälligkeit und/oder Höhe (Rentenantritt, Lebenserwartung) noch nicht genau feststehen.

3 **Erläuterung der Umsatzsteuer-Buchungen am Bilanzstichtag**

Zum Ende jeden Monats wird das VSt-Konto 2600 (Forderung gegenüber dem Finanzamt) über das USt-Konto 4800 (Verbindlichkeit gegenüber dem Finanzamt) abgeschlossen. Der Saldo auf dem USt-Konto 4800 entspricht der USt-Zahllast (hier: 400 000,00 €) für den abgeschlossenen Monat (hier: Dezember) und ist bis zum 10. des nächsten Monats an das Finanzamt zu überweisen. Der Abschluss des USt-Kontos 4800 erfolgt zum Ende des Jahres über das Schlussbilanzkonto 8010 (Passivierung der USt-Zahllast).

4.1 **Ermittlung und Begründung der aktivierten Herstellungskosten**

	HK	420 000,00 € ↑	(≙ 100 % ≙ Untergrenze)
+	VwGK	42 000,00 €	(≙ 10 %)
=		462 000,00 €	(≙ 110 % ≙ Obergrenze)

Für die VtGK besteht ein Aktivierungsverbot, für die VwGK ein Aktivierungswahlrecht. Soll der Gewinn möglichst niedrig ausfallen, muss möglichst wenig aktiviert werden (Untergrenze), sodass möglichst wenig Ertrag ausgewiesen wird (vgl. Buchung der aktivierten Eigenleistung: 0720/5300); die Eigenleistung wurde also in der Bilanz '01 mit 420 000,00 € aktiviert.

4.2 **Berechnung des Bilanzansatzes '02**

Im ersten Jahr können nur 5/12 des Jahres-AfA-Betrages angesetzt werden, da die Anschaffung erst im August '01 erfolgte.

HK '01	420 000,00 €	(≙ Untergrenze; vgl. 4.1)
./. AfA '01	29 166,67 €	(≙ 420 000,00 € : 6 Jahre : 12 Mon. · 5 Mon.)
= RW '01	390 833,33 €	(= BA '01)
./. AfA '02	70 000,00 €	(= 420 000,00 € : 6 Jahre)
= RW '02	320 833,33 €	(= BA '02)

4.3 **Berechnung und Begründung des Bilanzansatzes '03**

RW '02	320 833,33 €	
./. AfA '03	70 000,00 € ↓	(vergl. 4.2)
./. TWA '03	70 833,33 €	(= 320 833,33 € ./. 180 000,00 € ./. 70 000,00 €)
= TW'03	180 000,00 € ↑	(= BA '03)

Da die Wertminderung voraussichtlich von Dauer ist, muss zusätzlich zu der Regel-AfA noch eine Teilwertabschreibung von 70 833,33 € vorgenommen werden (Abschreibungspflicht auf den niedrigeren Teilwert); der Bilanzansatz '03 beträgt also 180 000,00 €.

Vorabschlussbuchungen '03 (Regel- und Teilwertabschreibung)

(6520)	70 000,00 €	/	(0720)	70 000,00 €
(6550)	70 833,33 €	/	(0720)	70 833,33 €

5 Um die Ausgangsrechnung und den Zahlungseingang buchen zu können, müssen ausgehend von der Bankgutschrift von 966 280,00 € zunächst die Bruttoforderung und der Skontobetrag berechnet werden.

Bankgutschrift	≙	98 %	≙	991 270,00 €	
Bruttoforderung	≙	100 %	≙	1 011 500,00 €	(= 991 270,00 € : 98 · 100)

Skonto, brutto	≙	2 %	≙	20 230,00 €	(= 1 011 500,00 € : 100 · 2)
Skonto, netto	≙	2 %	≙	17 000,00 €	(= 20 230,00 € : 1,19)

Buchung der Ausgangsrechnung

(2400)	1 011 500,00 €	/	(5000)	850 000,00 €
		/	(4800)	161 500,00 €

Buchung des Zahlungseingangs (mit Skontoabzug und USt-Korrektur)

(2800)	991 270,00 €	/		
(5001)	17 000,00 €	/		
(4800)	3 230,00 €	/	(2400)	1 011 500,00 €

6.1 **Berechnung und Buchung der Einzelwertberichtigung**

Bei der Forderung von 357 000,00 €, brutto (≙ 300 000,00 €, netto) wird mit einem Ausfall von 30 % gerechnet;

notwendige EWB	90 000,00 €	(= 30 % von 300 000,00 €)
vorhandene EWB	100 000,00 €	
Herabsetzung	10 000,00 €	

(3670)	10 000,00 €	/	(5450)	10 000,00 €
(3670)	90 000,00 €	/	(2400)	90 000,00 €

6.2 **Berechnung des Prozentsatzes der Pauschalwertberichtigung**

Um den PWB-Satz ermitteln zu können, müssen die sicheren Forderungen und der Betrag der Pauschalwertberichtigung bekannt sein.

Gesamtforderungen, brutto	9 520 000,00 €
./. zweifelhafte Forderungen, brutto	357 000,00 €
= sichere Forderungen, brutto	9 163 000,00 €
≙ sichere Forderungen, netto	7 700 000,00 €

Gesamtforderungen, brutto	9 520 000,00 €
./. EWB	90 000,00 €
./. PWB	77 000,00 €
= Schlussbestand der Forderungen	9 353 000,00 €

PWB-Satz = PWB : sichere Nettoforderungen
= 77 000,00 € : 7 700 000,00 €
= 1 %

7.1 **Erläuterung der Bildung einer Kapitalrücklage**

Wenn eine Aktiengesellschaft zur Kapitalerhöhung junge Aktien ausgibt und diese mit einem Aufschlag über dem Nennwert (Agio) verkauft, wird diese Differenz zwischen Nennwert und Ausgabekurs als Kapitalrücklage ausgewiesen.

7.2 **Berechnung der Einstellung in die gesetzliche Rücklage**

Gemäß den Vorschriften des Aktiengesetzes müssen jährlich 5 % vom Jahresüberschuss abzüglich eines evtl. bestehenden Verlustvortrages aus dem Vorjahr in die gesetzliche Rücklage eingestellt werden, bis die Kapital- und die gesetzliche Rücklage zusammen 10 % des gezeichneten Kapitals ausmachen.

10 % vom gezeichneten Kapital	10 000 T€	(10 % von 100 000 T€)
./. Kapital- und gesetzliche Rücklage	9 600 T€	(3 600 T€ + 6 000 T€)
= Fehlbetrag	400 T€	

5 % von (Jahresüberschuss ./. Verlustvortrag) = 5 % von (12 000 T€ ./. 2 000 T€)
= 500 T€;

gesetzlich notwendige Einstellung = 400 T€;

nachdem nur noch 400 T€ fehlen, um die Vorschriften des Aktiengesetzes zu erfüllen, muss nicht der Maximalbetrag von 500 T€, sondern nur noch der Betrag von 400 T€ in die gesetzliche Rücklage eingestellt werden.

7.3 **Ermittlung des Anfangsbestandes der anderen Gewinnrücklagen**

Mithilfe der Eigenkapitalrentabilität lässt sich der Anfangsbestand des Eigenkapitals berechnen.

EK-Rent. = Jü : AB an EK;

AB an EK = Jü : EK Rent.
= 12 000 T€ : 0,096
= 125 000 T€;

mithilfe der gegebenen Anfangsbestände der einzelnen Positionen des Eigenkapitals lässt sich nun der fehlende Anfangsbestand der anderen Gewinnrücklagen berechnen;

gezeichnetes Kapital	100 000 T€
./. Verlustvortrag	2 000 T€
+ Kapitalrücklage	3 600 T€
+ gesetzliche Rücklage	6 000 T€
+ andere Gewinnrücklagen	17 400 T€
= AB an Eigenkapital	125 000 T€

Der Anfangsbestand der anderen Rücklagen beträgt 17 400 T€.

Abschlussprüfung an Fachoberschulen 2003
Betriebswirtschaftslehre mit Rechnungswesen: Aufgabe II
Voll- und Teilkostenrechnung

1 Im Zweigwerk I der COMSTRUCT AG werden die Produkte B, C und D hergestellt. Für den Abrechnungszeitraum Oktober 2002 liegen folgende Informationen vor:

	Produkt B	Produkt C	Produkt D
Stückerlös	192,00 €	100,00 €	148,00 €
FM und FL je Stück	60,00 €	32,00 €	48,00 €
Fertigungszeit je Stück	12 Min.	6 Min.	10 Min.
Variable Gemeinkosten je Fertigungsstunde 180,00 €			
Produktions- und Absatzmenge im Oktober 2002	2 625 Stück	2 250 Stück	900 Stück
Lieferverpflichtung			600 Stück

Die gefertigten Stückzahlen im Oktober 2002 beanspruchen die maximal mögliche Fertigungszeit (= Kapazität) des Zweigwerks zu 90 %.
Für den Monat November 2002 gilt die gleiche Auftragslage wie im Vormonat.
Auch die Kostenstruktur bleibt unverändert. Wegen dringend notwendiger Sanierungsarbeiten stehen allerdings nur 80 % der Kapazität zur Verfügung.

Ermitteln Sie für den November 2002 das unter den gegebenen Umständen gewinnoptimale Produktionsprogramm.

2 Im Zweigwerk II der COMSTRUCT AG wird nur Produkt E gefertigt. Das Zweigwerk hat eine Kapazität von 12 000 Stück pro Monat und verursacht 400 000,00 € Fixkosten je Monat. Bei maximaler Auslastung beträgt der Gewinn die Hälfte der Fixkosten.

Ermitteln Sie in einer vollständig beschrifteten Grafik die Gewinnschwelle auf zwei verschiedene Arten.
(Wählen Sie folgenden Maßstab: 1 cm = 1 000 Stück, 1 cm = 100 000,00 €)

3 Im Zweigwerk III wird Produkt F hergestellt. Im Oktober 2002 wurden 1 800 Stück von F bei Gesamtkosten von 255 000,00 € produziert, im November 1 920 Stück bei Gesamtkosten von 264 000,00 €.
Ab November 2002 wird auch ein Fremdbezug von F erwogen. Das günstigste Angebot eines Zulieferers liegt bei 99,00 € pro Stück.

Berechnen Sie die Stückzahl, bei der Kostengleichheit zwischen Eigenfertigung und Fremdbezug besteht, wenn die Fixkosten im Falle einer Produktionseinstellung um 30 % abbaubar wären.

4 Der Controllingabteilung der COMSTRUCT AG sind im Rahmen der Kostenträgerrechnung im Zweigwerk IV für die Herstellung des Produktes A folgende Werte für den Abrechnungszeitraum Oktober 2002 bekannt:

	lt. BAB	kalkuliert
Materialgemeinkostenzuschlagssatz	10 %	12 %
Restfertigungsgemeinkostenzuschlagssatz	90 %	85 %

Außerdem wird im Oktober mit Materialkosten in Höhe von 173 600,00 € kalkuliert. Bei den Restfertigungsgemeinkosten wird eine Unterdeckung von 3 200,00 € festgestellt. An Sondereinzelkosten der Fertigung fallen 6 000,00 € an. Die HKA auf Normalkostenbasis belaufen sich auf 536 000,00 €. Damit ergibt sich zu den Ist-HKA eine Gemeinkostenunterdeckung von 3 000,00 €.
Es wird ein Maschinenstundensatz von 125,00 € verrechnet.

4.1 Ermitteln Sie für Oktober die Fertigungslöhne, die fehlenden Gemeinkostenabweichungen in der Material- und Fertigungsstelle und die Maschinenlaufzeit.

4.2 Bei den unfertigen Erzeugnissen liegt eine Mehrung in Höhe von 27 600,00 € vor. Bei den Fertigerzeugnissen ergibt sich eine Bestandsveränderung von 120 Stück.
Insgesamt beträgt die Bestandsmehrung für die fertigen und unfertigen Erzeugnisse 9 000,00 €.

Ermitteln Sie die Absatzmenge des Produktes A für Oktober 2002.

4.3 Beim Verkauf des Produktes A werden den Kunden folgende Nachlässe gewährt:
Rabatt 55,00 €/Stück; Skonto 6,60 €/Stück.
Der Handelsvertreter des Unternehmens erhält 5,50 € (entspricht 2,5 %) Provision pro Stück.
Die COMSTRUCT AG kalkuliert mit einem Gewinnzuschlag von 15,5 %.

4.3.1 Berechnen Sie die Selbstkosten pro Stück und den Rabattsatz in Prozent.

4.3.2 Beim Absatz des Produktes A werden stets alle Vertriebskonditionen beansprucht. Dabei wird ein Deckungsbeitrag pro Stück von 83,16 € erzielt.

Berechnen Sie die kurzfristige Preisuntergrenze für das Produkt A.

Lösung

1 Berechnung des gewinnoptimalen Produktionsprogramms

Bei gleich bleibender Absatzlage aber bei einer geringeren Kapazität (80 % statt 90 %) liegt offensichtlich ein Engpass vor. Die zur Verfügung stehende Kapazität muss also gemäß der gewinnoptimalen Rangfolge der drei Produkte und unter Beachtung der Lieferverpflichtung für Produkt D auf die drei Erzeugnisse verteilt werden.

Zunächst ist die im November nur begrenzt zur Verfügung stehende Kapazität zu berechnen:

Engpasskapazität = Prod.zeit der Absatzmengen aller drei Produkte : 90 % · 80 %;

Produkt B	≙	2 625 Stck. à 12 min	≙	31 500 min		
Produkt C	≙	2 250 Stck. à 6 min	≙	13 500 min		
Produkt D	≙	900 Stck. à 10 min	≙	9 000 min		
		Produktionszeit (Oktober)	=	54 000 min	≙	90 %;
		Engpasskapazität	=	48 000 min	≙	80 %.

Die Bestimmung der Rangfolge erfolgt mittels der relativen Stückdeckungsbeiträge, zuvor müssen noch die variablen Gemeinkosten der drei Produkte berechnet werden:

var. GK (Prod. B) = 180,00 €/h : 60 min/h · 12 min/Stck.
= 36,00 €/Stck.

var. GK (Prod. C) = 180,00 €/h : 60 min/h · 6 min/Stck.
= 18,00 €/Stck.

var. GK (Prod. D) = 180,00 €/h : 60 min/h · 10 min/Stck.
= 30,00 €/Stck.

	Produkt B	Produkt C	Produkt D	
p	192,00	100,00	148,00	(in €/Stck.)
FM + FL	60,00	32,00	48,00	(in €/Stck.)
var. GK	36,00	18,00	30,00	(in €/Stck.)
db = p ./. k_v	96,00	50,00	70,00	(in €/Stck.)
Prod.zeit	12	6	10	(in min/Stck.)
rel. db = db : Prod.zeit	8,00	8,33	7,00	(in €/min)
Rang	II	I	III	

Verteilung der begrenzten Kapazität im November:

Engpasskapazität	48 000 min	
./. Lieferverpfl. von Prod. D (Rang III)	6 000 min	(= 600 Stck. · 10 min/Stck.)
./. max. Absatz von Prod. C (Rang I)	13 500 min	(= 2 250 Stck. · 6 min/Stck.)
= Restkapazität für Prod. B (Rang II)	28 500 min	

≙ Produktionsmenge von Prod. B = 28 500 min : 12 min/Stck.
= 2 375 Stck. < max. Absatzmenge;

gewinnoptimale Stückzahlen:
Produkt B ≙ 2 375 Stck.
Produkt C ≙ 2 250 Stck.
Produkt D ≙ 600 Stck.

2 Grafische Ermittlung der Gewinnschwelle

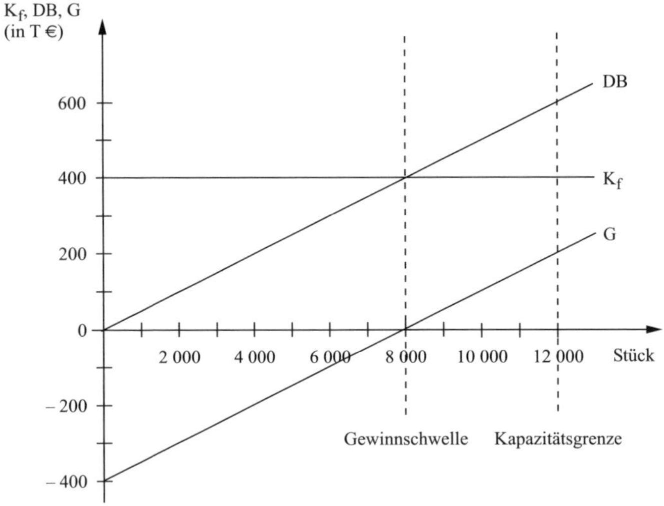

3 **Berechnung der Grenzmenge (mit Kostenauflösung)**

Oktober:	1 800 Stck.	$\hat{=}$	255 000,00 €	$\hat{=}$	K_{g1}
November:	1 920 Stck.	$\hat{=}$	264 000,00 €	$\hat{=}$	K_{g2}
	120 Stck.	$\hat{=}$	9 000,00 €	$\hat{=}$	ΔK_v
	1 Stck.	$\hat{=}$	75,00 €	$\hat{=}$	k_v

K_f = K_g ./. $k_v \cdot x$
= 255 000,00 € ./. 75,00 €/Stck. · 1 800 Stck.
= 264 000,00 € ./. 75,00 €/Stck. · 1 920 Stck.
= 120 000,00 €;

Grenzmenge = $\Delta K_f : \Delta k_v$

$$= \frac{120\,000{,}00\,€\ ./.\ (70\,\%\ \text{von}\ 120\,000{,}00\,€)}{99{,}00\,€/\text{Stck}\ ./.\ 75{,}00\,€/\text{Stck.}}$$

= 36 000,00 € : 24,00 €/Stck.
= 1 500 Stck.;

bei 1 500 Stck. besteht Kostengleichheit zwischen Eigenfertigung und Fremdbezug.

4.1 **Berechnung der fehlenden Werte im Rahmen eines Kostenträgerblattes**

	Ist-Wert		Über-/Unterd.	N-Werte	
	%	€	€	%	€
FM		155 000,00			155 000,00
MGK	10	15 500,00	+ 3 100,00	12	18 600,00
MaK		240 900,00	./. 2 900,00		238 000,00
FL		64 000,00			64 000,00
R-FGK	90	57 600,00	./. 3 200,00	85	54 400,00
SEKF		6 000,00			6 000,00
HKA		539 000,00	./. 3 000,00		536 000,00

FM = MK : 1,12
= 173 600,00 € : 1,12
= 155 000,00 €;

Ist-MGK = 10 % von 155 000,00 €
= 15 500,00 €;

N-MGK = 12 % von 155 000,00 €
= 18 600,00 €;

MGK-Abweichung = N-MGK ./. Ist-MGK
= 18 600,00 € ./. 15 500,00 €
= 3 100,00 € ($\hat{=}$ Überdeckung);

FL = R-FGK-Unterdeckung : (Ist-R-FGK-Satz ./. N-R-FGK-Satz)
= 3 200,00 € : 0,05
= 64 000,00 €;

Ist-R-FGK = 90 % von 64 000,00 €
= 57 600,00 €;

N-R-FGK = 85 % von 64 000,00 €
= 54 400,00 €;

Ist-HKA	=	N-HKA + Unterdeckung
	=	536 000,00 € + 3 000,00 €
	=	539 000,00 €;
N-MaK	=	N-HKA ./. N-MK ./. N-FK ./. SEKF
	=	536 000,00 € ./. 173 600,00 € ./. 118 400,00 € ./. 6 000,00 €
	=	238 000,00 €;
Ist-MaK	=	Ist-HKA ./. Ist-MK ./. Ist-FK ./. SEKF
	=	539 000,00 € ./. 170 500,00 € ./. 121 600,00 € ./. 6 000,00 €
	=	240 900,00 €;
MaK-Abweichung	=	N-MaK ./. Ist-MaK
	=	238 000,00 € ./. 240 900,00 €
	=	./. 2 900,00 € (≙ Unterdeckung);
Ma.laufzeit	=	N-MaK : Ma.Std.Satz
	=	238 000,00 € : 125,00 €/h
	=	1 904 h

4.2 **Berechnung der Absatzmenge des Produktes A** für Oktober 2002

BVUE	./. 27 600,00 €	(≙ Best.mehrung ≙ Aufw.minderung)
BVFE	+ 18 600,00 €	
BV	./. 9 000,00 €	(≙ Best.mehrung ≙ Aufw.minderung)

N-HK/Stck.	=	BVFE : Best.veränderung in Stck.
	=	18 600,00 € : 120 Stck.
	=	155,00 €/Stck.;

N-HKA	536 000,00 €	(vgl. 4.1)
BV	./. 9 000,00 €	
N-HKU	527 000,00 €	

Absatzmenge	=	N-HKU : N-HK/Stck.
	=	527 000,00 € : 155,00 €/Stck.
	=	3 400 Stck.;

die verkaufte Menge beträgt 3 400 Stück.

4.3.1 **Berechnung der Selbstkosten und des Rabattsatzes** (im Rahmen einer Angebotskalkulation)

	SK		180,00 €	(= 207,90 € : 115,5 · 100)
+	Gewinn	15,5 %	27,90 €	
=	vVP		207,90 €	(≙ 115,5 %)
+	Provision	2,5 %	5,50 €	
=	BVP		213,40 €	
+	Skonto		6,60 €	
=	ZVP		220,00 €	(= 5,50 € : 2,5 · 100)
+	Rabatt		55,00 €	
=	AP		275,00 €	

Rabattsatz = 55,00 € : 275,00 € · 100 %
= 20 %

4.3.2 **Bestimmung der kurzfristigen Preisuntergrenze ($\triangleq k_v$)**

Als absolute, kurzfristige Preisuntergrenze sind die variablen Stückkosten k_v zu berechnen, das Unternehmen macht dann Verlust in Höhe der Fixkosten;

db = p ./. k_v;

da alle Vertriebskonditionen genutzt werden, muss vom vorläufigen Verkaufspreis ausgegangen werden;

k_v = vVP ./. db
= 207,90 €/Stck. ./. 83,16 €/Stck.
= 124,74 €/Stck.;

die kurzfristige Preisuntergrenze beträgt 124,74 €/Stück.

Abschlussprüfung an Fachoberschulen 2003
Betriebswirtschaftslehre mit Rechnungswesen: Aufgabe III
Marketing

Das Möbelhaus COMFORT AG produziert Wohnzimmer-, Schlafzimmer- und Kinderzimmermöbel. Bei den Wohnzimmermöbeln ist sie Marktführer und erzielt im vergangenen Jahr mit 900 Mio. € Umsatz einen absoluten Marktanteil von 45 %. Der Hauptkonkurrent, die MÖBILIA GmbH, hat mit Wohnzimmermöbeln 500 Mio. € umgesetzt.

1 Ein Ziel der COMFORT AG ist es, jährlich eine Dividende von mehr als 15 % auszuschütten.

1.1* Operationalisieren Sie ein dazu komplementäres ökonomisches Ziel.

1.2* Nennen Sie ein mögliches psychografisches Ziel der COMFORT AG und beurteilen Sie dessen Operationalisierbarkeit.

1.3 Berechnen Sie den relativen Marktanteil der COMFORT AG.

2 Der Fernsehsessel *Romeo* der COMFORT AG durchläuft entsprechend dem nachfolgenden Produktlebenszyklusmodell verschiedene Phasen.

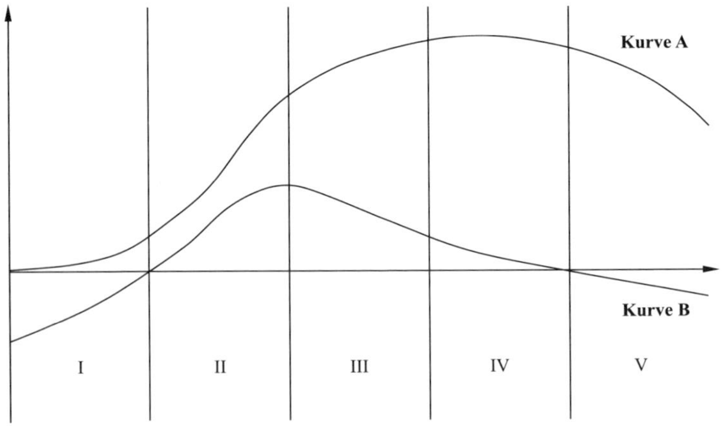

Benennen Sie die Kurven A und B und erläutern Sie den jeweiligen Kurvenverlauf in der Phase I.

3 Die COMFORT AG überlegt auch Einbauküchen herzustellen und wegen des großen Holzbedarfs Forstwirtschaft zu betreiben.

3.1* Zeigen Sie zwei konkrete Quellen der Sekundärforschung auf, die der COMFORT AG Daten als Entscheidungshilfe für die geplante Einbauküchenfertigung liefern könnten.

3.2 Benennen Sie die beschriebenen produktpolitischen Maßnahmen mit den entsprechenden Fachbegriffen und erläutern Sie je einen Vorteil dieser Vorhaben.

4 Die COMFORT AG vertreibt bisher ihr Produkt *Wasserbett* durch einen Reisenden, der ein monatliches Fixum von 2 000,00 € sowie eine Umsatzprovision erhält. Das Produkt wird zum Stückpreis von 3 000,00 € verkauft. Die Geschäftsleitung erwägt, statt des Reisenden (R) einen Handelsvertreter (HV) einzusetzen. Folgendes Kostendiagramm liegt als Entscheidungshilfe vor:

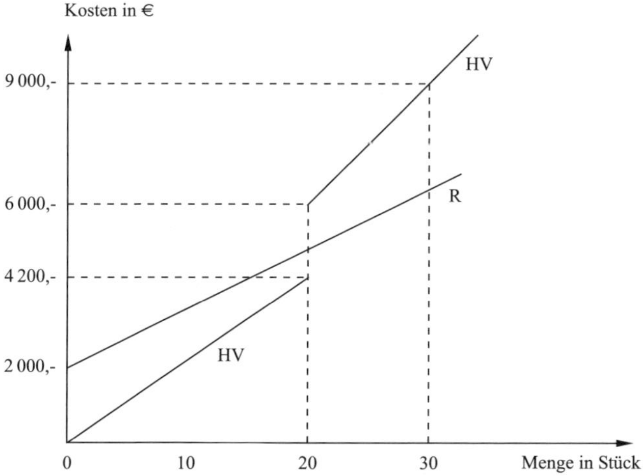

4.1 Erläutern Sie anhand von Umsatz- und Stückzahlen, unter welcher Voraussetzung sich eine Umstellung auf einen Handelsvertreter lohnt.

4.2 Berechnen Sie die Provisionssätze (in Prozent) für den Handelsvertreter, die dem obigen Kostendiagramm zugrunde liegen.

Lösung

1.1 Operationalisierung eines komplementären, ökonomischen Zieles

Ein ökonomisches Ziel ist ein leicht messbares Ziel, ein komplementäres Ziel ist ein Ziel, das der Erreichung eines anderen Zieles förderlich ist.
Ein operationalisiertes Ziel ist hinsichtlich des Zielinhalts, des Zielausmaßes und des Zeitraums genau festgelegt, z. B.:
Umsatzsteigerung im Bereich Wohnzimmermöbel (Zielinhalt) um 10 % (Zielausmaß) im nächsten Geschäftsjahr (Zeitbezug).

1.2 Operationalisierbarkeit eines psychografischen Zieles

Ein psychografisches Ziel ist auch operationalisierbar, aber die Zielerreichung ist nur schwer messbar.
Psychografische Ziele sind oft eine wichtige Voraussetzung für die Erreichung der ökonomischen Ziele, z. B.:
Steigerung des Bekanntheitsgrades (Zielinhalt) um 25 % (Zielausmaß) in den nächsten zwei Jahren (Zeitbezug).

1.3 **Berechnung des relativen Marktanteils**

Der relative Marktanteil vergleicht den eigenen Anteil mit dem des stärksten Konkurrenten;

rel. Marktanteil = eigener Umsatz : Umsatz des stärksten Konkurrenten
= 900 Mio. € : 500 Mio. €
= 1,8

2 **Produktlebenszyklusmodell in der Phase I**

Kurve A zeigt den idealtypischen Verlauf der Umsatzentwicklung, Kurve B den Gewinnverlauf. In der Phase I ist der Bekanntheitsgrad des neuen Produktes noch gering, folglich auch der Umsatz; dem stehen hohe Kosten für die Markteinführung (Werbung, Distribution) gegenüber, was zu Anfangsverlusten führt; erst gegen Ende der Phase I kommt es zur Kostendeckung.

3.1 **Quellen der Sekundärforschung**

Die Sekundärforschung greift kostengünstig auf schon vorhandene Daten zurück, z. B.: Einschätzung der Erfolgsaussichten für das neue Geschäftsfeld aufgrund eigener Erfahrungen und der Entwicklung der Kosten (Rechnungswesen) und der Umsätze (Verkauf) der bisherigen Geschäftsfelder; Berichte von Außendienstmitarbeitern über mögliche diesbezügliche Anfragen von Kunden; Informationen aus amtlichen Statistiken über die Entwicklung der Baugenehmigungen von Wohnhäusern.

3.2 **Maßnahmen der Produktpolitik**

Die Herstellung von Einbauküchen stellt eine horizontale Produktdiversifikation (sachlicher Zusammenhang, gleiche Wirtschaftsstufe) dar; ein Vorteil ist, dass das bisher erworbene Wissen im Fertigungs- und Marketingbereich weiter erfolgversprechend eingesetzt und positive Synergieeffekte (z. B. die gute Produktqualität) der bisherigen Produktgruppen genutzt werden können.
Das Betreiben von Forstwirtschaft bedeutet eine vertikale Produktdiversifikation (sachlicher Zusammenhang, vorgelagerte Wirtschaftsstufe) und den Einstieg in ein ganz neues Geschäftsfeld mit entsprechend großen Möglichkeiten (aber auch Risiken): Weiteres Standbein zur Verteilung des Risikos, Unabhängigkeit von Holzlieferanten, neuer Absatzmarkt.

4.1 **Reisender oder Handelsvertreter?**

Die kritische Menge liegt bei einem Absatz von 20 Betten bzw. bei einem Umsatz von 60 000,00 € (= 20 Stck. · 3 000,00 €/Stck.) pro Rechnungsperiode. Bei einem geringeren Absatz bzw. Umsatz ist der Handelsvertreter, bei einem größeren der Reisende kostengünstiger.

4.2 **Berechnung der Provisionssätze für den Handelsvertreter**

Prov.satz bei 20 Stck. = Provision : Umsatz
= 4 200,00 € : (20 Stck. · 3 000,00 €/Stck.) · 100%
= 7 %;

Prov.satz bei 30 Stck. = 9 000,00 € : (30 Stck. · 3 000,00 €/Stck.) · 100 %
= 10 %;

bei einer Stückzahl von 20 Betten steigt der Provisionssatz von 7 % auf 10 %.

Abschlussprüfung an Fachoberschulen 2004
Betriebswirtschaftslehre mit Rechnungswesen: Aufgabe I
Geschäftsbuchführung und Jahresabschluss

In der WOHNLAND AG, einem industriellen Möbelhersteller, ist die Finanzbuchführung für das Geschäftsjahr 2003 (01. 01.–31. 12.) zu vervollständigen.
Die erforderlichen Buchungssätze sind mit vierstelligen Kontonummern laut IKR und den jeweiligen Beträgen zu erstellen. Der Umsatzsteuersatz beträgt 19 % bzw. 7 %.
Die WOHNLAND AG schöpft alle einkommensteuerrechtlichen Möglichkeiten aus, um den Gewinnausweis für das Jahr 2003 zu minimieren.

1 Die WOHNLAND AG bezieht die für die Herstellung ihrer Ledersofas und -sessel benötigten Lederhäute ausschließlich von der LEATHER & MORE GmbH. Am 02. 10. 2003 geht bei der WOHNLAND AG eine Rechnung für 200 Lederhäute zum Listenpreis von 120,00 €/Stück zuzüglich 50,00 € für die Verpackung und 500,00 € an Frachtkosten ein (alle Beträge netto). Der Lieferant gewährt einen Rabatt in Höhe von 10 %.
Die Rechnung ist innerhalb von 10 Tagen unter Abzug von 2 % Skonto oder innerhalb von 30 Tagen rein netto zu bezahlen.

1.1 Buchen Sie die Eingangsrechnung vom 02. 10. 2003.

1.2 Wegen diverser Gerbfehler im Leder schickt die WOHNLAND AG 10 Lederhäute am 06. 10. 2003 gegen Gutschrift an den Lieferanten zurück. Die Transport- und Verpackungskosten werden vereinbarungsgemäß anteilig gekürzt.

Buchen Sie die Rücksendung.

1.3 Buchen Sie den Rechnungsausgleich am 10. 10. 2003 per Banküberweisung.

1.4 Im Jahr 2003 hat die WOHNLAND AG außerdem (vgl. 1.1–1.3) bereits folgende Zugänge an Lederhäuten gebucht:

Datum	Menge	Warenwert
10. 01. 2003	400 Stück	39 600,00 €
23. 06. 2003	300 Stück	33 750,00 €

Die Bezugskosten für diese beiden Zugänge betrugen insgesamt 1 900,88 € netto. Zum Jahresende erhält die WOHNLAND AG von der LEATHER & MORE GmbH einen Bonus in Höhe von 5 % auf den Warenwert aller Lieferungen im Jahr 2003.
In der Schlussbilanz 2002 wurde der Bestand an Lederhäuten von 120 Stück mit 10 800,00 € bewertet.

1.4.1 Zum 31. 12. 2003 sind noch 100 Lederhäute vorhanden.

Ermitteln und begründen Sie den Bilanzansatz, wenn der Marktpreis wegen der Entwicklung eines neuen Gerbverfahrens am Bilanzstichtag nur noch 82,00 € je Stück beträgt und voraussichtlich nicht mehr steigen wird. Die WOHNLAND AG wendet bei der Bewertung der Vorräte das Durchschnittsverfahren an.

1.4.2 Buchen Sie die Bestandsveränderung zum 31. 12. 2003.

2 Am 05. 05. 2003 erwirbt die WOHNLAND AG ein 3 750 m² großes Grundstück, das mit einem Betriebsgebäude bebaut ist, für insgesamt 2,5 Mio. €. Zusätzlich fallen an:
- Grunderwerbssteuer von 3,5 %
- Gebühren für die Grundbucheintragung (3 000,00 € davon betreffen das Grundstück)
- Notargebühren in Höhe von 17 850,00 € brutto, von denen 5 355,00 € brutto auf das Grundstück entfallen.

2.1 Ermitteln Sie die Anschaffungskosten des Grundstücks und des Betriebsgebäudes.

2.2 Buchen Sie alle mit dem Kauf des Grundstücks anfallenden Vorgänge, wenn die Finanzierung durch ein langfristiges Darlehen erfolgt.

2.3 Der Teilwert des Grundstücks liegt aufgrund eines geänderten Bebauungsplanes am 31. 12. 2003 bei 220,00 € /m². Die betriebsgewöhnliche Nutzungsdauer des Gebäudes beträgt 33 1/3 Jahre.

Ermitteln und begründen Sie den Wertansatz für das Grundstück sowie für das Betriebsgebäude zum 31. 12. 2003 und nehmen Sie die erforderliche(n) Vorabschlussbuchung(en) vor.

3 Am 14. 02. 2003 erwarb die WOHNLAND AG gegen Rechnung sechs identische Kreissägen zum Sonderpreis von insgesamt 2 700,00 € netto. Die Lieferung erfolgte frei Haus. Die Rechnung wurde innerhalb von 10 Tagen ohne Skontoabzug beglichen. Beim Auspacken wurde festgestellt, dass eine der sechs Kreissägen leicht beschädigt war. Für diese Säge wurde ein Nachlass von 45,00 € netto gewährt.

3.1 Am 31. 12. 2003 veräußert die WOHNLAND AG zwei der am 14. 02. 2003 erworbenen und nicht beschädigten Kreissägen zum Stückpreis von 430,00 € netto gegen Barzahlung.

Buchen Sie den Vorgang.

3.2 Begründen Sie die Abschreibung der Kreissägen zum 31. 12. 2003. Die betriebsgewöhnliche Nutzungsdauer der Kreissägen beträgt 16 Jahre.

4 Die Saldenbilanz der WOHNLAND AG weist am 31. 12. 2003 vor den Vorabschlussbuchungen unter anderem folgende Werte in Euro aus:

Konto	Soll	Haben
2400 Forderungen a. L. u. L	2 011 100,00	
3670 EWB		115 400,00
3680 PWB		26 900,00

Folgende Forderungen wurden im Laufe des Jahres 2003 als zweifelhaft eingestuft:

Datum	Kunde	Gesamtforderung (brutto)	voraussichtlicher Ausfall
21. 02. 2003	SB-MÖBEL-MARKT	64 260,00 €	60 %
16. 05. 2003	MÖBEL PERFECT	90 440,00 €	70 %
24. 10. 2003	NORDIC MÖBEL	?	30 %

Für die restlichen Forderungen setzt die WOHNLAND AG einen Delkrederesatz von 1,5 % an, wodurch sich eine Herabsetzung der Pauschalwertberichtigung um 5 750,00 € ergibt.

4.1 Ermitteln Sie die Höhe der zum 31. 12. 2003 erforderlichen EWB und PWB.

4.2 Führen Sie die im Zusammenhang mit der EWB notwendigen Vorabschlussbuchungen durch.

5 Im Jahr 2002 wurde die WOHNLAND AG in einen Rechtsstreit verwickelt. Am 22. 12. 2003 schließt sie den Vorgang mit folgender Buchung ab:

3930	6 000,00 €	an	2800	8 412,00 €
6770	1 500,00 €			
2600	912,00 €			

Erklären Sie anhand der Buchung den gesamten Sachverhalt unter besonderer Berücksichtigung des Vorsteuerbetrages.

6 Die Bilanz der WOHNLAND AG zeigt zum 31. 12. 2003 vor Gewinnverwendung u. a. folgende Werte in Euro:

Gezeichnetes Kapital	9 000 000,00 €
Kapitalrücklage	300 000,00 €
Gesetzliche Rücklage	?
Andere Gewinnrücklagen	920 000,00 €
Verlustvortrag aus dem Vorjahr	?
Jahresüberschuss	800 000,00 €

Folgende Gewinnverwendung ist vorgesehen:
In die gesetzliche Rücklage sind 35 000,00 € einzustellen. Dadurch wird der nach Aktiengesetz erforderliche Höchstbetrag erreicht. Den anderen Gewinnrücklagen werden 65 000,00 € zugeführt.
Die Dividende je Aktie im Nennwert von 5,00 € soll 0,35 € betragen.

6.1* Berechnen Sie den Bestand der gesetzlichen Rücklage vor Gewinnverwendung.

6.2 Berechnen Sie den Verlustvortrag aus dem Vorjahr, wenn sich nach Ausschüttung der Dividende ein Gewinnvortrag von 15 000,00 € ergibt.

6.3* Die Gewinn- und Verlustrechnung weist für 2003 Umsatzerlöse in Höhe von 40 200 000,00 € aus.

Berechnen Sie die Umsatzrentabilität bezogen auf den Jahresüberschuss für das Jahr 2003 und nennen Sie eine konkrete Maßnahme zur Steigerung der Umsatzrentabilität, die die WOHNLAND AG ergreifen könnte.

Lösung

1.1 **Buchung der Eingangsrechnung** vom 02. 10. 2003

(6000)	21 600,00 €	/		
(6001)	550,00 €	/		
(2600)	4 208,50 €	/	(4400)	26 358,50 €

1.2 **Buchung der Rücksendung** vom 06. 10. 2003

10 Lederhäute = 21 600,00 € : 200 Stck. · 10 Stck.
= 1 080,00 €;

anteilige Bezugskosten = 550,00 € : 200 Stck. · 10 Stck.
= 27,50 €

(4400)	1 317,93 €	/	(6000)	1 080,00 €
		/	(6001)	27,50 €
		/	(2600)	210,43 €

1.3 **Buchung des Rechnungsausgleichs** mit Skontoabzug vom 10. 10. 2003

Skonto = 2 % von (21 600,00 € ./. 1 080,00 €)
= 410,40 €

(4400)	25 040,57 €	/	(6002)	410,40 €
		/	(2600)	77,98 €
		/	(2800)	24 552,19 €

1.4.1 **Ermittlung des Bilanzansatzes für die restlichen 100 Lederhäute**

Zum Vergleich mit dem aktuellen Teilwert ist der gewogene Durchschnittspreis zu ermitteln:

AB vom 01. 01.	120 Stck.	10 800,00 €	
+ Zugang vom 10. 01.	400 Stck.	39 600,00 €	
+ Zugang vom 23. 06.	300 Stck.	33 750,00 €	
+ Zugang vom 02. 10.	200 Stck.	21 600,00 €	
./. Rücksendung v. 06. 10.	10 Stck.	1 080,00 €	
./. Skonto vom 10. 10.		410,40 €	
+ ANK vom 02. 10.		522,50 €	(550,00 € ./. 27,50 €)
+ ANK v. 10. 01. u. 23. 06.		1 900,88 €	
./. Bonus		4 672,98 €	(s. u.)
= AK	1 010 Stck.	102 010,00 €	

Bonus = 5 % von (Zukäufe ./. Rücksendung ./. Skonto)
= 5 % von (39 600,00 + 33 750,00 + 21 600,00 ./. 1 080,00 ./. 410,40) €
= 4 672,98 €;

AK/Stck. = gesamte AK : gesamte Stückzahl
= 102 010,00 € : 1 010 Stck.
= 101,00 €/Stck. > 82,00 €/Stck. = TW;

da die Wertminderung voraussichtlich von Dauer ist, muss der niedrigere Teilwert angesetzt werden:

BA'03 = TW/Stck. · Restbestand
= 82,00 €/Stck. · 100 Stck.
= 8 200,00 €

1.4.2 **Buchung der Bestandsveränderung**

BV = AB ./. SB
= 10 800,00 € ./. 8 200,00 €
= 2 600,00 €

(6000)	2 600,00 €	/	(2000)	2 600,00 €

2.1 **Ermittlung der Anschaffungskosten des Grundstücks und des Gebäudes**

Grundstücksanteil = 5 355,00 € : 17 850,00 €
≙ 30 % (vgl. Anteile der Notarkosten);

Grundstückswert = 30 % vom Gesamtkaufpreis
= 30 % von 2 500 000,00 €
= 750 000,00 €;

Gebäudewert = 70 % von 2 500 000,00 €
= 1 750 000,00 €

Die Anschaffungsnebenkosten sind anteilig auf das Grundstück und das Gebäude aufzuteilen.

ANK = Grunderwerbssteuer + Grundbuchgebühren + Notarkosten
= (3,5 % von 2 500 000,00 €) + (3 000,00 € : 30 % · 100 %) + (17 850,00 € : 1,19)
= 87 500,00 € + 10 000,00 € + 15 000,00 €
= 112 500,00 €;

Anschaffungskosten = Kaufpreis + anteilige Anschaffungsnebenkosten;

AK für das Grundstück = 750 000,00 € + 30 % von 112 500,00 €
= 783 750,00 €;

AK für das Gebäude = 1 750 000,00 € + 70 % von 112 500,00 €
= 1 828 750,00 €

2.2 **Buchung des Immobilienkaufs**

Die Notarkosten unterliegen der Mehrwertsteuerpflicht.

(0510)	783 750,00 €	/		
(0530)	1 828 750,00 €	/		
(2600)	2 850,00 €	/	(4250)	2 615 350,00 €

2.3 **Ermittlung des Bilanzansatzes für das Grundstück**

TW = 220,00 €/m² · 3 750 m²
= 825 000,00 € > 783 750,00 € = AK

Die Anschaffungskosten für das Grundstück stellen die absolute Wertobergrenze dar, der höhere Teilwert darf nicht angesetzt werden, eine Zuschreibung ist hier nicht zulässig.

BA = 783 750,00 €

Ermittlung des Bilanzansatzes für das Gebäude

Gebäude werden grundsätzlich linear und monatsgenau abgeschrieben.

AfA-Satz = 100 % : ND
= 100 % : 33 ⅓ Jahre
= 3 % pro Jahr

AK '03	1 828 750,00 €	
./. AfA '03	36 575,00 €	(= 1 828 750,00 € : 33 ⅓ J. : 12 Mon./J. · 8 Mon.)
= RW '03	1 792 175,00 €	= BA '03

Vorabschlussbuchung:

(6520)	36 575,00 €	/	(0530)	36 575,00 €

3.1 **Buchung des Verkaufs von zwei Kreissägen**

Verkaufsbuchung bei einem Stückerlös von 430,00 €:

(2880)	1 023,40 €	/	(5410)	860,00 €
		/	(4800)	163,40 €

Die sogenannte Erfolgsbuchung (Anschaffungskosten pro Stück von 450,00 €) lässt den Wert des Sammelpostens für geringwertige Wirtschaftsgüter unberührt:

(5410)	860,00 €	/	(5460)	860,00 €

3.2 **Begründung der Abschreibung der Kreissägen**

Der § 6 Abs. 2 a EStG schreibt vor, dass alle neu angeschafften oder hergestellten abnutzbaren, selbstständig nutzbaren und beweglichen Wirtschaftsgüter eines Geschäftsjahres, deren Anschaffungs- oder Herstellungskosten 150,– €, aber nicht 1 000,– € übersteigen, zwingend in einen jahrgangsbezogenen Sammelposten (Konto 0890) einzustellen sind. Dieser Sammelposten wird pauschal mit 20 % pro Jahr, also über fünf Jahre linear abgeschrieben; dabei spielen der Anschaffungsmonat und die betriebsgewöhnliche Nutzungsdauer keine Rolle (Abschreibungskonto 6540). Ein vorzeitiges Ausscheiden eines Wirtschaftsgutes aus dem Betriebsvermögen beeinflusst den Wert des Sammelpostens nicht.

4.1 **Berechnung der erforderlichen Einzel- und Pauschalwertberichtigung**

Ermittlung der notwendigen Pauschalwertberichtigung:

Notwendige PWB	21 150,00 € ↑	(= 26 900,00 € ./. 5 750,00 €)
vorhandene PWB	26 900,00 €	(geg.)
≙ Herabsetzung	5 750,00 €	(geg.)

Die notwendige Pauschalwertberichtigung beträgt 21 150,00 €.

Berechnung der fehlenden zweifelhaften Forderung:

Forderungen lt. Saldenbilanz	2 011 100,00 €	
./. zweifelhafte Forderung	64 260,00 €	(SB-Möbel-Markt)
./. zweifelhafte Forderung	90 440,00 €	(Möbel Perfect)
./. zweifelhafte Forderung	178 500,00 € ↑	(Nordic Möbel)
= einwandfreie Forderungen, brutto	1 677 900,00 €	(= 1 410 000,00 € · 1,19)
≙ einwandfreie Forderungen, netto	1 410 000,00 €	(= 21 150,00 € : 1,5 · 100)
notwendige PWB	21 150,00 €	(s. o.)

Die zweifelhafte Forderung gegenüber Nordic Möbel beträgt brutto 178 500,00 €.

Ermittlung der notwendigen Einzelwertberichtigung:

Bruttoforderung	Nettoforderung	voraussichtlicher Ausfall
64 260,00 €	54 000,00 €	60 % ≙ 32 400,00 €
90 440,00 €	76 000,00 €	70 % ≙ 53 200,00 €
178 500,00 €	150 000,00 €	30 % ≙ 45 000,00 €
		130 600,00 € = notw. EWB
		115 400,00 € = vorh. EWB
		15 200,00 € ≙ Erhöhung

Die notwendige Einzelwertberichtigung beträgt 130 600,00 €.

4.2 **Buchungen der Einzelwertberichtigung**

(6952)	15 200,00 €	/	(3670)	15 200,00 €
(3670)	130 600,00 €	/	(2400)	130 600,00 €

5 **Erklärung der Rückstellung**

Während des Jahres 2002 wurde wegen eines laufenden Rechtsstreits eine Rückstellung in Höhe von 6 000,00 € (netto) gebildet. Im Dezember 2003 stellt sich heraus, dass die tatsächlichen Kosten 7 500,00 € (netto) betragen; die Rückstellung wird nun aufgelöst, der Mehraufwand von 1 500,00 € (netto) auf dem Konto 6770 (Rechts- und Beratungskosten) verbucht und der Gesamtrechnungsbetrag von 8 412,00 € (brutto) per Bank überwiesen. Die erst jetzt fällige Vorsteuer berechnet sich nicht aus dem gesamten Nettobetrag (= 7 500,00 €), sondern nur aus den z. B. mehrwertsteuer**pflichtigen** Anwaltskosten von 4 800,00 € (= 912,00 € : 19 % · 100 %); der Differenzbetrag von 2 700,00 € (= 7 500,00 € ./. 4 800,00 €) fällt auf z. B. mehrwertsteuer**freie** Gerichtsgebühren.

6.1 **Berechnung der gesetzlichen Rücklage vor der Gewinnverwendung**

Gemäß den Vorschriften des Aktiengesetzes müssen jährlich 5 % vom Jahresüberschuss abzüglich eines evtl. bestehenden Verlustvortrages aus dem Vorjahr in die gesetzliche Rücklage eingestellt werden, bis die Kapital- und die gesetzliche Rücklage zusammen 10 % des gezeichneten Kapitals ausmachen.

10 % vom gezeichneten Kapital	900 000,00 €	(≙ Höchstbetrag)
./. vorhandene Kapitalrücklage	300 000,00 € ↓	(geg.)
./. vorhandene gesetzliche Rücklage (AB)	565 000,00 € ↑	
= Einstellung in die gesetzliche Rücklage	35 000,00 €	(geg.)

Da der vorgeschriebene Höchstbetrag durch die Einstellung in die gesetzliche Rücklage erreicht wurde, muss die gesetzliche Rücklage vor der Einstellung 565 000,00 € betragen haben.

6.2 **Berechnung des Verlustvortrages aus dem Vorjahr**

Jahresüberschuss	800 000,00 €	(geg.)
./. Verlustvortrag (Vorjahr)	55 000,00 € ↓	
./. Einstellung in gesetzl. Rücklage	35 000,00 € ↑	(geg.)
./. Einstellung in andere Rücklagen	65 000,00 €	(geg.)
= Bilanzgewinn	645 000,00 €	
./. Dividende	630 000,00 €	(s. u.)
= Gewinnvortrag (nächstes Jahr)	15 000,00 €	(geg.)

Dividende = Anzahl der Aktien · Dividende pro Aktie
= (gez. Kapital : Nennwert pro Aktie) · Dividende pro Aktie
= 9 000 000,00 € : 5,00 €/Aktie · 0,35 €/Aktie
= 1 800 000 Aktien · 0,35 €/Aktie
= 630 000,00 €

Der Verlustvortrag aus dem Vorjahr beträgt 55 000,00 €.

Da der vorgeschriebene Höchstbetrag durch die Einstellung in die gesetzliche Rücklage erreicht wurde, muss die gesetzliche Rücklage vor der Einstellung 565 000,00 € betragen haben.

6.2 Berechnung des Verlustvortrages aus dem Vorjahr

Jahresüberschuss	800 000,00 €	(geg.)
./. Verlustvortrag (Vorjahr)	55 000,00 €	
./. Einstellung in gesetzl. Rücklage	35 000,00 €	(geg.)
./. Einstellung in andere Rücklagen	65 000,00 €	(geg.)
= Bilanzgewinn	645 000,00 €	
./. Dividende	630 000,00 €	(s. u.)
= Gewinnvortrag (nächstes Jahr)	15 000,00 €	(geg.)

Dividende = Anzahl der Aktien · Dividende pro Aktie
= (gez. Kapital : Nennwert pro Aktie) · Dividende pro Aktie
= 9 000 000,00 € : 5,00 €/Aktie · 0,35 €/Aktie
= 1 800 000 Aktien · 0,35 €/Aktie
= 630 000,00 €

Der Verlustvortrag aus dem Vorjahr beträgt 55 000,00 €.

6.3 Berechnung der Umsatzrentabilität und Möglichkeiten zur Verbesserung

Umsatzrentabilität = Jahresüberschuss : Umsatzerlöse
= 800 000,00 € : 40 200 000,00 € · 100 %
= 1,99 %

Möglichkeiten zur Steigerung der Umsatzrentabilität liegen in der Reduzierung der Kosten, z. B. durch:
- niedrigere Beschaffungspreise für die notwendigen Produktionsfaktoren
- eine Verringerung des Materialverbrauchs oder
- eine Verbesserung der Fertigungsorganisation.

Abschlussprüfung an Fachoberschulen 2004
Betriebswirtschaftslehre mit Rechnungswesen: Aufgabe II
Voll- und Teilkostenrechnung

Die FUTURA AG ist ein Unternehmen, das innovative Produkte im Hightech-Bereich produziert und vertreibt.

1 Die FUTURA AG plant die Fertigung eines neuen Produktes *Alpha*.
Die Abteilung Kostenrechnung kalkuliert dabei für das 1. Quartal folgende Kosten:

Materialkosten	48 000,00 €
Fertigungslöhne	15 000,00 €
Fertigungsgemeinkosten	80 000,00 €
Herstellkosten der Abrechnungsperiode	144 000,00 €

Der Materialgemeinkostenzuschlagsatz beträgt 20 %. Bei den Fertigungsgemeinkosten sind 80 % maschinenabhängig, der Rest ist lohnabhängig.

1.1 Für die Fertigung des Produktes *Alpha* wird eine spezielle Aufhängevorrichtung benötigt.

Ermitteln Sie die Höhe der dafür angesetzten Sondereinzelkosten der Fertigung in der Vorkalkulation.

1.2 Die Kapazitätsgrenze für *Alpha* liegt bei 8 000 Maschinenstunden im Quartal.
Die Maschinen werden voraussichtlich nur zu 50 % ausgelastet sein.

Berechnen Sie den in der Vorkalkulation angesetzten Maschinenstundensatz.

1.3 Am Ende des 1. Quartals wird festgestellt, dass die kalkulierten Herstellkosten der Abrechnungsperiode exakt eingehalten wurden, obwohl im Materialbereich und bei den Restfertigungsgemeinkosten jeweils eine Kostenüberdeckung in Höhe von 2 000,00 € vorliegt.

Erklären Sie diesen Sachverhalt.

2 Bei dem Produkt *Beta* geht die FUTURA AG von folgenden Werten aus:

Kosten bzw. Preis	in €/Stück
Selbstkosten	180,00
Angebotspreis	250,00
Fertigungsmaterial	30,00
Fertigungslöhne	50,00
Entwicklungskosten	6,00
Spezialverpackung	4,00

Zuschlagsätze	in %
Rabatt	10
Kundenskonto	3
Materialgemeinkosten	20
Fertigungsgemeinkosten	136
Vertreterprovision	7

Im Material- und Fertigungsbereich sind 50 % der Gemeinkosten variabel.
Bei den Verwaltungs- und Vertriebsgemeinkosten beträgt der variable Anteil 20 %.

2.1 Ermitteln Sie den Gewinnzuschlag in Prozent, der für Produkt *Beta* angesetzt wird.

2.2 Berechnen Sie den Rabattsatz, der einem Kunden eingeräumt werden könnte, wenn die FUTURA AG auf einen Gewinnzuschlag verzichten würde.

2.3 Ermitteln Sie die kurzfristige Preisuntergrenze für das Produkt *Beta*.

3 Die FUTURA AG produziert im Zweigwerk I das Produkt *Gamma*, für das folgendes Diagramm vorliegt. Die Fixkosten betragen 100 000,00 €. Der Stückpreis liegt bei 150,00 €.

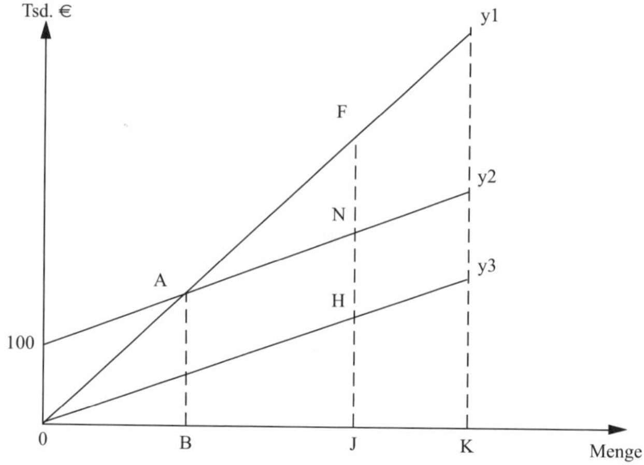

B: Break-even-Menge (1 000 Stück)
J: derzeitige Auslastung (2 000 Stück)
K: Kapazitätsgrenze

3.1 Geben Sie an, worum es sich bei den parallelen Geraden y^2 und y^3 handelt und begründen Sie Ihre Entscheidung.

3.2 Begründen Sie, um welche Größen es sich bei den folgenden Strecken handelt:

a) Strecke $\overline{HN}$

b) Strecke $\overline{HF}$

c) Strecke $\overline{NF}$

3.3 Berechnen Sie die variablen Stückkosten für das Produkt *Gamma*.

3.4 Berechnen Sie den bei der derzeitigen Auslastung erzielten Gewinn.

4 Die Kapazität des Zweigwerkes II der FUTURA AG, in dem nur das Produkt *Delta* gefertigt wird, ist auf 200 000 Stück ausgelegt. Aufgrund der Marktlage konnte die Kapazität im Monat April nur zu 90 % ausgelastet werden, wobei bei einem Gesamtumsatz von 3 600 000,00 € Gesamtkosten in Höhe von 3 300 000,00 € anfielen. Die variablen Stückkosten betragen 15,00 €.

4.1 Ermitteln Sie, bei welchem Beschäftigungsgrad Vollkostendeckung erreicht wird.

4.2 Für den Monat Mai strebt das Unternehmen bei unveränderter Kostenstruktur und unverändertem Stückerlös eine Gewinnerhöhung um 10 % gegenüber dem Vormonat an.

Berechnen Sie die dafür erforderliche Absatzsteigerung in Prozent.

Lösung

1.1 Ermittlung der Sondereinzelkosten der Fertigung

MK	48 000,00 €	(= FM + MGK; geg.)
FL	15 000,00 €	(geg.)
FGK	80 000,00 €	(geg.)
SEKF	1 000,00 €	
HKA	144 000,00 €	(geg.)

Die Sondereinzelkosten der Fertigung betragen 1 000,00 €.

1.2 Berechnung des Maschinenstundensatzes

$$\text{Maschinenstundensatz} = \frac{\text{Maschinenkosten}}{\text{Maschinenlaufzeit}}$$

$$= \frac{80\ \%\ \text{der FGK}}{50\ \%\ \text{der maximalen Kapazität}}$$

$$= \frac{80\ \%\ \text{von}\ 80\,000{,}00\ €}{50\ \%\ \text{von}\ 8\,000\ \text{h}}$$

$$= 16{,}00\ €/\text{h}$$

1.3 Erklärung des Ausgleichs zwischen Normal- und Ist-Kosten

Wenn sich bei den Herstellkosten der Abrechnungsperiode keine Abweichung zwischen den Normal- und Ist-Werten ergibt, muss sich die Kosten**über**deckung bei den Material- und Restfertigungsgemeinkosten von zusammen 4 000,00 € durch eine **Unter**deckung bei den maschinenabhängigen Fertigungsgemeinkosten (Maschinenkosten) von ebenfalls 4 000,00 € wieder ausgleichen.

2.1 Ermittlung des Gewinnzuschlags

SK		180,00 €	(geg.)
+ Gewinn		22,50 €	
= vVP		202,50 €	
+ Provision	7 %	15,75 €	(= 7 % von 225,00 €)
= BVP		218,25 €	
+ Skonto	3 %	6,75 €	(= 3 % von 225,00 €)
= ZVP		225,00 €	
+ Rabatt	10 %	25,00 €	(= 10 % von 250,00 €)
= AP		250,00 €	(geg.)

Der Gewinnzuschlag beträgt 12,50 % (= 22,50 € : 180,00 € · 100 %).

2.2 **Berechnung des Rabattsatzes**

SK		180,00 €	(geg.)
+ Gewinn	0 %	0,00 €	
= vVP		180,00 €	(≙ 90 %)
+ Provision	7 %	14,00 €	
= BVP		194,00 €	(≙ 97 %; 180,00 € : 90 % · 97 %)
+ Skonto	3 %	6,00 €	
= ZVP		200,00 €	(≙ 100 %; 180,00 € : 90 % · 100 %)
+ Rabatt		50,00 €	
= AP		250, 00 €	(geg.)

Der Rabattsatz beträgt 20 % (= 50,00 € : 250,00 € · 100 %).

2.3 **Ermittlung der kurzfristigen Preisuntergrenze**

Kurzfristig muss der Verkaufspreis mindestens die variablen Stückkosten decken; die Einzelkosten sind voll variable Kosten, die Gemeinkosten dagegen sind Mischkosten, d. h. teils variable, teils fixe Kosten.

$p_{kurz} = k_v$

	gesamte Kosten	variable Kosten	
FM	30,00 €	30,00 €	
MGK 20 %	6,00 €	3,00 €	(= 50 % von 6,00 €)
FL	50,00 €	50,00 €	
FGK 136 %	68,00 €	34,00 €	(= 50 % von 68,00 €)
SEKF	6,00 €	6,00 €	
HK	160,00 €	123,00 €	
VwVtGK	16,00 €	3,20 €	(= 20 % von 16,00 €)
SEKVt	4,00 €	4,00 €	
SK	180,00 €	130,20 €	(= k_v)

Die kurzfristige Preisuntergrenze beträgt 130,20 €.

3.1 **Erklärung des Diagramms**

Das Diagramm stellt den Verlauf der Gesamterlöse (y1), der gesamten Kosten (y2) und der variablen Gesamtkosten (y3) in Abhängigkeit von der verkauften bzw. produzierten Menge dar. Die gesamten Kosten (y2) beginnen in Höhe der Fixkosten, die variablen Gesamtkosten (y3) beginnen im Ursprung; beide Geraden verlaufen parallel zueinander, da die Steigung bei beiden Funktionen durch dieselben variablen Stückkosten bestimmt wird.

Die Erlösgerade (y1) schneidet die Gesamtkostengerade (y2) im Break-Even-Point (A).

3.2 **Erklärung der verschiedenen Strecken**

Bei der Strecke $\overline{HN}$ handelt es sich um die fixen Gesamtkosten als Differenz zwischen den Gesamtkosten und den variablen Gesamtkosten.

Die Strecke $\overline{HF}$ beschreibt den Gesamtdeckungsbeitrag als Differenz zwischen den Gesamterlösen und den variablen Gesamtkosten.

Die Strecke $\overline{NF}$ zeigt den Gesamtgewinn als Differenz zwischen den Gesamterlösen und den Gesamtkosten.

3.3 **Berechnung der variablen Stückkosten**

$db = p \text{ ./. } k_v;$
$k_v = p \text{ ./. } db;$
$p = 150{,}00 \text{ €/Stck.}$
$x_m = K_f : db;$
$db = K_f : x_m$
$= 100\,000{,}00 \text{ €} : 1\,000 \text{ Stck.}$
$= 100{,}00 \text{ €/Stck.}$
$k_v = 150{,}00 \text{ €/Stck. ./. } 100{,}00 \text{ €/Stck.}$
$= 50{,}00 \text{ €/Stck.}$

3.4 **Berechnung des erzielten Gewinns**

Gewinn (bei 2 000 Stck.) $= DB \text{ ./. } K_f$
$= db \cdot x \text{ ./. } K_f$
$= 100{,}00 \text{ €/Stck.} \cdot 2\,000 \text{ Stck. ./. } 100\,000{,}00 \text{ €}$
$= 100\,000{,}00 \text{ €}$

4.1 **Ermittlung des Beschäftigungsgrades für Vollkostendeckung**

Vollkostendeckung wird mit der Gewinnschwellenmenge x_m erzielt, bei der der Verkaufspreis p gerade die gesamten Stückkosten k_g (= $k_v + k_f$) abdeckt.

$x_m = K_f : db;$
$K_f = K_g \text{ ./. } k_v \cdot x;$
$K_g = 3\,300\,000{,}00 \text{ €}$ (bei 90 % Auslastung);
$K_f = 3\,300\,000{,}00 \text{ € ./. } 15{,}00 \text{ €/Stck.} \cdot (0{,}9 \cdot 200\,000 \text{ Stck.})$
$= 600\,000{,}00 \text{ €};$
$db = p \text{ ./. } k_v;$
$p = E : x;$
$E = 3\,600\,000{,}00 \text{ €}$ (bei $x = 180\,000$ Stck.);
$p = 3\,600\,000{,}00 \text{ €} : 180\,000 \text{ Stck.}$
$= 20{,}00 \text{ €/Stck.}$
$x_m = 600\,000{,}00 \text{ €} : (20{,}00 \text{ €/Stck. ./. } 15{,}00 \text{ €/Stck.})$
$= 120\,000 \text{ Stck.}$

Beschäftigungsgrad = tatsächliche Auslastung : maximale Auslastung
= 120 000 Stck. : 200 000 Stck. · 100 %
= 60 %

4.2 **Berechnung der erforderlichen Absatzsteigerung** für eine Gewinnerhöhung von 10 %

$G = E \text{ ./. } K_g$
$= 3\,600\,000{,}00 \text{ € ./. } 3\,300\,000{,}00 \text{ €}$
$= 300\,000{,}00 \text{ €}$ (bei einer Auslastung von 180 000 Stck.);
$\Delta G = 10\,\% \text{ von } 300\,000{,}00 \text{ €};$
$= 30\,000{,}00 \text{ €};$
$\Delta x = \Delta G : db$
$= 30\,000{,}00 \text{ €} : (20{,}00 \text{ €/Stck. ./. } 15{,}00 \text{ €/Stck.})$
$= 6\,000 \text{ Stck.}$
$\Delta x \text{ (in \%)} = 6\,000 \text{ Stck.} : 180\,000 \text{ Stck.} \cdot 100\,\%$
$= 3{,}33\,\%$

Abschlussprüfung an Fachoberschulen 2004
Betriebswirtschaftslehre mit Rechnungswesen: Aufgabe III
Marketing

1 Die fränkische Weinkellerei WINE4YOU ist erst seit wenigen Jahren auf dem Markt. Sie stellt neben qualitativ hochwertigen Rot- und Weißweinen den Markensekt *XLDry* her. Vertrieben werden die Produkte am Abfüllort, auf Verbrauchermessen und auf Fachmessen für das Hotel- und Gaststättengewerbe durch geschultes Personal. Kunden sind vor allem Hotels und Gaststätten der gehobenen Klasse, aber auch Privatpersonen. Kunden und registrierte Interessenten erhalten mehrmals jährlich Produktinformationen und Bestellformulare per Post bzw. per E-Mail oder werden telefonisch kontaktiert (Formen der Direktwerbung).

1.1 Benennen Sie die von der Weinkellerei gewählte Art des Vertriebsweges und erläutern Sie zwei damit verbundene Vorteile.

1.2 Die Weinkellerei entschied sich im Rahmen des Kommunikationsmix für die Direktwerbung.

Geben Sie zwei mögliche Gründe für diese Entscheidung an.

1.3 Die Positionierung von Sekt im 5-Phasen-Lebenszyklus-Modell ergibt für eine repräsentative Auswahl fränkischer Weinkellereien, die ebenfalls qualitativ hochwertigen Sekt herstellen und für die Weinkellerei WINE4YOU unterschiedliche Ergebnisse:

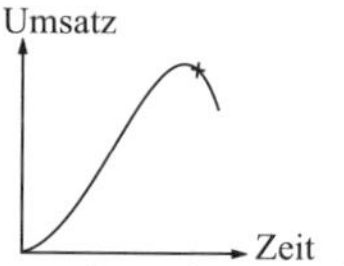

repräsentative Auswahl fränkischer Weinkellereien

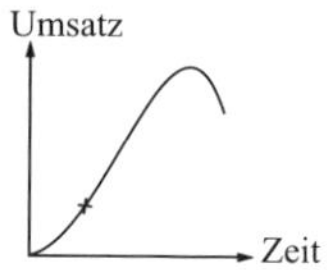

Weinkellerei WINE4YOU

1.3.1 Benennen und charakterisieren Sie jeweils anhand von zwei Kriterien die Lebenszyklusphase (vgl. angekreuzte Stelle), in der sich Sekt bei den ausgewählten fränkischen Weinkellereien und bei der Weinkellerei WINE4YOU befindet.

1.3.2 Erläutern Sie zwei mögliche Gründe für die von der Konkurrenz abweichende Positionierung des Sekts *XLDry* der Weinkellerei WINE4YOU.

2 Da die Wachstumschancen für Weißwein weitgehend ausgeschöpft sind, ergreift die Weinkellerei WINE4YOU verschiedene Marketingmaßnahmen:

a) Sie bietet Traubensäfte an, die im Gegensatz zu handelsüblichen Traubensäften aus jeweils nur einer hochwertigen Rebsorte gepresst werden (z. B. aus der Merlot-Traube oder der Riesling-Traube).

b) Diese Säfte werden in Weinflaschen mit Korkverschluss abgefüllt.

c) Der Preis pro Literflasche Traubensaft wird mit 3,00 € bis 4,00 € veranschlagt.

Benennen Sie die unter a) bis c) beschriebenen Marketinginstrumente und ordnen Sie diese dem entsprechenden Bereich des Marketingmix zu.

3 Die Geschäftsleitung erstellt nach Einführung der Traubensäfte (vgl. 2 a) ein Marktwachstum-Marktanteils-Portfolio.

Die strategische Geschäftseinheit (SGE) Traubensaft muss noch positioniert werden.
Folgende Angaben stehen zur Verfügung:

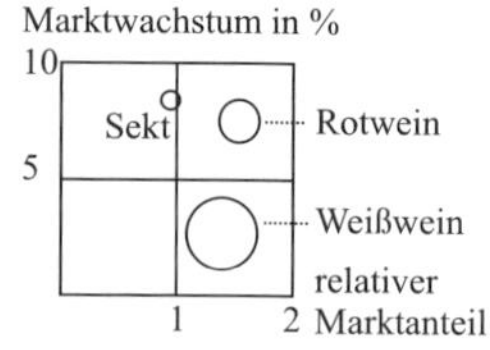

Marktvolumen Traubensaft	2,6 Mio. €
Marktwachstum Traubensaft	7,5 %
Marktanteil (Traubensaft) von WINE4YOU	8 %
Marktanteil (Traubensaft) des stärksten Konkurrenten	10 %
Anteil des Sekts am Gesamtumsatz von WINE4YOU	14 %
Anteil des Rotweins am Gesamtumsatz von WINE4YOU	28 %
Anteil des Weißweins am Gesamtumsatz von WINE4YOU	48 %

3.1 Beschreiben Sie die Position der SGE Traubensaft im Marktwachstum-Marktanteils-Portfolio.

3.2* Ermitteln Sie das Absatzvolumen der SGE Traubensaft und das Absatzvolumen der SGE Rotwein.

3.3 Begründen Sie eine geeignete Marktstrategie für die SGE Traubensaft.

Lösung

1.1 Vorteile des direkten Absatzes

Bei dem beschriebenen Vertriebsweg handelt es sich um den direkten Absatz, d. h. der Handel wird **nicht** eingeschaltet, was Kosteneinsparungen (Wegfall der Funktionsrabatte) ermöglicht. Weitere Vorteile des direkten Absatzes sind der direkte Kontakt zum Kunden (auf positive und negative Rückmeldungen kann sofort entsprechend reagiert werden) und der mögliche Einsatz von eigenem, speziell geschultem Personal (Sicherstellung einer hohen Qualität der Beratung).

1.2 Vorteile der Direktwerbung

Die Direktwerbung ermöglicht ein genaues Erreichen der Zielgruppe (geringe Streuverluste), sie erhöht die Aufmerksamkeit und somit die Kaufbereitschaft durch eine gewisse Exklusivität der Ansprache und verbessert die Möglichkeiten, den Werbeerfolg einer bestimmten Werbemaßnahme zu messen (Werbeerfolgskontrolle).

1.3.1 Beschreibung der Lebenszyklusphasen

Der Sekt der ausgewählten Weinkellereien befindet sich (noch) in der Sättigungsphase, da das Umsatzmaximum bereits überschritten ist, die Wachstumsraten (Grenzumsätze) negativ sind und der Gesamtgewinn weiter rückläufig ist.
Der Sekt der Kellerei WINE4YOU befindet sich erst in der Wachstumsphase, die durch zunehmenden Bekanntheitsgrad, steigende Grenzumsätze und das Erreichen des Gewinnmaximums gekennzeichnet ist.

1.3.2 Mögliche Gründe für die abweichende Positionierung

Der Weinkellerei WINE4YOU ist es durch ihre spezielle Distributionspolitik (Direktabsatz, Direktwerbung) gelungen, einen speziellen Kundenkreis der gehobenen Klasse anzusprechen.

Der Trend weg von Billigprodukten und hin zu qualitativ hochwertigem Sekt wurde von der Kellerei Wine4You frühzeitig erkannt und konsequent ausgenutzt.

Das Kosten-Leistungs-Verhältnis (effektive Werbung, erfolgreicher Vertriebsweg, hochwertige Produkte, höheres Preisniveau) ist entsprechend gut und ermöglicht gute Wachstumschancen.

2 Zuordnung der beschriebenen Marketinginstrumente

Das Anbieten der besonderen Traubensäfte stellt eine (horizontale) Produktdiversifikation dar, die dem Produktmix zuzuordnen ist.
Ebenso zählt das Anbieten der Säfte in einer besonderen Verpackung (Weinflaschen mit Korkverschluss) zum Produktmix.
Der Verkauf der Literflasche Traubensaft zu einem Preis zwischen drei und vier Euro zählt zur Hochpreispolitik und somit zum Kontrahierungsmix.

3.1 Beschreibung der Position im Marktanteils-Marktwachstums-Portfolio

Positionierung der SGE Traubensaft:

Marktwachstum = 7,5 %

relativer Marktanteil = eigener Marktanteil : Marktanteil des stärksten Konkurrenten
= 8 % : 10 %
= 0,8

Aufgrund des recht hohen Marktwachstums (7,5 %), aber des recht niedrigen relativen Marktanteils (80 %) befindet sich die SGE Traubensaft im Nachwuchsfeld.

3.2 Ermittlung der Absatzvolumen

Absatzvolumen der SGE Traubensaft:

Marktanteil = Absatzvolumen : Marktvolumen

Absatzvolumen Traubensaft = Marktanteil · Marktvolumen
= 0,08 · 2 600 000,00 €
= 208 000,00 €

Absatzvolumen der SGE Rotwein:

Umsatzanteil Traubensaft = 100 % ./. Umsatzanteile (Sekt + Rotwein + Weißwein)
= 100 % ./. 14 % ./. 28 % ./. 48 %
= 10 %

$$\text{Absatzvolumen Rotwein} = \frac{\text{Absatzvolumen Traubensaft}}{\text{Umsatzanteil Traubensaft}} \cdot \text{Umsatzanteil Rotwein}$$

$$= \frac{208\,000{,}00\ €}{10\ \%} \cdot 28\ \%$$

$$= 582\,400{,}00\ €$$

3.3 Begründung einer geeigneten Marktstrategie

Für die SGE Traubensaft, die im Nachwuchsfeld positioniert ist, empfiehlt sich die Offensivstrategie, um durch hohe Investitionen die Position im Wettbewerb weiter zu stärken und weitere Marktanteile zu gewinnen. Die Finanzierung sollte aus dem Finanzmittelüberschuss des Cash-Produkts erfolgen.

Abschlussprüfung an Fachoberschulen 2005
Betriebswirtschaftslehre mit Rechnungswesen: Aufgabe I
Geschäftsbuchführung, Jahresabschluss und Finanzwirtschaft

In der E-CAR AG, einem Hersteller von Elektrofahrzeugen, ist die Finanzbuchführung des Geschäftsjahres 2004 (01. 01. – 31. 12.) zu vervollständigen.
Die Buchungssätze sind mit vierstelligen Kontonummern lt. IKR und den jeweiligen Beträgen zu erstellen. Der Umsatzsteuersatz beträgt 19 % bzw. 7 %.

1 Die E-CAR AG bezieht ihre Reifen (Fremdbauteile) ausschließlich von der GUMMIX AG. Dazu liegen für das Geschäftsjahr 2004 folgende Daten vor:

– Eingangsrechnungen brutto (ohne Bezugskosten)	69 020,00 €
– Gutschriften für Rücksendungen im Warenwert von brutto	1 071,00 €
– nachträgl. Preisminderung auf Grund einer Mängelrüge netto	400,00 €
– Nachlässe für Zahlung innerhalb der Skontofrist netto	1 701,00 €
– Saldo des Kontos Bezugskosten am 31. 12. 2004	7 050,00 €
– Wert des Bestands im Reifenlager am 01. 01. 2004	16 000,00 €
– Wert des Bestands im Reifenlager am 31. 12. 2004	13 000,00 €

1.1 Ermitteln Sie mit Hilfe des Kontos 6010 den Jahresgesamtverbrauch für Fremdbauteile. Geben Sie dabei die jeweiligen Gegenkonten an.

1.2 An den Bilanzstichtagen 2003 und 2004 gab es keine offenen Eingangsrechnungen der GUMMIX AG.
Berechnen Sie den Skontosatz, der zwischen der E-CAR AG und der GUMMIX AG vereinbart war und im Jahr 2004 bei jeder Zahlung in Anspruch genommen wurde.

2 Am 29. 11. 2004 erwirbt die E-CAR AG bei der MESSGERÄTE AG ein Multi-Diagnosegerät zu einem Listenpreis von 95 000,00 € netto, wobei ein Rabatt in Höhe von 10 % eingeräumt wird.
Im Zusammenhang mit dem Kauf werden der E-CAR AG folgende Leistungen in Rechnung gestellt (alle Beträge netto):

– Frachtkosten	250,00 €
– Transportversicherung	65,00 €
– 1. Quartalsbeitrag für den Wartungsvertrag	200,00 €
– Montage des Diagnosegerätes	750,00 €

Vereinbarungsgemäß nimmt die MESSGERÄTE AG das alte Diagnosegerät der E-CAR AG zu 35 700,00 € einschließlich Umsatzsteuer in Zahlung, wodurch ein Buchverlust von 6 400,00 € entsteht.
Der Restbetrag wird am 07.12. 2004 unter Abzug von 3 % Skonto vom Zieleinkaufspreis per Banküberweisung beglichen.

2.1 Buchen Sie den gesamten Vorgang.

2.2 Nennen Sie zwei mögliche Gründe, die die E-CAR AG veranlasst haben könnten, das alte Diagnosegerät bereits nach zweijähriger Nutzung zu verkaufen.

2.3 Die betriebsgewöhnliche Nutzungsdauer für Diagnosegeräte beträgt sechs Jahre.
Buchen Sie die Abschreibung auf das Neugerät am 31. 12. 2004.

3 Zum 31. 12. 2004 liegen der E-CAR AG zur Bewertung der Forderungen u. a. folgende Informationen vor:

– Sichere Forderungen brutto	340 340,00 €
– zweifelhafte Forderungen brutto	33 468,75 €
– Delkrederesatz	1,25 %
– Bestand des Kontos 3670 am 01. 01. 2004	24 800,00 €

Es werden folgende Vorabschlussbuchungen vorgenommen:

3670	2 300,00	an	5450	2 300,00
6953	1 425,00	an	3680	1 425,00

Berechnen Sie die geschätzte Insolvenzquote der zweifelhaften Forderung und den Bestand des Kontos Pauschalwertberichtigung zu Forderungen zum 01. 01. 2004.

4 Den Passivseiten der Bilanzen der E-CAR AG sind zum 31. 12. 2003 und zum 31. 12. 2004 folgende Passivpositionen vor Ergebnisverwendung zu entnehmen (Angaben in Tsd. €):

PASSIVA	**2003**	**2004**
Gezeichnetes Kapital	4 500	5 000
Kapitalrücklage	500	1 200
Gewinnrücklagen	?	1 780
Gewinnvortrag	10	12
Jahresüberschuss	?	760
Pensionsrückstellungen	1 840	2 220
Langfristige Verbindlichkeiten	1 800	2 000
Kurzfristige Verbindlichkeiten	1 690	1 400
	?	14 372

Im Jahr 2003 wurde den Gewinnrücklagen ein Betrag von 160 Tsd. € zugeführt und eine Stückdividende von 0,42 € ausgeschüttet. Im Mai 2004 fand eine Kapitalerhöhung statt. Alle Aktien der E-CAR AG haben einen Nennwert von 5,00 €.

4.1 Buchen Sie die Kapitalerhöhung im Jahr 2004 und berechnen Sie den Emissionskurs in Euro.

4.2 Berechnen Sie die oben fehlenden Bilanzwerte für die Gewinnrücklagen und den Jahresüberschuss zum 31. 12. 2003.

4.3 Die Hauptversammlung beschließt, den Bilanzgewinn des Jahres 2004 in Höhe von 572 Tsd. € wie folgt zu verwenden:
Die Inhaber der jungen Aktien erhalten eine Dividende in Höhe von 0,42 € je Aktie. An die übrigen Anteilseigner ist die höchstmögliche auf einen Cent gerundete Dividende auszuschütten. Es soll kein Verlust vorgetragen werden.
Stellen Sie die Positionen des Eigenkapitals mit den entsprechenden Beträgen zum 31. 12. 2004 nach vollständiger Ergebnisverwendung dar.

4.4 Nennen Sie alle aus den Angaben und den bisherigen Berechnungen erkennbaren Finanzierungsarten des Jahres 2004 (nach vollständiger Ergebnisverwendung), wobei die kurzfristige Fremdfinanzierung nicht berücksichtigt werden soll. Ordnen Sie die Finanzierungsarten nach Kapitalherkunft sowie Rechtsstellung des Kapitalgebers und berechnen Sie die entsprechenden Beträge.

Lösung

1.1 **Ermittlung des Jahresgesamtverbrauchs**

Die Unterkonten 6011 (Bezugskosten mit 7 050,00 €, netto) und 6012 (Preisnachlässe mit insgesamt 2 101,00 €, netto) werden ebenso wie das Bestandskonto 2010 mit dem Saldo von 3 000,00 € (≙ Bestandsminderung ≙ Aufwandsmehrung) über das Konto 6010 (Aufwendungen für Fremdbauteile) abgeschlossen; der Saldo auf dem Aufwandskonto 6010 entspricht dem Verbrauch.

Soll		6010	Haben
(4400)	58 000,00 €	(4400)	900,00 €
(6011)	7 050,00 €	(6012)	2 101,00 €
(2010)	3 000,00 €	(8020)	65 049,00 €
	68 050,00 €		68 050,00 €

Der Jahresgesamtverbrauch an Reifen (Fremdbauteile) beträgt 65.049,00 €; der Abschluss des Kontos 6010 erfolgt über das Gewinn- und Verlustkonto 8020.

1.2 **Berechnung des Skontosatzes**

Nettowarenwert	=	Eingangsrechnungen ./. Rücksendungen ./. Nachlass wegen Mängelrüge
	=	58 000,00 € ./. 900,00 € ./. 400,00 €
	=	56 700,00 €;
Skontosatz	=	Skontobetrag : Nettowarenwert · 100 %
	=	1 701,00 € : 56 700,00 € · 100 %
	=	3 %

2.1 **Buchung des Neukaufs mit Inzahlunggabe**

Die Kosten für Fracht, Transportversicherung und Montage sind als Anschaffungsnebenkosten zu aktivieren, die Kosten für den Wartungsvertrag zählen zu den laufenden, nicht zu aktivierenden Kosten; der Rabatt ist sofort vom Listenpreis abzuziehen:

Listeneinkaufspreis	95 000,00 €	
./. Rabatt	9 500,00 €	(= 10 % von 95 000,00 €)
= Zieleinkaufspreis	85 500,00 €	
+ Fracht	250,00 €	
+ Transportversicherung	65,00 €	
+ Montage	750,00 €	
= vorläufige AK	86 565,00 €	

Neukauf:

(0820)	86 565,00 €		
(6160)	200,00 €		
(2600)	16 485,35 €	(4400)	103 250,35 €

Inzahlunggabe:

(4400)	35 700,00 €	(5410)	30 000,00 €
		(4800)	5 700,00 €

Erfolgsbuchung:

(5410)	30 000,00 €		
(6960)	6 400,00 €	(0820)	36 400,00 €

Restzahlung (mit 3 % Skontoabzug vom Zieleinkaufspreis):

(4400)	67 550,35 €	(0820)	2 565,00 €
		(2600)	487,35 €
		(2800)	64 498,00 €

2.2 **Gründe für den vorzeitigen Verkauf**

- Das alte Gerät entsprach nicht mehr dem neuesten Stand der Technik.
- Man rechnete mit höheren Reparaturkosten bei dem alten Gerät.
- Das neue Gerät konnte verhältnismäßig preisgünstig (Rabatt!) erworben werden und verursacht geringere variable Kosten.

2.3 **Ermittlung der Abschreibung**

Da die Anschaffung erst im November '04 erfolgte, können im Anschaffungsjahr nur 2/12 des Jahres-AfA-Betrages abgeschrieben werden:

AfA-Betrag = 84 000,00 € : 6 Jahre : 12 Monate · 2 Monate
= 2 333,33 €

Buchung der Abschreibung

(6520)	2 333,33 €	(0820)	2 333,33 €

3 **Berechnung der Insolvenzquote der zweifelhaften Forderung**

Notwendige EWB	22 500,00 €	
vorhandene EWB	24 800,00 €	
= Herabsetzung EWB	2 300,00 €	(vergl. Vorabschlussbuchung)

Ausfallquote = notwendige EWB : zweifelhafte Nettoforderung
= 22 500,00 € : (33 468,75 € : 1,19)
= 0,80;

Insolvenzquote = 1 ./. 0,80
= 0,20
= 20 %

Berechnung der zum 01. 01. 2004 vorhandenen PWB

Sichere Forderungen, brutto	340 340,00 €	
sichere Forderungen, netto	286 000,00 €	(= 340 340,00 € : 1,19)
notwendige PWB	3 575,00 €	(= 1,25 % von 286 000,00 €)
vorhandene PWB	2 150,00 €	
Erhöhung PWB	1 425,00 €	(vergl. Vorabschlussbuchung)

Das Konto PWB (3680) hatte zum 01. 01. 2004 einen Bestand von 2 150,00 €.

4.1 **Buchung der Kapitalerhöhung im Jahr 2004**

Das gezeichnete Kapital hat sich im Jahr 2004 um 500 T€, die Kapitalrücklage um 700 T€ erhöht:

(2800)	1 200 000,00 €	(3000)	500 000,00 €
		(3100)	700 000,00 €

Berechnung des Emissionskurses

Anzahl der Aktien = Δ gez. Kapital : Nennwert pro Aktie
= 500 000,00 € : 5,00 €/Aktie
= 100 000 Aktien;

Emissionskurs = Agio/Aktie + Nennwert/Aktie
= 700 000,00 € : 100 000 Aktien + 5,00 €/Aktie
= 12,00 €/Aktie

4.2 **Berechnung des Jahresüberschusses 2003**

Jahresüberschuss '03	540 T€	
+ Gewinnvortrag (Vorjahr)	10 T€	
./. Einstellung Gewinnrücklagen	160 T€	
= Bilanzgewinn '03	390 T€	
./. Dividende	378 T€	(s. u.)
= Gewinnvortrag (neues Jahr)	12 T€	

Dividende '03 = Dividende/Aktie · Anzahl der Aktien
= 0,42 €/Aktie · 4 500 000,00 € : 5,00 €/Aktie
= 0,42 €/Aktie · 900 000 Aktien
= 378 000,00 €

Berechnung der Gewinnrücklagen '03 vor der Ergebnisverwendung

Gewinnrücklagen = AB '04 ./. Einstellung Gewinnrücklagen
= 1 780 T€ ./.160 T€
= 1 620 T€

4.3 **Ermittlung der Positionen des Eigenkapitals ’04** nach der Ergebnisverwendung

Jahresüberschuss ’04	760 T€	
+ Gewinnvortrag (Vorjahr)	12 T€	
./. Einstellung Gewinnrücklagen	200 T€	
= Bilanzgewinn ’04	572 T€	
./. Dividende junge Aktien	42 T€	(= 0,42 €/Aktie · 100 000 Aktien)
= Restgewinn	530 T€	
./. Dividende alte Aktien	522 T€	(s. u.)
= Gewinnvortrag (neues Jahr)	8 T€	

Dividende pro alte Aktie = Restgewinn : Anzahl alte Aktien
= 530 000,00 € : 900 000 Aktien
= 0,5888 €/Aktie
≈ 0,58 €/Aktie;

Dividende alte Aktien = 0,58 €/Aktie · 900 000 Aktien
= 522 000,00 €;

Positionen des Eigenkapitals ’04 nach der Ergebnisverwendung:

Gezeichnetes Kapital	5 000 T€	
Kapitalrücklage	1 200 T€	
Gewinnrücklagen	1 980 T€	(= 1 780 T€ + 200 T€)
Gewinnvortrag (neues Jahr)	8 T€	
SB an EK ’04	8 188 T€	

4.4 **Beschreibung der erkennbaren Finanzierungsarten des Jahres 2004**

Beteiligungsfinanzierung ≙ Eigen-, Außenfinanzierung
= Δ gez. Kapital + Δ Kapitalrücklage
= 500 T€ + 700 T€
= 1 200 T€;

Kreditfinanzierung ≙ Fremd-, Außenfinanzierung
= Δ langfristige Verbindlichkeiten
= 200 T€;

Finanzierung aus Rückstellungen ≙ Fremd-, Innenfinanzierung
= Δ Pensionsrückstellungen
= 380 T€;

offene Selbstfinanzierung ≙ Eigen-, Innenfinanzierung
= Jahresüberschuss ./. Ausschüttung
= 760 T€ ./. 42 T€ ./. 522 T€
(oder) = Δ Gewinnrücklagen ./. Δ Ergebnisvortrag
= 200 T€ ./. (12 ./. 8) T€
= 196 T€

Abschlussprüfung an Fachoberschulen 2005
Betriebswirtschaftslehre mit Rechnungswesen: Aufgabe II
Voll- und Teilkostenrechnung

Die HIRSCHBERG AG ist ein Unternehmen der Porzellanindustrie und stellt hochwertige Produkte für den in- und ausländischen Markt her.

1 Für das Zweigwerk I der HIRSCHBERG AG liegt folgender Auszug aus dem BAB für Monat Mai vor (Werte in €):

	Allgemeine Kostenstelle	Material	Fertigung			Verwaltung/ Vertrieb
			Fertigungs-hilfsstelle	Fertigung I	Fertigung II	
Σ	20 800,00	49 500,00	32 800,00	85 900,00	79 000,00	142 200,00

1.1 Für die Allgemeine Kostenstelle gilt folgender Verteilungsschlüssel: 1 : 2 : 1 : 1 : 3.
Die Fertigungshilfsstelle ist im Verhältnis 1 : 3 aufzuteilen.
Ermitteln Sie die Summe der Gemeinkosten in der Fertigungsstelle I.

1.2 Zur Verbesserung der Kostenkontrolle möchte die HIRSCHBERG AG in der Fertigungsstelle I die Maschinenkosten separat ausweisen. Die Analyse der Istkosten ergibt einen Anteil der Maschinenkosten an den Fertigungsgemeinkosten in Höhe von 70 %. Es verbleibt ein Restfertigungsgemeinkostenzuschlagsatz für den Fertigungsbereich I von 25 %. Im Monat Mai betrug die Maschinenlaufzeit in dieser Kostenstelle 140 Stunden.
Errechnen Sie die Fertigungslöhne und den tatsächlichen Maschinenstundensatz für den Fertigungsbereich I.

2 Im Zweigwerk II wurden im Monat Mai durch den Verkauf von 3 600 Stück des Produktes D Umsatzerlöse in Höhe von 828 000,00 € erzielt. Der kalkulierte Gewinnzuschlag betrug 15 %. Insgesamt ergab sich eine Kostenunterdeckung in Höhe von 8 400,00 €. Die Vertriebskonditionen wurden stets in Anspruch genommen.

2.1 Errechnen Sie den Beitrag des Produktes D zum Betriebsergebnis.

2.2 Der stärkste Konkurrent der HIRSCHBERG AG verkauft ein vergleichbares Produkt zum Listenverkaufspreis von 312,50 €. Die HIRSCHBERG AG möchte ihr Produkt zum gleichen Preis bei 20 % Kundenrabatt und 2 % Kundenskonto anbieten.
Berechnen Sie die mögliche Vertreterprovision in Prozent für Produkt D, wenn der Gewinnzuschlag nicht verändert werden soll.

3 Im Zweigwerk III der HIRSCHBERG AG wird ausschließlich das Produkt E hergestellt.
Bei der bisherigen Kapazitätsauslastung von 66 2/3 % (entspricht 16 000 Stück/Monat) wurden Umsatzerlöse von 800 000,00 € erzielt. Die monatlichen Fixkosten betragen 150 000,00 €; die Gewinnschwelle wird bei 6 000 Stück erreicht.
Die Nachfrage nach Produkt E wird weiter steigen. Gleichzeitig ist mit starker ausländischer Konkurrenz zu rechnen, die vergleichbare Produkte zu niedrigeren Preisen anbietet.

3.1 Die HIRSCHBERG AG ist zu Preiszugeständnissen bereit, um zukünftig 20 000 Stück pro Monat absetzen zu können.
Berechnen Sie die maximal mögliche Preissenkung in Prozent, wenn der Gesamtdeckungsbeitrag unverändert bleiben soll.

3.2 Um in Zukunft konkurrenzfähig zu sein und tatsächlich 20 000 Stück absetzen zu können, muss die HIRSCHBERG AG Einbußen beim Gesamtdeckungsbeitrag hinnehmen und den Preis um 20 % senken.
Erstellen Sie eine grafische Darstellung bis zur Kapazitätsgrenze mit folgenden Größen: Fixkosten (K_f), Gesamtdeckungsbeitrag alt (DBa) und Gesamtdeckungsbeitrag neu (DBn).
Kennzeichnen Sie mit geschweiften Klammern die Höhe des alten (Ga) und des neuen Gewinns (Gn).
(Maßstab: 1 cm = 2 000 Stück, 1 cm = 100 000,00 €)

4 Im Zweigwerk IV der HIRSCHBERG AG werden die Erzeugnisse A, B und C hergestellt.
Produkt A erwirtschaftet einen DB I von 294 000,00 €.
Von Produkt B werden 8 680 Stück hergestellt und zu einem Stückpreis von 86,00 € verkauft. Die variablen Stückkosten von Produkt B betragen 72,00 €, die zurechenbaren Fixkosten 269 520,00 €.
Produkt C wird zu 42,00 € pro Stück verkauft; die variablen Stückkosten betragen 30,00 €.
Von den gesamten Fixkosten in Höhe von 673 800,00 € können 8 % keinem Erzeugnis zugerechnet werden. Die erzeugnisfixen Kosten von Produkt A und C sind gleich hoch.

4.1 Insgesamt wird ein Betriebsergebnis von 14 840,00 € erzielt.
Ermitteln Sie den jeweiligen DB II für die drei Produkte und errechnen Sie die hierfür notwendige Absatzmenge von Produkt C.

4.2 Die Unternehmensleitung erwägt, die Produktion des Produktes B einzustellen.
Ermitteln Sie den Prozentsatz, um den die Erzeugnisfixkosten mindestens abbaubar sein müssten, damit sich die Einstellung des Produktes B lohnen würde.

Lösung

1.1 **Berechnung der Gemeinkosten der Fertigungsstelle I**

FGK I = 85 900,00 € + Umlage der allgem. Kostenstelle + Umlage der Fertigungshilfsstelle

$$= 85\,900{,}00\ € + \frac{20\,800{,}00\ €}{8} \cdot 1 + \left(32\,800{,}00\ € + \frac{20\,800{,}00\ €}{8} \cdot 2\right) : 4 \cdot 1$$

= 85 900,00 € + 2 600,00 € + 9 500,00 €

= 98 000,00 €

1.2 **Berechnung der Fertigungslöhne I und des Maschinenstundensatzes**

R-FGK I	=	30 % von FGK I
	=	30 % von 98 000,00 €
	=	29 400,00 € (≙ 25 % von FL I);
FL I	=	R-FGK I : 25 % · 100 %
	=	29 400,00 € : 25 · 100
	=	117 600,00 €;
MaK	=	70 % von FGK I
	=	70 % von 98 000,00 €
	=	68 600,00 €;
MaStd.-Satz	=	MaK : Laufzeit
	=	68 600,00 € : 140 h
	=	490 €/h

2.1 **Berechnung des Beitrags zum Betriebsergebnis**

Umsatzerlöse	828 000,00 €	(≙ 115 %, geg.)
./. N-SKU	720 000,00 €	(≙ 100 % ≙ 828 000,00 € : 1,15)
= Umsatzergebnis	108 000,00 €	(≙ 15 % ≙ 828 000,00 € : 115 · 15)
./. Unterdeckung	8 400,00 €	(geg.)
= Betriebsergebnis	99 600,00 €	

2.2 **Berechung der möglichen Vertreterprovision**

Vorl. VP	230,00 € ↓	(= 828 000,00 € : 3 600 Stück)
+ Provision	15,00 € ↓	
= Bar-VP	245,00 € ↑	
+ Skonto	5,00 € ↑	(= 2 % von 250,00 €)
= Ziel-VP	250,00 € ↑	
+ Rabatt	62,50 € ↑	(= 20 % von 312,50 €)
= AP	312,50 € ↑	(geg.)

Provision (in %) = Provision : Ziel-VP
= 15,00 €/Stück : 250 €/Stück
= 6 %

3.1 **Berechnung der möglichen Preissenkung**

p_{alt} = Umsatzerlöse : verkaufte Stückzahl
= 800 000,00 € : 16 000 Stück
= 50,00 €/Stück;

x_m = K_f : db; x_m = Gewinnschwellenmenge = 6 000 Stück;

db = $K_f : x_m$
= 150 000,00 € : 6 000 Stück
= 25,00 €/Stück;

k_v = p ./. db
= 50,00 €/Stück ./. 25,00 €/Stück
= 25,00 €/Stück;

DB = db · alte Absatzmenge
= 25,00 €/Stück · 16 000 Stück
= 400 000,00 € (= const.);

db_{neu} = DB : neue Absatzmenge
= 400 000,00 € : 20 000 Stück
= 20,00 €/Stück;

p_{neu} = $db_{neu} + k_v$
= 20,00 €/Stück + 25,00 €/Stück
= 45,00 €/Stück;

Δp (in %) = $\Delta p : p_{alt}$
= 5,00 €/Stück : 50,00 €/Stück · 100 %
= 10 %;

3.2 **Grafische Darstellung der veränderten Gewinnsituation**

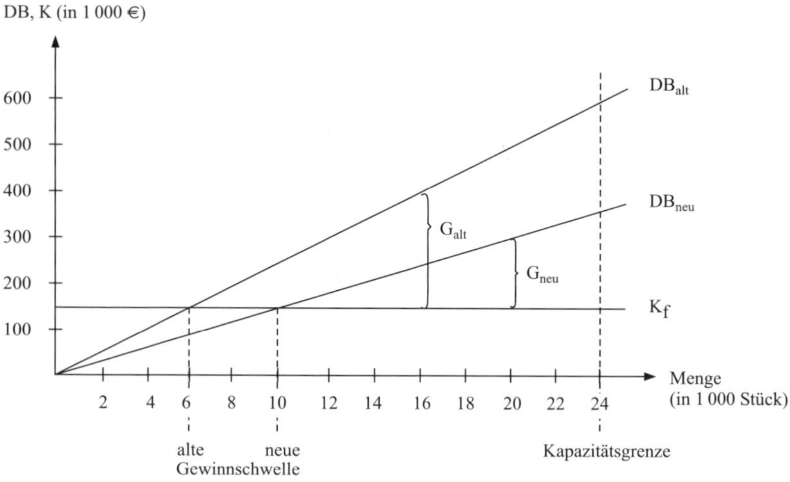

Kapazitätsgrenze = 16 000 Stück : 66 2/3 % · 100 %
= 24 000 Stück;

$x_{m,\,neu}$ = K_f : db
= 150 000,00 € : (40,00 ./. 25,00) €/Stück
= 10 000 Stück

4.1 **Ermittlung der Deckungsbeiträge** (Beträge in €)

	Produkt A	Produkt B	Produkt C	insgesamt
DB I	294 000,00	121 520,00	273 120,00	688 640,00
./. erz.f. K	175 188,00	269 520,00	175 188,00	619 896,00
= DB II	118 812,00	./. 148 000,00	97 932,00	68 744,00
./. untern.f. K				53 904,00
= BE				14 840,00

untern.f. K = 8 % von Gesamtfixkosten
= 8 % von 673 800,00 €
= 53 904,00 €;

erz.f. K_A = (Gesamtkosten ./. untern.f. K ./. erz.f. K_B) : 2
= (673 800,00 € ./. 53 904,00 € ./.269 520,00 €) : 2
= 175 188,00 €
= erz.f. K_C

Berechnung der notwendigen Absatzmenge von Produkt C

Absatzmenge_C = DB I_C : db_C
= 273 120,00 € : (42,00 ./. 30,00) €/Stück
= 22 760 Stück

4.2 **Berechnung der notwendigen abbaubaren Erzeugnisfixkosten in Prozent**

Wenn sich die Einstellung der Produktion des Erzeugnisses B lohnen soll, müssen die erzeugnisfixen Kosten auf unter 148 000,00 € abbaubar sein:

Δ erz.f. K = (269 520,00 € ./. 148 000,00 €) : 269 520,00 € · 100 %
= 121 520,00 € : 269 520,00 € · 100 %
= 45,09 %

Abschlussprüfung an Fachoberschulen 2005
Betriebswirtschaftslehre mit Rechnungswesen: Aufgabe III
Materialwirtschaft und Marketing

1 Die UVAX AG produziert Sicherheitsbrillen und Sicherheitsschuhe. Das Unternehmen will im Materialbereich Kosten senken.

1.1 In der Brillenfertigung wird ein Kunststoffgranulat verwendet, für das bei gleicher Qualität zwei Angebote vorliegen:

Angebot A:
500 kg zu 38,50 €/kg netto, 2 % Skonto bei Zahlung innerhalb von 10 Tagen oder 40 Tage ohne Abzug

Angebot B:
500 kg zu 37,90 €/kg netto ab Werk, Zahlung sofort ohne Abzug, Transportkosten 190,00 € netto

Die flüssigen Mittel der UVAX AG sind derzeit anderweitig verplant. Die Hausbank räumt jedoch einen Kreditrahmen von 50 000,00 € zu 12 % p. a. (1 Jahr = 360 Zinstage) ein.

1.1.1 Ermitteln Sie rechnerisch den Jahreszinssatz für die Inanspruchnahme des Skontos.

1.1.2 Ermitteln sie rechnerisch die günstigere Bezugsquelle.

1.2 Im Bereich Sicherheitsschuhe wird eine Zehenkappe aus Kunststoff fremdbezogen. Folgende Daten stehen zur Verfügung:

Bezugspreis/Stück netto	3,50 €
Jahresverbrauch	1 152 000 Stück
Mindestbestand	10 000 Stück
Lagerkostensatz	5 %
Beschaffungszeit	10 Tage

Der Lagerabgang pro Tag wird als konstant unterstellt. Man rechnet mit 360 Arbeitstagen pro Jahr.

1.2.1 Die UVAX AG nimmt 15 Bestellungen pro Jahr in gleicher Höhe vor.
Ermitteln Sie den durchschnittlichen Lagerbestand in Stück und die Lagerkosten pro Jahr.

1.2.2 Berechnen Sie den Melde- und den Höchstbestand.

1.2.3 Bestimmen Sie die durchschnittliche Lagerdauer und die Umschlagshäufigkeit.

2 Die ETRONIC AG ist ein Produzent von Geräten der Unterhaltungselektronik und stellt unter anderem DVD-Recorder und Fernsehgeräte her.
Beim Absatz von herkömmlichen Fernsehgeräten mit Bildröhre konnte die ETRONIC AG bisher im Marktsegment für hochpreisige Geräte die Marktführerschaft halten. Der Umsatzanteil dieser Produktgruppe beträgt 80 %. Allerdings wurde auf die Entwicklung neuer Bildschirmtechnologien und auf das daraus resultierende geänderte Käuferverhalten sehr spät reagiert. Seit Beginn des Jahres 2004 produziert die ETRONIC AG ebenfalls neuartige, flache LCD-Fernseher mit unterschiedlich großen Bildschirmdiagonalen. Dafür notwendige Bauteile werden nun nicht mehr vollständig von Zulieferern bezogen, sondern teilweise selbst hergestellt.

Die derzeitige allgemeine Marktsituation für Fernsehgeräte stellt sich folgendermaßen dar: Insgesamt steigt der Umsatz nur geringfügig. Flache LCD-Fernseher erzielen trotz hoher Verkaufspreise jährliche Zuwachsraten von zum Teil mehreren Hundert Prozent. Die für Röhrengeräte erzielbaren Preise sinken kontinuierlich.

2.1 Erläutern Sie, welche produktpolitischen Maßnahmen im Jahr 2004 von der ETRONIC AG durchgeführt wurden.

2.2 Begründen Sie die Position von Fernsehern mit Bildröhre im Marktwachstum-Marktanteils-Portfolio der ETRONIC AG und entwickeln Sie eine geeignete Marktstrategie für diese strategische Geschäftseinheit.

2.3 Die ETRONIC AG plant die Markteinführung eines LCD-Fernsehers mit integriertem DVD-Recorder, der über den Fachhandel vertrieben werden soll.
Erläutern Sie anhand von zwei Argumenten die Wahl des Absatzweges und begründen Sie eine geeignete Preisstrategie.

Lösung

1.1.1 Berechnung des Jahreszinssatzes für die Inanspruchnahme des Skontos

Der Skonto entspricht dem Zins für die volle Ausnutzung des Zahlungsziels (Lieferantenkredit für weitere 30 Tage (= 40 Tage ./. 10 Tage)); zu finanzieren sind bei einem Skonto von 2 % nur 98 % des Bruttorechnungsbetrages.

$$\text{Jahreszinssatz} = \frac{\text{Skontosatz}}{100\ \%\ ./.\ \text{Skontosatz}} : \text{Laufzeit} \cdot 360\text{Tg.} \cdot 100\ \%$$

$$= \frac{2\ \%}{98\ \%} : 30\ \text{Tg.} \cdot 360\text{Tg.} \cdot 100\ \%$$

$$= 24{,}49\ \%\ (> \text{z. B. Kontokorrentkredit der Hausbank})$$

1.1.2 Ermittlung des günstigsten Angebots

Gesamtkosten bei Angebot A:

Angebotspreis	19 250,00 €	(= 500 kg · 38,50 €/kg)
./. Skonto	385,00 €	(= 2 % von 19 250,00 €)
= Bezugspreis	18 865,00 €	
+ Zinsen	188,65 €	(=18 865,00 € · 12 % : 360 Tg · 30 Tg.)
= Gesamtkosten	19 053,65 €	

Gesamtkosten bei Angebot B:

Angebotspreis	18 950,00 €	(= 500 kg · 37,90 €/kg)
+ Transportkosten	190,00 €	
= Bezugspreis	19 140,00 €	
+ Zinsen	255,20 €	(=19 140,00 € · 12 % : 360 Tg · 40 Tg.)
= Gesamtkosten	19 395,20 €	

Das Angebot A ist günstiger (= 19 053,65 € < 19 395,20 €).

1.2.1 **Berechnung des durchschnittlichen Lagerbestandes**

Bestellmenge = Jahresverbrauch : Anzahl der Bestellungen
= 1 152 000 Stück : 15
= 76 800 Stück;

∅-Lagerbestand = (Höchstbestand + Mindestbestand) : 2
= (86 800 Stck. + 10 000 Stck.) : 2
(oder) = Bestellmenge : 2 + Mindestbestand
= 76 800 Stck. : 2 + 10 000 Stck.
= 48 400 Stück

Berechnung der Lagerkosten pro Jahr

Lagerkosten = ∅-Lagerbestand (in Stück) · Bezugspreis/Stück · Lagerkostensatz
= 48 400 Stück · 3,50 €/Stück · 5 %
= 8 470,00 € (pro Jahr)

1.2.2 **Berechnung des Meldebestandes**

Meldebestand = Tagesverbrauch · Beschaffungszeit + Mindestbestand

$$= \frac{\text{Jahresverbrauch}}{\text{Arbeitstage / Jahr}} \cdot \text{Beschaffungszeit} + \text{Mindestbestand}$$

= 1 152 000 Stück : 360 Tg. · 10 Tg. + 10 000 Stück
= 42 000 Stück

Berechnung des Höchstbestandes

Höchstbestand = Bestellmenge + Mindestbestand
= 76 800 Stück + 10 000 Stück
= 86 800 Stück

1.2.3 **Berechnung der Umschlagshäufigkeit und der durchschnittlichen Lagerdauer**

Umschlagshäufigkeit = Jahresverbrauch (in Stück) : ∅-Lagerbestand
= 1 152 000 Stück : 48 400 Stück
= 23,80;

∅-Lagerdauer = 360 Tg. :Umschlagshäufigkeit
= 360 Tg. : 23,80
= 15,13 Tg.

2.1 Beschreibung der produktpolitischen Maßnahmen

Die Einführung des LCD-Fernsehers stellt eine horizontale Produktdiversifikation dar, da das neue Produkt in einem sachlichen Zusammenhang mit den alten Röhrengeräten und auf gleicher Produktionsstufe steht.
Die Produktion des neuen Fernsehers mit unterschiedlichen Bildschirmdiagonalen bedeutet zusätzlich eine Produktdifferenzierung, d. h. es werden verschiedene Varianten von LCD-Fernsehern zur gleichen Zeit angeboten, um den unterschiedlichen Bedürfnissen möglichst vieler potenzieller Käufer gerecht zu werden.
Bei der Eigenfertigung von Bauteilen für die Fernsehgeräte handelt es sich um eine vertikale Produktdiversifikation, da diese Bauteile auf vorgelagerter Produktionsstufe stehen.

2.2 Positionierung der Röhrengeräte im Marktanteils-Marktwachstums-Portfolio

Die Röhrengeräte befinden sich im Cashfeld (Cash Cow), da der Marktanteil im Vergleich zu dem des stärksten Konkurrenten über 100 % (Marktführer!) liegt, aber das Marktwachstum im Bereich der Röhrenfernseher rückläufig ist.

Beschreibung einer geeigneten Marktstrategie

Bei dem hohen Umsatzanteil dieses Produktes (80 %) ist die Abschöpfungsstrategie zu empfehlen, d. h. bei geringem Investitionsbedarf sollte die günstige Kostensituation als Marktführer möglichst lange ausgenutzt werden; der Finanzmittelüberschuss muss in die neuen LCD-Geräte investiert werden.

2.3 Begründung für den gewählten Absatzweg und einer geeigneten Preisstrategie

Durch die Einschaltung des Fachhandels (indirekter Absatz) kann sich der Hersteller die kompetente Beratung der Kunden durch das geschulte Personal des Handels zu Nutzen machen. Außerdem übernimmt speziell der Fachhandel eine Werbefunktion (Ausstellungsfläche, Anzeigen in Fachzeitschriften usw.) für den Hersteller.
Zudem vermuten die interessierten Käufer bei den im Fachhandel angebotenen Produkten eine besondere Qualität, sodass eine Hochpreispolitik für dieses innovative, technisch hochwertige Produkt zu empfehlen ist; evtl. kann der anfangs hohe Preis nach einer gewissen Zeit, wenn die hohe Kaufbereitschaft einkommensstarker Käuferschichten abgeschöpft ist, nach und nach gesenkt werden (Skimming-Strategie), um dann auch die Einkommensschwächeren anzusprechen.

Abschlussprüfung an Fachoberschulen 2006
Betriebswirtschaftslehre mit Rechnungswesen: Aufgabe I
Geschäftsbuchführung, Jahresabschluss und Finanzwirtschaft

In der ERGONOM AG, einem industriellen Hersteller von ergonomischen Büromöbeln, ist die Finanzbuchhaltung für das Geschäftsjahr 2005 (01. 01. – 31. 12.) zu vervollständigen. Die erforderlichen Buchungssätze sind mit vierstelligen Kontonummern laut IKR und den jeweiligen Beträgen zu erstellen. Der Umsatzsteuersatz beträgt 19 % bzw. 7 %.
Die ERGONOM AG schöpft alle einkommensteuerrechtlichen Möglichkeiten aus, um den Gewinnausweis für das Jahr 2005 zu minimieren.

1 Zum 01. 12. 2005 sind der Saldenbilanz der ERGONOM AG u. a. folgende Werte zu entnehmen:

2400 Forderungen aus Lieferungen und Leistungen	2 034 900,00 €
3670 Einzelwertberichtigung zu Forderungen	120 000,00 €
3680 Pauschalwertberichtigung zu Forderungen	97 000,00 €

1.1 Im Dezember 2005 sind bei der ERGONOM AG noch folgende Geschäftsfälle zu buchen:

1.1.1 Von einer Forderung gegenüber der HAUSER AG in Höhe von 238 000,00 € gehen am 02. 12. 2005 auf dem Bankkonto 40 % als Insolvenzquote ein. Der Rest ist endgültig verloren.

1.1.2 Die ATRIUM GmbH sendet am 13. 12. 2005 falsch gelieferte Ware im Wert von 60.000,00 € netto gegen Gutschrift zurück.

1.1.3 Die BERGER AG überweist am 20. 12. 2005 nach Abzug von 2 % Skonto vom Rechnungsbetrag 104 958,00 € auf das Bankkonto.

1.2 Zum 31. 12. 2005 sind noch folgende Sachverhalte zu berücksichtigen: Eine Forderung vom 23. 05. 2005 an die COLTRIX GmbH beträgt 285 600,00 €. Im Rahmen des laufenden Insolvenzverfahrens ist mit einer Ausfallquote von 75 % zu rechnen.
Die ERGONOM AG setzt die Pauschalwertberichtigung zu Forderungen um 80 200,00 € herab.

1.2.1 Berechnen Sie den Delkrederesatz.

1.2.2 Ermitteln Sie mit Hilfe eines T-Kontos den Schlussbestand des Kontos 2400 Forderungen aus Lieferungen und Leistungen und schließen Sie das Konto ordnungsgemäß ab.

2 Für den Möbelstoff *Cantarell* liegen der ERGONOM AG folgende Informationen vor:
Zum 31. 12. 2004 wurde der Schlussbestand mit 21 500,00 € bewertet. Im Laufe des Geschäftsjahrs 2005 gingen für den Einkauf dieses Rohstoffes Rechnungen über insgesamt 499 800,00 € brutto ein. Darin sind Bezugskosten in Höhe von 10 000,00 € netto enthalten. Nachdem bei einigen Lieferungen Qualitätsmängel vorlagen, gewährte der Lieferant Nachlässe auf den Warenwert. Zum Ausgleich der Rechnungen wurden 481 950,00 € per Bank überwiesen.
Zum 31. 12. 2005 wird der Schlussbestand nach dem Durchschnittswertverfahren mit 24 000,00 € bewertet.

2.1 Ermitteln Sie in übersichtlicher Form den wertmäßigen Jahresverbrauch dieses Rohstoffes für das Jahr 2005.

2.2 Erstellen Sie die notwendigen Vorabschlussbuchungen zum 31. 12. 2005.

3 Am 15. 12. 2005 erwirbt die ERGONOM AG Fremdbauteile auf Ziel. Der Rechnungsbetrag enthält 595,00 € brutto für Fracht und Verpackung. Am 19. 12. 2005 überweist die Unternehmung nach Abzug von 3 % Skonto vom Warenwert 17 909,50 €. Bilden Sie die Buchungssätze zum 15. 12. 2005 und zum 19. 12. 2005.

4 Ein von der ERGONOM AG am 28. 10. 2004 angeschaffter Pkw (Nutzungsdauer 6 Jahre) wird am 31. 12. 2005 mit 23 750,00 € bilanziert. Ermitteln Sie die Anschaffungskosten des Fahrzeugs und buchen Sie die Abschreibung zum 31. 12. 2005.

5 Im Jahre 2001 erwarb die ERGONOM AG zur Erweiterung ihrer Produktionsanlagen ein unbebautes Grundstück. Die Anschaffungskosten betrugen 180 000,00 €. Da aufgrund von Einsprüchen der Anlieger der ERGONOM AG für ihr Vorhaben keine Baugenehmigung erteilt wurde und die Errichtung der geplanten Anlagen als unwahrscheinlich angesehen wurde, nahm man am 31. 12. 2003 eine außerplanmäßige Abschreibung auf 100 000,00 € vor. Im Mai 2005 konnte sich die ERGONOM AG mit den betroffenen Anliegern einigen, sodass im November 2005 eine Baugenehmigung erteilt werden konnte. Der Wert des Grundstücks stieg dadurch auf 220 000,00 €. Begründen Sie den Bilanzansatz zum 31. 12. 2005 und erstellen Sie die notwendige Vorabschlussbuchung.

6 Am 31. 12. 2005 ermittelt die ERGONOM AG bei den unfertigen Erzeugnissen einen Schlussbestand von 60 000,00 €. Der Anfangsbestand belief sich auf 140 000,00 €.

Am 31. 12. 2005 bucht das Unternehmen:

5200	120 000,00 €	an	8020	120 000,00 €

Formulieren Sie die Buchungssätze für die Bestandsveränderungen der unfertigen und fertigen Erzeugnisse.

7 Zum 31. 12. 2004 und zum 31. 12. 2005 liegen für die ERGONOM AG folgende Bilanzpositionen vor (Werte in Mio. €):

PASSIVA	**2004**	**2005**
Gezeichnetes Kapital	13,20	13,20
Kapitalrücklage	19,80	19,80
Gewinnrücklagen	25,52	30,90
Bilanzgewinn	5,30	5,40
Pensionsrückstellungen	19,80	20,02
Sonstige Rückstellungen	3,30	4,18
Langfristige Bankverbindlichkeiten	16,50	16,50
Kurzfristige Bankverbindlichkeiten	3,85	7,70
Verbindlichkeiten aus L. u. L.	15,18	8,25
	122,45	125,95

Für das Jahr 2005 wird ebenso wie im Vorjahr eine Dividende von jeweils 2,00 € je Aktie (Nennwert 5,00 €) gezahlt.

7.1 Erstellen Sie in übersichtlicher Form die Gewinnverwendungsrechnung für das Jahr 2005.

7.2 Berechnen Sie für das Jahr 2005 die Höhe der Innenfinanzierung, die gleichzeitig Eigenfinanzierung ist.

7.3 Für das Jahr 2006 sind Erweiterungsinvestitionen geplant. Die notwendige Investitionssumme soll durch ein Annuitätendarlehen langfristig fremdfinanziert werden. Die vereinbarte Annuität beträgt bei einem Zinssatz von 7 % p. a. 1,8 Mio. €. Das Darlehen soll anfänglich mit 5 % p. a. getilgt werden.

7.3.1 Berechnen Sie den Tilgungsbetrag im zweiten Jahr der Laufzeit.

7.3.2 Zeigen Sie zwei Argumente auf, die gegen eine Kreditfinanzierung sprechen könnten.

Lösung

1.1.1 **Buchung des Eingangs bzw. der Abschreibung der Forderung** (HAUSER AG)

(2800)	95 200,00 €		
(6951)	120 000,00 €		
(4800)	22 800,00 €	(2400)	238 000,00 €

1.1.2 **Buchung der Rücksendung** (ATRIUM GmbH)

(5000)	60 000,00 €		
(4800)	11 400,00 €	(2400)	71 400,00 €

1.1.3 **Buchung des Zahlungseingangs mit Skontoabzug** (BERGER AG)

104 958,00 € ≙ 98 %, brutto ≙ Bankeinzug
107 100,00 € ≙ 100 %, brutto ≙ Forderung
90 000,00 € ≙ 100 %, netto
1 800,00 € ≙ 2 %, netto ≙ Skonto

(2800)	104 958,00 €		
(5001)	1 800,00 €		
(4800)	342,00 €	(2400)	107 100,00 €

1.2.1 **Berechung des Delkrederesatzes**

Forderungen, brutto am 01. 12. 05	2 034 900,00 €	(vgl. Saldenbilanz)
./. Forderung (HAUSER AG)	238 000,00 €	(vgl. 1.1.1)
./. Forderung (ATRIUM GmbH)	71 400,00 €	(vgl. 1.1.2)
./. Forderung (BERGER AG)	107 100,00 €	(vgl. 1.1.3)
./. zweifelhafte Forderung (COLTRIX GmbH)	285 600,00 €	(vgl. 1.2)
= einwandfreie Ford., brutto am 31. 12. 05	1 332 800,00 €	
≙ einwandfreie Forderungen, netto	1 120 000,00 €	(1 332 800,00 € : 1,19)

notwendige PWB	16 800,00 €	
vorhandene PWB	97 000,00 €	(vgl. Saldenbilanz)
= Herabsetzung der PWB	80 200,00 €	(vgl. 1.2)

Delkrederesatz = notwendige PWB : einwandfreie Forderungen, netto · 100 %
= 16 800,00 € : 1 120 000,00 € · 100 %
= **1,50 %**

1.2.2 **Ermittlung des Schlussbestandes der Forderungen**

Soll		2400 Forderungen	Haben	
Saldo (1. 12. 05)	2 034 900,00 €	(2800, 6951, 4800)	238 000,00 €	(vgl. 1.1.1)
		(5000, 4800)	71 400,00 €	(vgl. 1.1.2)
		(2800, 5001, 4800)	107 100,00 €	(vgl. 1.1.3)
		(3670)	180 000,00 €	(= EWB; s. u.)
		(3680)	16 800,00 €	(= PWB*)
		(8010)	**1 421 600,00 €**	**(= SB)**
	2 034 900,00 €		2 034 900,00 €	

(* vgl. 1.2.1)

EWB = Nettoforderung (COLTRIX AG) · Ausfallquote
= 285 600,00 € : 1,19 · 0,75
= 180 000,00 €

2.1 **Berechung des Jahresverbrauchs** (in Staffelform)

AB	21 500,00 €	
./. SB	24 000,00 €	
+ Zugänge	410 000,00 €	(= (499 800,00 € : 1,19) ./. 10 000,00 €)
+ Bezugskosten	10 000,00 €	
./. Nachlässe	15 000,00 €	(= (499 800,00 € ./. 481 950,00 €) : 1,19)
= Verbrauch	**402 500,00 €**	

2.2 **Vorabschlussbuchungen** zum 31. 12. 2005

Bestandsveränderung (Bestandsmehrung ≙ Aufwandsminderung):
(2000) 2 500,00 € | (6000) 2 500,00 €

Bezugskosten (≙ Aufwandsmehrung):
(6000) 10 000,00 € | (6001) 10 000,00 €

Nachlässe (≙ Aufwandsminderung):
(6002) 15 000,00 € | (6000) 15 000,00 €

Zusätzlich: Abschlussbuchungen:

Schlussbestand:
(8010) 24 000,00 € | (2000) 24 000,00 €

Gesamtverbrauch:
(8020) 402 500,00 € | (6000) 402 500,00 €

3 **Buchung des Rechungseingangs und der Überweisung**

Die Frachtkosten sind nicht skontierfähig.

Warenwert, netto = (Überweisungsbetrag, brutto ./. Frachtkosten, brutto) : 97 % · 100 % : 1,19
= (17 909,50 € ./. 595,00 €) : 97 · 100 : 1,19
= 15 000,00 €;

Skonto, netto = 3 % von 15 000,00 €
= 450,00 €;

Fracht, netto = 595,00 € : 1,19
= 500,00 €;

Buchungen:

(6010)	15 000,00 €		
(6011)	500,00 €		
(2600)	2 945,00 €	(4400)	18 445,00 €
(4400)	18 445,00 €	(6012)	450,00 €
		(2600)	85,50 €
		(2800)	17 909,50 €

4 **Berechnung der Anschaffungskosten'**
Im Anschaffungsjahr '04 durften nur 3/12 des Jahresabschreibungsbetrages angesetzt werden, da der Kauf erst im Oktober erfolgte;

linearer AfA-Betrag = RW '05 : Rest-ND
= 23 750,00 € : $4\frac{9}{12}$ Jahre
= 5 000,00 €

AK	**30 000,00 €**	
./. AfA 2004	1 250,00 €	(5 000,00 € : 12 Mon. · 3 Mon.)
= RW 2004	28 750,00 €	
./. AfA 2005	5 000,00 €	(23 750,00 € : 57 Mon. · 12 Mon.)
= RW 2005	23 750,00 €	

AHK = RW : RND · ND
= 23 750,00 € : 57 Mon. · 72 Mon.
= 30 000,00 €;

die Anschaffungskosten des PKW betrugen 30 000,00 €.

Buchung der Abschreibung

(6520)	5 000,00 €	(0840)	5 000,00 €

5 **Ermittlung und Begründung des Bilanzansatzes für das Grundstück**

Da der Grund für die Wertminderung wieder entfallen ist, besteht eine Wertaufholungspflicht, aber nur bis zu den (fortgeführten) Anschaffungskosten:

BA 2004	100 000,00 €	
+ TWZ 2005	80 000,00 €	
= BA 2005	**180 000,00 €**	(= AK < 220 000,00 € = TW 2005)

Buchung der Wertaufholung für das unbebaute Grundstück

(0500)	80 000,00 €	(5440)	80 000,00 €

6 **Ermittlung und Buchung der Bestandsveränderungen** an unfertigen und fertigen Erzeugnissen

Soll		BV 5200	Haben
(2100)	80 000,00 €	(2200)	200 000,00 €
(8020)	120 000,00 €		

(5200)	80 000,00 €	(2100)	80 000,00 €
(2200)	200 000,00 €	(5200)	200 000,00 €

7.1 **Darstellung der Ergebnisverwendung** für das Jahr 2005

Jahresüberschuss 2005	10,76 Mio. €	
+ Gewinnvortrag 2004	0,02 Mio. €	(s. u.)
./. Einstellung Gewinnrücklagen	5,38 Mio. €	(= 30,90 Mio. € ./. 25,52 Mio. €)
= Bilanzgewinn 2005	5,40 Mio. €	(geg.)
./. Dividende 2005	5,28 Mio. €	(= Dividende 2004; s. u.)
= Gewinnvortrag 2005	0,12 Mio. €	

Anzahl der Aktien = gezeichnetes Kapital : Nennwert pro Aktie
= 13,2 Mio. € : 5,00 €/Aktie
= 2 640 000 Aktien;

= Bilanzgewinn 2004	5,30 Mio. €	(geg.)
./. Dividende 2004	5,28 Mio. €	(= 2 640 000 Aktien · 2,00 €/Aktie)
= Gewinnvortrag 2004	0,02 Mio. €	

7.2 **Ermittlung der offenen Selbstfinanzierung** für das Jahr 2005

Die Innenfinanzierung, die auch gleichzeitig Eigenfinanzierung bedeutet, ist die offene Selbstfinanzierung;

offene Selbstfinanzierung 2005 = Jahresüberschuss 2005 ./. Dividende 2005
= 10,76 Mio. € ./. 5,28 Mio. €

(oder) = Einstellung Gewinnrücklagen 2005 + Δ Gewinn-/Verlustvorträge 2005/2004
= 5,38 Mio. € + (0,12 ./. 0,02) Mio. €
= **5,48 Mio. €**

7.3.1 **Berechnung des Tilgungsbetrages** im zweiten Jahr der Laufzeit

Bei einem Annuitätendarlehen bleibt die jährliche Belastung (Annuität) gleich, d. h. die jährliche Zinsbelastung (7 % des jeweiligen Darlehensbetrages) wird mit zunehmender Laufzeit geringer, der jährliche Tilgungsbetrag (5 % im **ersten** Jahr) dagegen wird in gleichem Maße größer.

Darlehenssumme = Annuität : (Zinssatz + Tilgungssatz) · 100 %
= 1 800 000,00 € : (7 % + 5 %) · 100 %
= 15 000 000,00 €;

Darstellung der Rückzahlung des Darlehens in den ersten zwei Jahren:

Jahr	Darlehensbetrag	Annuität	Zinsen	Tilgung
2006	15 000 000,00 €	1 800 000,00 €	1 050 000,00 €	750 000,00 €
2007	14 250 000,00 €	1 800 000,00 €	997 500,00 €	**802 500,00 €**

7.3.2 Argumente gegen eine Kreditfinanzierung

Eine Kreditfinanzierung bedeutet eine längerfristige Liquiditätsbelastung durch entsprechende Zins- und Tilgungszahlungen, die unabhängig von der Gewinnsituation des Unternehmens zu leisten sind. Mit zunehmender Fremdfinanzierung sinkt auch die Kreditwürdigkeit des Unternehmens. Im Unterschied zur Eigenfinanzierung steht das Fremdkapital je nach Laufzeit des Vertrages immer nur für eine befristete Zeit zur Verfügung.

Abschlussprüfung an Fachoberschulen 2006
Betriebswirtschaftslehre mit Rechnungswesen: Aufgabe II
Voll- und Teilkostenrechnung

Die VELOSTAR AG fertigt Fahrräder in verschiedenen Varianten und bietet das entsprechende Zubehör an.

1 Die VELOSTAR AG stellte im Zweigwerk I im Monat November 10 000 Mountainbikes des Modells *Downhill* fertig, wobei die Herstellkosten pro Mountainbike mit 360,00 € kalkuliert wurden. Der Verwaltungs-/Vertriebsgemeinkostenzuschlagsatz auf Normalkostenbasis beträgt 10 %. Sondereinzelkosten des Vertriebs fielen nicht an. Durch den Verkauf der Mountainbikes wurden im November Nettoverkaufserlöse in Höhe von 7 780 500,00 € erzielt, was zu einem Betriebsergebnis von 3 773 140,00 € führte. Für den Abrechnungszeitraum wurde eine Kostenunterdeckung von insgesamt 146 360,00 € ermittelt.

1.1 Berechnen Sie das Umsatzergebnis und bestimmen Sie Art und Höhe der Bestandsveränderung an Fertigerzeugnissen.

1.2 Die VELOSTAR AG kalkulierte bei der Produktion des Mountainbikes *Downhill* mit folgenden Werten:

Sondereinzelkosten der Fertigung	10,50 €/Stück
Fertigungslöhne	60,00 €/Std.
Maschinenstundensatz	240,00 €/Std.
Materialgemeinkostenzuschlagssatz	75 %
Rest-Fertigungsgemeinkostenzuschlagssatz	40 %

Die Arbeitszeit für ein Mountainbike betrug 30 Minuten; die benötigte Maschinenlaufzeit belief sich auf 20 Minuten pro Stück. Ermitteln Sie die Kosten des Fertigungsmaterials pro Stück.

1.3 Die VELOSTAR AG kalkulierte das Modell *Downhill* mit folgenden Vertriebskonditionen:

Rabatt	5 %
Skonto	3 %
Vertreterprovision	9,5 %

Ermitteln Sie den Zielverkaufspreis unter der Voraussetzung, dass alle Vertriebskonditionen in Anspruch genommen wurden.

2 Im Zweigwerk II fertigt die VELOSTAR AG nur das Modell *Superbike*. Bisher fallen monatliche Fixkosten in Höhe von 141 250,00 € an. Dabei ergibt sich eine Gewinnschwellenmenge von 625 Stück.

2.1 Ermitteln Sie den Stückdeckungsbeitrag für das Modell *Superbike*.

2.2 Durch den Kauf einer zusätzlichen Fertigungsanlage fallen weitere Fixkosten in Höhe von 38 750,00 € an.

2.2.1 Berechnen Sie, in welcher Höhe die variablen Stückkosten mindestens gesenkt werden müssen, damit bei unverändertem Verkaufspreis die Gewinnschwellenmenge um höchstens 20 % zunimmt.

2.2.2 Stellen Sie den Verlauf des Gesamtdeckungsbeitrags (DB) sowie des Gesamtgewinns (G) für die neue Produktionssituation in einer maßstabsgetreuen Zeichnung von 0 Stück bis 1 200 Stück dar.
(Maßstab: 100 Stück ≙ 1 cm, 60 000,00 € ≙ 1 cm)

3 Im Zweigwerk III stellt die VELOSTAR AG unterschiedliche Fahrradreifen (A, B, C, D) her. Die vier Produkte müssen zwei Maschinengruppen durchlaufen. Im Monat Mai beträgt die Fertigungskapazität der Maschinengruppe 1 (M I) 4 500 Stunden und der Maschinengruppe II (M II) aufgrund von Wartungsarbeiten nur 2 000 Stunden. Damit besteht bei M II ein Produktionsengpass. Für die vier Produkte liegen für den Monat Mai folgende Daten vor:

		A	B	C	D
Fertigungszeit je Stck. auf M I	(in min)	12	10	7	16,5
Fertigungszeit je Stck. auf M II	(in min)	8	3	4,8	8
variable Stückkosten	(in €)	19,90	17,00	18,50	23,30
Stückerlös	(in €)	21,50	18,05	19,70	24,10
Lieferverpflichtungen	(in Stck.)	2 500	4 000	5 000	1 900
Höchstabsatzmenge	(in Stck.)	3 750	9 000	10 000	2 000

Bestimmen Sie das gewinnmaximale Produktionsprogramm.

4 Die VELOSTAR AG fertigt im Zweigwerk IV u. a. die hochwertige Satteltasche *Velopack*, die zu einem Stückpreis von 28,00 € verkauft wird.

Bei Eigenfertigung dieses Zubehörteils entstehen der VELOSTAR AG variable Stückkosten in Höhe von 12,00 € sowie Erzeugnisfixkosten in Höhe von 11 600,00 € monatlich.
Die VELOSTAR AG könnte ein gleichwertiges Produkt bei einem Fremdlieferanten zu einem Stückpreis von 17,00 € beziehen. Dabei könnten die Erzeugnisfixkosten zu 40 % abgebaut werden.

4.1 Berechnen Sie die Menge, bei der Eigenfertigung und Fremdbezug Kosten in gleicher Höhe verursachen.

4.2 Der VELOSTAR AG liegen regelmäßige monatliche Aufträge in Höhe von 4 000 Satteltaschen vor. Allerdings reichen die eigenen Produktionskapazitäten nur für die Fertigung von 2 600 Stück; der Rest muss bei dem Fremdlieferanten zugekauft werden. Die VELOSTAR AG erwägt nun, die Produktion dieser Satteltaschen ganz einzustellen und die benötigte Menge in voller Höhe fremdzubeziehen.
Berechnen Sie den Preis, den der Fremdlieferant anbieten müsste, damit durch die Einstellung keine Verschlechterung des Betriebsergebnisses eintritt.

Lösung

1.1 **Ermittlung des Umsatzergebnisses und der Bestandsveränderungen** der fertigen Erzeugnisse

N-HKFE	3 600 000,00 €	(= 360,00 €/Stck. · 10 000 Stck.)
./. BVFE	**90 000,00 €**	(= Aufw.minderung ≙ Bestandsmehrung)
= N-HKU	3 510 000,00 €	
+ N-VwVtGK (10 %)	351 000,00 €	(= 3 861 000,00 € : 110 % · 100 %)
= N-SKU	3 861 000,00 €	(= 7 780 500,00 € ./. 3 919 500,00 €)
Erlöse	7 780 500,00 €	(geg.)
= Umsatzergebnis	**3 919 500,00 €**	(= Erlöse ./. N-SKU)
./. Unterdeckung	146 360,00 €	(geg.)
= BE	3 773 140,00 €	(geg.)

1.2 **Ermittlung der Kosten des Fertigungsmaterials pro Stück** (auf Normalkostenbasis)

FM	**130,00 €**	(= 227,50 € : 175 % · 100 %)
MGK (75 %)	97,50 €	(MK = HK ./. FK ./. SEKF = 227,50 €)
FL	30,00 €	(= 60,00 €/Std. : 60 min/Std. · 30 min)
R-FGK (40 %)	12,00 €	(= 40 % von 30,00 €)
MaK	80,00 €	(≙ 240,00 €/Std. : 60 min/Std. · 20 min)
SEKF	10,50 €	(geg.)
= HK	360,00 €	(geg.)

1.3 **Berechnung des Zielverkaufspreises** (auf Normalkostenbasis)

Verkaufte Stück = N-HKU : N-HK/Stck.
= 3 510 000,00 € : 360,00 €/Stck.
= 9 750 Stck.; (vgl. 1.1)

da alle Vertriebskonditionen in Anspruch genommen wurden, ist über die Gesamterlöse (vgl. 1.1) der vorläufige Verkaufspreis zu errechnen:

vVP = 7 780 500,00 € : 9 750 Stck.
= 798,00 €;

vVP	798,00 €	(≙ 87,5 % = 100 % ./. 9,5 % ./. 3 %)
+ Provision (9,50 %)	86,64 €	(= 9,5 % vom ZVP)
= BVP	884,64 €	
+ Skonto (3,00 %)	27,36 €	(= 3 % vom ZVP)
= ZVP	**912,00 €**	(≙ 100 % ≙ 798,00 € : 87,5 % · 100 %)

2.1 **Ermittlung des Stückdeckungsbeitrages**

x_m = K_f : db; (x_m = Gewinnschwellenmenge)
db = K_f : x_m
= 141 250,00 € : 625 Stück
= **226,00 €/Stck.**

2.2.1 **Berechnung der Verminderung der variablen Stückkosten** zum Ausgleich der zusätzlichen Fixkosten

$K_{f\,neu}$ = $K_{f\,alt}$ + Investition
= 141 250,00 € + 38 750,00 €
= 180 000,00 €;

$x_{m\,neu}$ = 625 Stck. · 1,2
= 750 Stck.;

db_{neu} = 180 000,00 € : 750 Stck.
= 240,00 €/Stck.;

Δ db = 240,00 €/Stck ./. 226,00 €/Stck.
= **14,00 €/Stck. ≙ Δk_v**;

um den neuen Stückdeckungsbeitrag zu erreichen, müssen bei unverändertem Verkaufspreis p die variablen Stückkosten k_v um 14,00 €/Stck. sinken.

2.2.2 **Grafische Darstellung des Gesamtdeckungsbeitrages und des Gesamtgewinns**

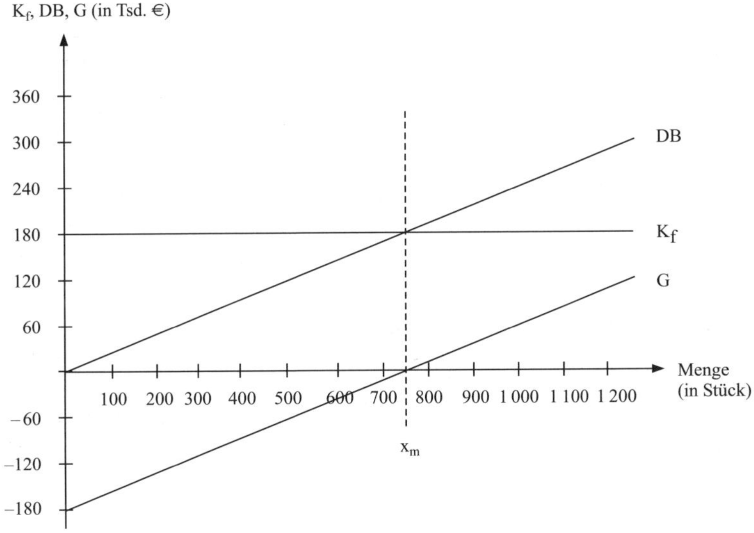

3 **Ermittlung des gewinnmaximalen Produktionsprogramms**

	Prod. A	Prod. B	Prod. C	Prod. D	
db = p ./. k_v	1,60	1,05	1,20	0,80	(in €/Stck.)
Prod.zeit auf M II	8	3	4,8	8	(in min/Stck.)
rel. db = db : Prod.zeit	0,20	0,35	0,25	0,10	(in €/min)
Rang	III	I	II	IV	

Verteilung der verminderten Produktionskapazität auf der Engpassanlage M II:

Engpasskapazität	120 000 min	(= 2 000 Std. · 60 min/Std.)
./. max. Absatz von Prod. B (Rang I)	27 000 min	(= 9 000 Stck. · 3 min/Stck.)
./. max. Absatz von Prod. C (Rang II)	48 000 min	(= 10 000 Stck. · 4,8 min/Stck.)
./. Lieferverpfl. von Prod. D (Rang IV)	15 200 min	(= 1 900 Stck. · 8 min/Stck.)
= Restkapazität für Prod. A (Rang III)	29 800 min	

Produktionsmenge von Prod. A = Restkapazität : Produktionszeit/Stck.
= 29 800 min : 8 min/Stck.
= 3 725 Stck. > Lieferverpflichtung von 2 500 Stck.
< maximaler Absatz von 3 750 Stck.;

die gewinnmaximalen Stückzahlen sind von
- Produkt A **3 725 Stück**, von
- Produkt B **9 000 Stück**, von
- Produkt C **10 000 Stück** und von
- Produkt D **1 900 Stück**.

4.1 **Berechnung der hinsichtlich Eigenfertigung und Fremdbezug kostengleichen Menge (Grenzmenge)**

$$x_g = \frac{\Delta K_f}{\Delta k_v}$$

$$= \frac{11\,600{,}00\,€ \text{ ./. } (60\,\% \text{ von } 11\,600{,}00\,€)}{17{,}00\,€/\text{Stck. ./. } 12{,}00\,€/\text{Stck.}}$$

= 4 640,00 € : 5,00 €/Stck.
= **928 Stck.**

4.2 **Ermittlung des Preises für den Fremdbezug**

Das bisherige Betriebsergebnis bei nur teilweisem Fremdbezug soll sich nicht verschlechtern:

DB_E	41 600,00 €	(= (28,00 ./. 12,00) €/Stck. · 2 600 Stck.)
+ DB_F	15 400,00 €	(= (28,00 ./. 17,00) €/Stck. · 1 400 Stck.)
./. K_f	11 600,00 €	
= BE	45 400,00 €	

Bei Einstellung der Eigenfertigung und vollständigem Fremdbezug dürfen sich bei gleich bleibendem Betriebsergebnis folgende Kosten (K_V) für den Einkauf der 4 000 Satteltaschen ergeben:

E	112 000,00 € ↓	(= 28,00 €/Stck. · 4 000 Stck.)
./. K_V	59 640,00 € ↑	(≙ Einkaufspreis für 4 000 Stck.)
= DB	52 360,00 €	
./. K_f	6 960,00 €	(≙ nicht abbaubare K_f)
= BE	45 400,00 €	(s. o.)

k_v = $K_v : x$
= 59 640,00 € : 4 000 Stck.
= **14,91 €/Stck.** ≥ Einkaufspreis pro Satteltasche

Abschlussprüfung an Fachoberschulen 2006
Betriebswirtschaftslehre mit Rechnungswesen: Aufgabe III
Materialwirtschaft und Marketing

Die BODEWAN AG produziert seit 20 Jahren Parkettböden aus heimischen Hölzern.

1 Zur Kostenkontrolle in der Lagerhaltung werden jährlich bestimmte Lagerkennzahlen ermittelt und verglichen. Die Produktion erfolgt an 360 Tagen im Jahr.

1.1 Für die Verleimung der Hölzer bezieht die BODEWAN AG Leim in Behältern. Im Jahr 2005 wurden 2 560 Behälter Leim verbraucht. Die durchschnittliche Lagerdauer betrug 22,5 Tage. Am 31. 12. 2005 waren noch 80 Behälter vorrätig.

1.1.1 Berechnen Sie den durchschnittlichen Lagerbestand.

1.1.2 Im Jahr 2004 lag der Kalkulation des Angebotspreises bei gleichem Verbrauch eine durchschnittliche Lagerdauer von 25 Tagen zugrunde.
Zeigen Sie auf, welche Auswirkungen die veränderte durchschnittliche Lagerdauer auf die Kalkulation des Angebotspreises hat.

1.2 Im Jahr 2005 beträgt der Jahresverbrauch einer Oberflächenversiegelung 2 880 Liter. Die BODEWAN AG bestellt üblicherweise 200 Liter dieser Oberflächenversiegelung. Der Sicherheitsbestand soll für einen Bedarf von 2,5 Tagen reichen, wobei die Beschaffungszeit 5 Tage beträgt.
Stellen Sie den Sicherheitsbestand, den Meldebestand, den Höchstbestand sowie den Verlauf des Lagerbestandes grafisch für einen Zeitraum von 60 Tagen dar und kennzeichnen Sie das Bestellintervall.
(Maßstab: 5 Tage $\hat{=}$ 1 cm, 20 Liter $\hat{=}$ 1 cm)

2 Die BODEWAN AG veranstaltet auf dem Firmengelände halbjährlich einen Tag der offenen Tür. Bei der letzten Veranstaltung wurden im Besonderen die Produktneuheiten des Jahres 2005 präsentiert. Einerseits wurde die Parkettbodenproduktion auf eine lösungsmittelfreie Oberflächenversiegelung umgestellt, andererseits sind nunmehr mehrere Böden nicht nur in A-, sondern auch in B-Sortierung erhältlich. Als neues Produkt wurde der zu Jahresbeginn auf dem Markt eingeführte Korkparkettboden *Newline* vorgestellt. Zudem gab die BODEWAN AG bekannt, ab sofort für jeden verkauften Quadratmeter Parkettboden zehn Cent zum Schutz der Regenwälder zu spenden.

2.1 Ordnen Sie allen beschriebenen Marketingmaßnahmen das entsprechende Marketinginstrument zu und benennen Sie den jeweils betroffenen Marketingmixbereich.

2.2 Im Rahmen einer Portfolio-Analyse wird der Korkparkettboden *Newline* als „Question Mark“ eingestuft.
Nennen Sie die Kriterien für die Einordnung als „Question Mark“ und erläutern Sie eine geeignete Normstrategie für dieses Produkt.

3 Die BODEWAN AG vertreibt in Oberbayern ihre Produkte bisher durch einen Handelsvertreter sowohl an Fach- als auch an Baumärkte. Dieser erhält einen monatlichen Spesensatz in Höhe von 200,00 € sowie eine Umsatzprovision von 5 %. Der Handelsvertreter erzielte im abgelaufenen Jahr einen Umsatz von 468 292,00 €. In den nächsten Jahren wird mit einer Umsatzsteigerung gerechnet. Die BODEWAN AG erwägt daher den Einsatz eines Reisenden. Dieser würde neben einer umsatzabhängigen Provision von 3 % ein Fixum von 1 000,00 € pro Monat erhalten.

3.1 Ermitteln Sie, ab welcher Umsatzsteigerung in Prozent sich der Einsatz eines Reisenden im kommenden Jahr lohnen würde.

3.2 Zeigen Sie drei Aspekte auf, die unabhängig von der Kostensituation für den Einsatz eines Reisenden sprechen würden.

Lösung

1.1.1 Berechnung des durchschnittlichen Lagerbestandes

Umschlagshäufigkeit	=	360 Tg. : ∅-Lagerdauer
	=	360 Tg. : 22,5 Tg.
	=	16;
Umschlagshäufigkeit	=	Jahresverbrauch (in Stck.) : ∅-Lagerbestand;
∅-Lagerbestand	=	Jahresverbrauch (in Stck.) : Umschlagshäufigkeit
	=	2 560 Behälter : 16
	=	**160 Behälter**

1.1.2 Bedeutung der ∅-Lagerdauer für die Kalkulation des Angebotspreises

Die gegenüber dem Vorjahr verminderte ∅-Lagerdauer (22,5 Tg. < 25 Tg.) bedeutet im Durchschnitt geringere Lagerbestände und somit geringere Lagerhaltungskosten, wodurch der kalkulierte Angebotspreis (unter sonst gleich bleibenden Bedingungen) sinkt.

1.2 Grafische Darstellung des Bestellpunktverfahrens

Tagesverbrauch	=	Jahresverbrauch : Arbeitstage
	=	2 880 l : 360 Tg.
	=	8 l/Tg.;
Sicherheitsbestand	=	Sicherheitszeitraum · Tagesverbrauch
	=	2,5 Tg. · 8 l/Tg.
	=	20 l;
Meldebestand	=	Tagesverbrauch · Lieferzeit + Sicherheitsbestand
	=	8 l/Tg. · 5 Tg. + 20 l
	=	60 l;
Höchstbestand	=	Bestellmenge + Sicherheitsbestand
	=	200 l + 20 l
	=	220 l

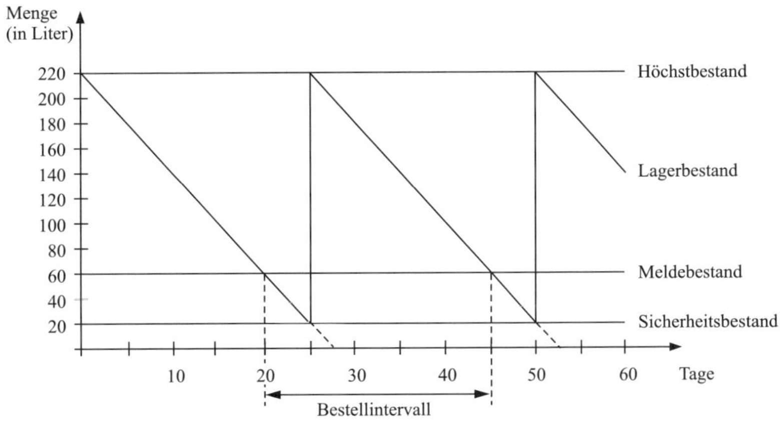

2.1 **Zuordnung der Marketingmaßnahmen**

Instrumente der Produktpolitik:
- Produktvariation: Umstellung der Parkettbodenproduktion auf eine neue, lösungsmittelfreie Oberflächenversiegelung;
- Produktdifferenzierung: Gleichzeitiges Anbieten der Parkettböden in verschiedenen Sortierungen;
- horizontale Produktdiversifikation: Anbieten eines weiteren Produkts (Korkparkettboden) auf gleicher Produktionsstufe.

Instrumente der Kommunikationspolitik:
- Public Relation: Tag der offenen Tür als Werbung für das gesamte Unternehmen;
- Umweltsponsoring: Spenden aus dem Verkaufserlös der Parkettböden zum Schutz der Regenwälder.

2.2 **Kriterien für die Einordnung eines Produkts als „Question Mark"**

Als „Question Mark" wird das neue Produkt dem Nachwuchsfeld zugeordnet, das durch einen geringen relativen Marktanteil bei einem hohen Marktwachstum gekennzeichnet ist.

Empfehlung einer geeigneten Normstrategie

Bei positiver Einschätzung der Entwicklung des Produkts ist die Offensivstrategie zu empfehlen, um durch hohe Investitionen weitere Marktanteile zu gewinnen; die Finanzierung der Marketingmaßnahmen erfolgt aus dem Finanzmittelüberschuss der Cash-Produkte.

3.1 **Ermittlung des Grenzumsatzes und der notwendigen Umsatzsteigerung**

$$\text{Grenzumsatz} = \frac{\Delta K_f}{\Delta k_v}$$

$$= \frac{1\,000{,}00\ €/\text{Mon.} \cdot 12\ \text{Mon.}\ ./.\ 200{,}00\ €/\text{Mon.} \cdot 12\ \text{Mon.})}{5\ \%\ ./.\ 3\ \%}$$

$$= 9\,600{,}00\ € : 0{,}02$$

$$= 480\,000{,}00\ €;$$

bei einem Umsatz von 480 000,00 € sind Handelsvertreter und Reisender kostengleich, darüber hinaus lohnt sich der Einsatz eines Reisenden;

$$\text{notwendige Umsatzsteigerung (in \%)} = \frac{\text{Umsatzsteigerung}}{\text{momentaner Umsatz}} \cdot 100\ \%$$

$$= \frac{480\,000{,}00\ € \text{ ./. } 468\,292{,}00\ €}{468\,292{,}00\ €} \cdot 100\ \%$$

$$= \mathbf{2{,}50\ \%};$$

bei einer Umsatzsteigerung von mehr als 2,50 % lohnt sich der Einsatz eines Reisenden.

3.2 **Kostenneutrale Argumente für den Reisenden**

Als Festangestellter des Unternehmers ist der Reisende weisungsgebunden; er arbeitet nur für ein bestimmtes Unternehmen und verkauft nur dessen Produkte bzw. vertritt nur dessen Interessen; er kann produktspezifisch geschult werden und verfügt so über entsprechend gute Produktkenntnisse.

Abschlussprüfung an Fachoberschulen 2007
Betriebswirtschaftslehre mit Rechnungswesen: Aufgabe I
Geschäftsbuchführung, Jahresabschluss und Finanzwirtschaft

In der FITNESS AG, einem industriellen Hersteller von Sportgeräten, ist die Finanzbuchhaltung für das Geschäftsjahr 2006 (01. 01.–31. 12.) zu vervollständigen. Die Buchungssätze sind mit vierstelligen Kontonummern laut IKR und den jeweiligen Beträgen zu erstellen. Der Umsatzsteuersatz beträgt 19 % bzw. 7 %.
Die FITNESS AG schöpft alle einkommensteuerrechtlichen Möglichkeiten aus, um den Gewinnausweis für das Jahr 2006 zu minimieren.

1 Die FITNESS AG beschafft am 03. 05. 2006 einen LKW (Nutzungsdauer acht Jahre) zum Listenpreis von 275 000,00 € netto auf Ziel. Der Händler gewährt 10 % Rabatt und 2 % Skonto bei Bezahlung innerhalb von 14 Tagen. Für die erste Tankfüllung stellt der Händler 321,30 € brutto in Rechnung. Die Überführung des Fahrzeugs erfolgt auf Kosten des Händlers. Die Zulassung nimmt die FITNESS AG selbst vor. Dabei werden folgende Barzahlungen geleistet:
- Gebühr der Zulassungsstelle der Stadtverwaltung in Höhe von 85,00 €,
- Ausgabe für Nummernschilder von der SCHILDER KG in Höhe von 91,63 € brutto.

1.1 Erstellen Sie alle erforderlichen Buchungssätze zum 03. 05. 2006.

1.2 Vereinbarungsgemäß wird ein Altfahrzeug für 14 815,50 € brutto in Zahlung gegeben. Dabei wird eine stille Reserve in Höhe von 1 350,00 € aufgelöst.
Buchen Sie den Vorgang.

1.3 Der Rechnungsausgleich erfolgt am 15. 05. 2006 durch Banküberweisung.
Nehmen Sie die entsprechende Buchung vor.

1.4 Ermitteln Sie den Bilanzansatz für den neuen LKW zum 31. 12. 2006.

2 In der Finanz- und Lagerbuchführung der FITNESS AG liegen für Edelstahlrohlinge (Rohstoffe) folgende Informationen vor:
Anfangsbestand am 01. 01. 2006: 12.000 kg zu 4,50 €/kg,
Zugänge im Laufe des Jahre 2006:

Datum	Menge	Anschaffungskosten
07. 04. 2006	4 800 kg	20 471,24 €
19. 07. 2006	6 400 kg	28 436,40 €

Am 13. 12. 2006 beschafft die FITNESS AG 4 000 kg dieser Edelstahlrohlinge auf Ziel zu folgenden Konditionen: Listenpreis 4,60 €/kg, 10 % Rabatt, Transportkosten 475,00 € netto, 2 % Skonto vom Zieleinkaufspreis bei Zahlung innerhalb von 10 Tagen.
Wegen minderer Qualität erfolgt am 20. 12. 2006 die Rückgabe von 5 % der Liefermenge. Wie vereinbart erfolgt die Gutschrift ohne Berücksichtigung der Transportkosten.
Am 21. 12. 2006 begleicht die FITNESS AG die Rechnung per Banküberweisung.

2.1 Nehmen Sie die erforderlichen Buchungen zum 13. 12. 2006, zum 20. 12. 2006 und zum 21. 12. 2006 vor.

2.2 Im Jahr 2006 verbrauchte die FITNESS AG insgesamt 16.400 kg der Edelstahlrohlinge. Am 31. 12. 2006 beträgt der Marktpreis je kg 4,58 €.
Bewerten Sie den Schlussbestand der Edelstahlrohlinge zum 31. 12. 2006, wenn das Durchschnittswertverfahren zur Anwendung kommt, und begründen Sie den Bilanzansatz.

3 Aus der Saldenbilanz der FITNESS AG vom 27. 12. 2006 liegen u. a. folgende Werte in Euro vor:

	Soll	Haben
2400 Forderungen	1 035 300,00	
3670 EWB		3 760,00
3680 PWB		12 050,00

3.1 Am 20. 12. 2006 verkauft die FITNESS AG Sportgeräte an das Fitnessstudio FIT FOR EVER. Die Ausgangsrechnung enthält Frachtkosten in Höhe von 1 750,00 € netto. Am 28. 12. 2006 gehen nach Abzug von 2 % Skonto 89 547,50 € auf dem Bankkonto der FITNESS AG ein.
Buchen Sie die Ausgangsrechnung am 20. 12. 2006 und den Zahlungseingang am 28. 12. 2006.

3.2 Die einzige zweifelhafte Forderung am 31. 12. 2006 besteht gegenüber dem Kunden FIT UND AKTIV in Höhe von 20 527,50 €. Der geschätzte Wert dieser Forderung beträgt 30 %. Für das Konto Pauschalwertberichtigung zu Forderungen ergibt sich zum 31. 12. 2006 folgende Vorabschlussbuchung:

3680 4 290,00 an 5450 4 290,00

Ermitteln Sie den angesetzten Delkrederesatz und den Schlussbestand der Forderungen zum 31. 12. 2006.

4 Die vereinfachten Bilanzen der FITNESS AG weisen zum 31. 12. 2005 und zum 31. 12. 2006 nach teilweiser Ergebnisverwendung folgende Passivpositionen (Werte in Tsd. €) aus:

	2005	2006
Gezeichnetes Kapital	7 200	?
Kapitalrücklage	4 320	5 280
Gewinnrücklagen	1 500	2 250
Bilanzgewinn	806	?
Rückstellungen	6 900	6 930
Verbindlichkeiten	16 274	16 776
Summe der Passiva	37 000	40 000

Zusätzlich liegen folgende Informationen vor:
- Die Aktien der FITNESS AG haben einen Nennwert von 5,00 €/Stück.
- Für das Geschäftsjahr 2005 wurde eine Dividende von 0,55 € je Aktie ausgeschüttet.
- Zum 01. 07. 2006 erfolgte eine ordentliche Kapitalerhöhung durch Ausgabe junger Aktien mit einem Agio von 120 %.
- Für das Jahr 2006 soll die höchstmögliche auf einen Cent gerundete Stückdividende ausgeschüttet werden. Die jungen Aktien sind nur für ein halbes Jahr dividendenberechtigt. Es soll kein Verlust vorgetragen werden.

4.1 Ermitteln Sie die Höhe des gezeichneten Kapitals zum 31. 12. 2006 und das Bezugsverhältnis, das der Kapitalerhöhung zu Grunde lag.

4.2 Berechnen Sie für das Jahr 2006 den Jahresüberschuss sowie die Stückdividende, die an die Inhaber der alten und der jungen Aktien ausgeschüttet wird.

4.3 Ermitteln Sie für das Jahr 2006 (auf Basis der Werte nach vollständiger Ergebnisverwendung) den prozentualen Anteil der offenen Selbstfinanzierung an der Eigenfinanzierung.

Lösung

1.1 **Buchung der Anschaffung des LKWs** einschließlich der zu aktivierenden Anschaffungsnebenkosten (MwSt-freie Zulassung, Nummernschilder) und der laufenden Kosten (Tankfüllung)

(0840)	247 500,00 €		
(6030)	270,00 €		
(2600)	47 076,30 €	(4400)	294 846,30 €

(0840)	85,00 €	(2880)	85,00 €

(0840)	77,00 €		
(2600)	14,63 €	(2880)	91,63 €

1.2 **Buchung der Inzahlunggabe** für 14 815,50 €, brutto

(4400)	14 815,50 €	(5410)	12 450,00 €
		(4800)	2 365,50 €

Erfolgsbuchung mit einem Ertrag von 1 350,00 €

(5410)	12 450,00 €	(0840)	11 100,00 €
		(5460)	1 350,00 €

Restwert = Nettoverkaufserlös ./. stille Reserve (Ertrag)
= 12 450,00 € ./. 1 350,00 €
= 11 100,00 €

1.3 **Buchung des Rechnungsausgleichs** mit Skontoabzug

Skonto = 2 % vom ZVP des neuen LKWs
= 2 % von 247 500,00 €
= 4 950,00 €;

Restverbindlichkeit = 294 846,30 € ./. 14 815,50 €
= 280 030,80 €

(4400)	280 030,80 €	(0840)	4 950,00 €
		(2600)	940,50 €
		(2800)	274 140,30 €

1.4 **Ermittlung der Anschaffungskosten des neuen LKWs, der ersten Abschreibung und des Bilanzansatzes**

LEP	275 000,00 €	
./. Rabatt	27 500,00 €	(= 10 % von 275 000,00 €)
= ZEP	247 500,00 €	
./. Skonto	4 950,00 €	(= 2 % von 247 500,00 €)
+ ANK	162,00 €	(= 85,00 € + 77,00 €)
= AK	242 712,00 €	

Im Anschaffungsjahr können nur 8/12 des Jahres-AfA-Betrages angesetzt werden, da die Anschaffung erst im Mai 2006 erfolgte:

AK 2006	242 712,00 €	
./. AfA 2006	20 226,00 €	(= 242 712,00 € : 8 Jahre : 12 Mon. · 8 Mon.)
= RW 2006	**222 486,00 €**	(= Bilanzansatz 2006)

2.1 **Buchung der Eingangsrechnung** für die Rohstoffe mit sofortigem Rabattabzug einschließlich der Bezugskosten (Transport)

(6000)	16 560,00 €		
(6001)	475,00 €		
(2600)	3 236,65 €	(4400)	20 271,65 €

Buchung der Rücksendung mit VSt-Korrektur

Rücksendung = 5 % von 16 560,00 €
= 828,00 € netto

(4400)	985,32 €	(6000)	828,00 €
		(2600)	157,32 €

Buchung des Rechnungsausgleichs mit Skontoabzug

Skonto = 2 % · (16 560,00 € ./. 828,00 €)
= 314,64 €;

Restverbindlichkeit = 20 271,65 € ./. 985,32 €
= 19 286,33 €

(4400)	19 286,33 €	(6002)	314,64 €
		(2600)	59,78 €
		(2800)	18 911,91 €

2.2 **Bewertung des Schlussbestandes** bei Anwendung des Durchschnittswertverfahrens

AB	12 000 kg	á 4,50 €	≙ 54 000,00 €	
+ Zugang vom 07. 04. 2006	4 800 kg		≙ 20 471,24 €	
+ Zugang vom 19. 07. 2006	6 400 kg		≙ 28 436,40 €	
+ Zugang vom 13. 12. 2006	3 800 kg		≙ 15 892,36 €	(s. u.)
= Anschaffungskosten	27 000 kg		≙ 118 800,00 €	
≙ Durchschnittswert	1 kg		≙	4,40 €/kg < 4,58 €/kg = TW

Nebenrechnung (vgl. 2.1):

ZEP	16 560,00 € ≙	4 000 kg	
+ Bezugskosten	475,00 € ≙		
./. Rücksendung	828,00 € ≙	200 kg	(= 5 % von 4 000 kg)
./. Skonto	314,64 € ≙		
= AK	15 892,36 € ≙	3 800 kg	

Die Bewertung des Schlussbestandes muss zu dem gewogenen Durchschnittspreis (= AK/kg) erfolgen, da die Anschaffungskosten die absolute Wertobergrenze bilden; der höhere Teilwert darf nicht angesetzt werden:

BA 2006 = SB (in kg) · AK/kg
= (27 000 kg ./. 16 400 kg) · 4,40 €/kg
= **46 640,00 €**

3.1 Bevor die Ausgangsrechnung und der Zahlungseingang gebucht werden können, erfolgt die **Berechnung des ursprünglichen Warenwertes**:

Ursprünglicher Warenwert	75 000,00 €	(= (75 250,00 € ./. 1 750,00 €) : 0,98)
./. Skonto (2 %)	1 500,00 €	(= (75 250,00 € ./. 1 750,00 €) : 98 · 2)
+ Frachtkosten	1 750,00 €	(geg.)
= Überweisung, netto	75 250,00 €	(≙ 89 547,50 € : 1,19)
≙ Überweisung, brutto	89 547,50 €	(geg.)

Buchung der Ausgangsrechnung

(2400)	91 332,50 €	(5000)	76 750,00 €
		(4800)	14 582,50 €

Umsatzerlöse = Warenwert + Frachtkosten (Nebenleistung)
= 75 000,00 € + 1 750,00 €
= 76 750,00 €

Buchung des Zahlungseingangs

(5001)	1 500,00 €		
(4800)	285,00 €		
(2800)	89 547,50 €	(2400)	91 332,50 €

3.2 Um den Delkrederesatz ermitteln zu können, ist zuvor die **Berechnung der einwandfreien Forderungen** notwendig:

Forderungen am 27. 12. 2006	1 035 300,00 €	(lt. Saldenbilanz)
./. Forderungseingang am 28. 12. 2006	91 332,50 €	(vgl. 3.1)
./. zweifelhafte Forderung (FIT UND AKTIV)	20 527,50 €	(geg.)
= einwandfreie Forderungen am 31. 12. 2006	923 440,00 €	
≙ einwandfreie Forderungen, netto	776 000,00 €	(923 440,00 € : 1,19)

Ermittlung der notwendigen Pauschalwertberichtigung und des Delkrederesatzes

Notwendige PWB	7 760,00 €	↑
vorhandene PWB	12 050,00 €	(lt. Saldenbilanz)
Herabsetzung der PWB	4 290,00 €	(vgl. Vorabschlussbuchung)

Delkrederesatz = notwendige PWB : einwandfreie Forderungen, netto · 100 %
= 7 760,00 € : 776 000,00 € · 100 %
= **1 %**

Für die Ermittlung des Schlussbestandes der Forderungen ist zunächst die **Berechnung der notwendigen Einzelwertberichtigung** durchzuführen:

Notwendige EWB = geschätzte Ausfallquote · zweifelhafte Forderung, netto
= 70 % · (20 527,50 € : 1,19)
= 70 % · 17 250,00 €
= 12 075,00 €

Berechnung des Schlussbestandes der Forderungen

Forderungen am 27. 12. 2006	1 035 300,00 €	(lt. Saldenbilanz)
./. Forderungseingang am 28. 12. 2006	91 332,50 €	(vgl. 3.1)
./. notwendige EWB	12 075,00 €	(3670/2400)
./. notwendige PWB	7 760,00 €	(3680/2400; s. o.)
= Schlussbestand am 31. 12. 2006	**924 132,50 €**	

Darstellung auf dem Konto 2400:

Soll		2400	Haben
AB (27. 12. 06)	1 035 300,00 €	Eingang (28. 12. 06)	91 332,50 €
		EWB	12 075,00 €
		PWB	7 760,00 €
		SB (31. 12. 06)	**924 132,50 €**
	1 035 300,00 €		1 035 300,00 €

4.1 **Ermittlung der Höhe des gezeichneten Kapitals** zum 31. 12. 2006

Δ Kapitalrücklage = SB 2006 ./. AB 2006
= 5 280 T€ ./. 4 320 T€
= 960 T€ ≙ Agio von 120 %;

Δ gez. Kapital = 960 T€ : 1,2
= 800 T€ ≙ 100 %;

gez. Kapital (31. 12. 06) = AB 2006 + Erhöhung
= 7 200 T€ + 800 T€
= **8 000 T€**

Ermittlung des Bezugsverhältnisses der Kapitalerhöhung

Bezugsverhältnis = AB an gez. Kapital : Erhöhung des gez. Kapitals
= 7 200 T€ : 800 T€
(oder) = alte Aktien : neue Aktien
= (7 200 T€ : 5,00 €/Aktie) : (800 T€ : 5,00 €/Aktie)
= 1 440 000 alte Aktien : 160 000 junge Aktien
= **9 : 1**;

d. h. auf neun alte Aktien wurde eine junge Aktie ausgegeben.

4.2 Um den Jahresüberschuss 2006 ausrechnen zu können, müssen vorher der Bilanzgewinn 2006 und der Gewinn- oder Verlustvortrag aus dem Jahr 2005 ermittelt werden:

Ermittlung des Bilanzgewinns 2006

Gezeichnetes Kapital 2006	8 000 T€	(vgl. 4.1)
Kapitalrücklage 2006	5 280 T€	
Gewinnrücklagen 2006	2 250 T€	
Bilanzgewinn 2006	**764 T€**	
Rückstellungen 2006	6 930 T€	
Verbindlichkeiten 2006	16 776 T€	
Summe der Passiva 2006	40 000 T€	

Ermittlung des Gewinnvortrages aus dem Jahr 2005

Bilanzgewinn 2005	806 T€	
./. Dividende 2005	792 T€	(= 0,55 €/Aktie · 1 440 000 Aktien; vgl. 4.1)
= Gewinnvortrag	14 T€	

Berechnung des Jahresüberschusses 2006

Jahresüberschuss 2006	**1 500 T€**	
+ Gewinnvortrag (Vorjahr)	14 T€	
./. Einstellung in Gewinnrücklagen	750 T€	(= 2 250 T€ ./. 1 500 T€)
= Bilanzgewinn 2006	764 T€	(s. o.)

Der Jahresüberschuss 2006 beträgt 1 500 T€.

Ermittlung der Stückdividende für die alten und jungen Aktien

Anzahl der alten Aktien = AB an gezeichnetem Kapital : Nennwert pro Aktie
= 7 200 000,00 € : 5,00 €/Aktie
= 1 440 000 Aktien;

Anzahl der jungen Aktien = Δ gezeichnetes Kapital : Nennwert pro Aktie
= 800 000,00 € : 5,00 €/Aktie
= 160 000 Aktien;

die jungen Aktien sind nur für ein halbes Jahr dividendenberechtigt:

Bilanzgewinn 2006 = 1 440 000 Aktien · x €/alte Aktie
+ 160 000 Aktien · 1/2 x €/alte Aktie;

764 000,00 € = x €/alte Aktie (1 440 000 Aktien + 80 000 Aktien);

x €/alte Aktie = 764 000,00 € : 1 520 000 Aktien
= 0,50 € pro alte Aktie
≙ 0,25 € pro junge Aktie;

die Inhaber der alten Aktien erhalten eine Stückdividende von 0,50 €, die der jungen Aktien eine Stückdividende von 0,25 €.

4.3 **Ermittlung des Anteils der offenen Selbstfinanzierung an der Eigenfinanzierung**

Eigenfinanzierung	= offene Selbstfinanzierung + Beteiligungsfinanzierung;
offene Selbstfinanzierung	= Jahresüberschuss 2006 ./. Dividende 2006;
Dividende 2006	= 1 440 000 Aktien · 0,50 €/Aktie
	+ 160 000 Aktien · 0,25 €/Aktie
	= 760 T€;
offene Selbstfinanzierung	= 1 500 T€ ./. 760 T€
	= 740 T€;
Beteiligungsfinanzierung	= Δ gez. Kapital + Δ Kapitalrücklage
	= 800 T€ + 960 T€
	= 1 760 T€;
Eigenfinanzierung	= 740 T€ + 1 760 T€
	= 2 500 T€;

Anteil der offenen Selbstfinanzierung an der Eigenfinanzierung (in %)
= 740 T€ : 2 500 T€ · 100 %
= **29,60 %**

Abschlussprüfung an Fachoberschulen 2007
Betriebswirtschaftslehre mit Rechnungswesen: Aufgabe II
Voll- und Teilkostenrechnung

Die AUTOPLUS AG stellt als Zulieferer der Automobilindustrie in ihrem Stammwerk sowie in mehreren Zweigwerken verschiedene Fahrzeugkomponenten her.

1 In ihrem Stammwerk produziert die AUTOPLUS AG Katalysatoren für LKW. Aus der Normalkostenrechnung für den Monat Mai 2006 liegen folgende Werte vor:

Normalgemeinkosten in der Fertigungsstelle II		60 000,00 €
Normalzuschlagsätze:	Materialstelle	24 %
	Fertigungsstelle I	180 %

Die Herstellkosten der Abrechnungsperiode auf Normalkostenbasis betragen 200 000,00 €.
Das Fertigerzeugnislager meldet bei den Katalysatoren für Mai 2006 einen Zugang von 200 Stück und einen Abgang von 250 Stück. Bei den unfertigen Erzeugnissen ergab sich in diesem Monat keine Bestandsveränderung.

1.1 Ermitteln Sie Art und Höhe der wertmäßigen Bestandsveränderung an Fertigerzeugnissen.

1.2 Die Katalysatoren durchlaufen in der Fertigungsstelle II eine computergesteuerte Fertigungsanlage. Für die Kalkulation geht man bei einem Zwei-Schicht-Betrieb von täglich 15 Stunden Fertigungszeit an insgesamt 20 Fertigungstagen pro Monat aus. Von den Normal-Fertigungsgemeinkosten II sind 45 % maschinenbezogen, der Rest ist lohnabhängig. Der Rest-Fertigungsgemeinkostenzuschlagsatz II beträgt in der Vorkalkulation 110 %.
Berechnen Sie die Fertigungslöhne II sowie den Maschinenstundensatz für die Fertigungsstelle II und die Rest-Fertigungsgemeinkosten II jeweils auf Normalkostenbasis.

2 Im Zweigwerk I der AUTOPLUS AG werden Lichtmaschinen hergestellt. Die Kosten- und Leistungsrechnung hat im Rahmen der Nachkalkulation für den Abrechnungsmonat Juni 2006 folgende Werte pro Stück ermittelt:

Erlös	392,00 €
Fertigungsmaterial	45,00 €
Fertigungslöhne	100,00 €
Sondereinzelkosten der Fertigung	5,00 €
Gemeinkosten	200,00 €
– davon variabel	90,00 €

In der Istrechnung ergab sich für Verwaltungs- und Vertriebsgemeinkosten ein Zuschlagsatz von zusammen 25 %. Im Materialbereich wurde eine Überdeckung von 1 000,00 € und im Fertigungsbereich eine Unterdeckung von 3 000,00 € festgestellt. Insgesamt lagen die Istkosten um 5 000,00 € unter den Normalkosten.
Im Juni 2006 verkaufte die AUTOPLUS AG 500 Lichtmaschinen und erzielte dabei ein Betriebsergebnis von 21 000,00 €. Skonto in Höhe von 2 % und Rabatt in Höhe von 20 % wurden stets in Anspruch genommen. Sondereinzelkosten des Vertriebs sowie Vertreterprovision fielen nicht an.

2.1 Berechnen Sie die Selbstkosten des Umsatzes auf Normalkostenbasis für Juni 2006.

2.2 Ermitteln Sie die verrechneten Verwaltungs-/Vertriebsgemeinkosten.

2.3 Die AUTOPLUS AG belieferte bisher nur den Inlandsmarkt. Ein Auslandskunde ist bereit, 200 Lichtmaschinen abzunehmen, wenn ihm ausgehend vom bisherigen Listenpreis 40 % Rabatt und 3 % Skonto eingeräumt werden. Entsprechende freie Kapazitäten sind im Unternehmen vorhanden.
Beurteilen Sie sowohl anhand der Vollkostenrechnung als auch anhand der Teilkostenrechnung, ob der Zusatzauftrag angenommen werden sollte. Orientieren Sie Ihre Entscheidung an den im Monat Juni nachkalkulierten Werten.

3 Die AUTOPLUS AG stellt in ihrem Zweigwerk II Bremsscheiben und Federbeine her. Die Kostenrechnung hat für August 2006 folgende Daten ermittelt:

	Bremsscheiben	Federbeine
Preis pro Stück	60,00 €	45,00 €
Fertigungsmaterial pro Stück	12,00 €	10,00 €
Fertigungslöhne pro Stück	10,00 €	8,00 €
variable Gemeinkosten pro Stück	8,00 €	2,00 €
Erzeugnisfixkosten	60 000,00 €	40 000,00 €
hergestellte und verkaufte Menge	6 000 Stück	3 000 Stück

Die gesamten Fixkosten betragen 120 000,00 € pro Monat.

3.1 Ermitteln Sie für beide Produkte die Deckungsbeiträge I und II sowie das im August 2006 erzielte Betriebsergebnis.

3.2 Bei den Federbeinen ist der Absatz im Vergleich zum Vorjahr rückläufig. Die Geschäftsleitung stellt daher Überlegungen an, das Produkt zwar weiterhin im Verkaufsprogramm zu belassen, aber von einem Zulieferer fremd zu beziehen. Die auf die Federbeine entfallenden Fixkosten können wegen der verbleibenden Lager- und Vertriebsorganisation nur zu 35 % abgebaut werden.
Berechnen Sie, wie hoch der Bezugspreis für ein Federbein höchstens sein darf, wenn Absatzmenge und Verkaufspreis unverändert bleiben und durch diese Entscheidung eine Erhöhung des Betriebsergebnisses um 5 000 € erreicht werden soll.

3.3 Die Geschäftsleitung zieht auch in Erwägung, die Federbeine nicht mehr zu produzieren und ganz aus dem Verkaufsprogramm zu nehmen. Die frei werdende Kapazität in Höhe von 150 000 Minuten soll für die Fertigung von Schalldämpfern verwendet werden. Diese könnten auf den gleichen Anlagen hergestellt werden, sodass die bisherigen Fixkosten weiterhin in unveränderter Höhe anfallen würden. Ein Schalldämpfer würde die Fertigungskapazität mit 120 Minuten pro Stück in Anspruch nehmen und variable Kosten in Höhe von 70,00 € verursachen.
Ermitteln Sie den Verkaufspreis, der für einen Schalldämpfer mindestens erzielt werden müsste, damit sich durch dessen Aufnahme in das Fertigungsprogramm das im August 2006 erzielte Betriebsergebnis nicht verschlechtert.

4 Im Zweigwerk III der AUTOPLUS AG werden Einparkhilfen hergestellt. Aus der Kostenrechnung sind für den Monat September 2006 folgende Größen bekannt:

Kapazität	25 000 Stück
Gewinnschwellenmenge	8 600 Stück
variable Stückkosten	300,00 €

Im September 2006 konnten 20 000 Stück abgesetzt werden. Dabei wurde ein positives Betriebsergebnis in Höhe von 1 140 000,00 € erreicht.

4.1 Ermitteln Sie den im Monat September 2006 erzielten Verkaufserlös pro Stück.

4.2 Aufgrund einer positiven Markteinschätzung entschließt sich die Geschäftsleitung, die Produktionskapazität um 20 % auszubauen. Dadurch steigen die Fixkosten auf 1 200 000,00 € und die variablen Stückkosten vermindern sich um 25 %. Eine höhere Absatzmenge macht allerdings Preiszugeständnisse notwendig. Der neue Verkaufspreis wird auf 385,00 € festgesetzt.
Berechnen Sie die neue Gewinnschwellenmenge und stellen Sie diese in einer nicht maßstabsgetreuen Skizze grafisch dar, indem Sie die fixen Kosten pro Stück und den Deckungsbeitrag pro Stück eintragen.

Lösung

1.1 **Ermittlung der Bestandsveränderungen an Fertigerzeugnissen** (mit N-Kosten)

N-HKA	200 000,00 €	(geg.)
+ BVUE	0,00 €	(geg.)
= N-HKFE	200 000,00 €	
+ BVFE	**50 000,00 €**	(= 1 000,00 €/Stck. · 50 Stck., s. u.)
= N-HKU	250 000,00 €	(= 1 000,00 €/Stck. · 250 Stck., s. u.)

HK/Stck. = HKFE : fertiggestellte Stck.
= 200 000,00 € : 200 Stck.
= 1 000,00 €/Stck.;

oder:
BVFE = (verkaufte Stck. ./. fertiggestellte Stck.) · HK/Stck.
= (250 ./.200) Stck. · 1 000,00 €/Stck.
= 50 000,00 €
≙ **Bestandsminderung** ≙ Aufwandsmehrung

1.2 **Berechnung der Fertigungslöhne, der Fertigungsgemeinkosten und des Maschinenstundensatzes** in der Fertigungsstelle II

FL		**30 000,00 €**	(≙ 100 %; 33 000,00 € : 1,10)
R-FGK	110 %	**33 000,00 €**	(= 60 000,00 € ./. 27 000,00 €)
MaK		27 000,00 €	(= 45 % · 60 000,00 €)

Maschinenstundensatz = Maschinenkosten : Maschinenlaufzeit
= 27 000,00 € : (15 h/Tag · 20 Tage)
= 90,00 €/h

2.1 **Berechnung der Normal-Selbstkosten des Umsatzes**

Umsatzerlöse	196 000,00 €	(= 392,00 €/Stck. · 500 Stck.)
./. N-SKU	**180 000,00 €**	(= 196 000,00 € ./. 16 000,00 €)
= Umsatzergebnis	16 000,00 €	(s. u.)

Umsatzergebnis = Betriebsergebnis ./. Überdeckung
= 21 000,00 € ./. 5 000,00 €
= 16 000,00 €

2.2 **Ermittlung der Normal-Verwaltungs- und -Vertriebsgemeinkosten**

Folgende Werte sind gegeben bzw. bekannt:

	Ist-Werte	Über-/Unterd.	N-Werte
MK		+1 000 €	
FK		./. 3 000 €	
HKA	100 %	./. 2 000 €	
VwVtGK	25 %		
SKU	125 %	+5 000 €	180 000 €

Ist-SKU = N-SKU ./. Gesamtüberdeckung
= 180 000,00 € ./. 5 000,00 €
= 175 000,00 €;

Ist-VwVtGK = Ist-SKU : 125 % · 25 %
= 175 000,00 € : 125 · 25
= 35 000,00 €;

Überdeckung VwVtGK = Gesamtüberdeck. ./. MK-Überdeck. + FK-Unterdeck.
= 5 000,00 € ./. 1 000,00 € + 3 000,00 €
= 7 000,00 €;

N-VwVtGK = Ist-VwVtGK + VwVtGK-Überdeckung
= 35 000,00 € + 7 000,00 €
= **42 000,00 €**

2.3 **Entscheidung über die Annahme des Zusatzauftrages** anhand der Voll- bzw. Teilkostenrechnung

Zunächst erfolgt die **Berechnung des bisherigen Listenpreises** ausgehend vom erzielten Stückerlös (≙ vVP ≙ BVP):

BVP		392,00 €	(≙ 98 %)	
+ Skonto	2 %	8,00 €	(≙ 2 %)	
= ZVP		400,00 €	(≙ 100 %)	(≙ 80 %)
+ Rabatt	20 %	100,00 €		(≙ 20 %)
= LVP		500,00 €		(≙ 100 %)

Ausgehend von diesem Listenpreis kann nun die **Ermittlung des vom Auslandskunden gewünschten Barverkaufspreises** erfolgen:

BVP		291,00 €	
+ Skonto	3 %	9,00 €	(= 3 % von 300,00 €)
= ZVP		300,00 €	
+ Rabatt	40 %	200,00 €	(= 40 % von 500,00 €)
= LVP		500,00 €	

Die **Entscheidung anhand der Vollkostenrechnung** basiert auf dem Vergleich von Stückerlös (≙ BVP) und Stückselbstkosten:

g = BVP ./. SK/Stck.
= BVP ./. (FM + FL + SEKF + GK)
= 291,00 €/Stck. ./. (45,00 + 100,00 + 5,00 + 200,00) €/Stck.
= (./. 59,00) €/Stck. < 0;

da der Stückgewinn negativ ist, sollte der Auftrag aus der Sichtweise der Vollkostenrechnung **nicht** angenommen werden.

Die **Entscheidung anhand der Teilkostenrechnung** basiert auf dem Vergleich von Stückerlös (≙ BVP) und Stückdeckungsbeitrag:

db = BVP ./. k_v
= BVP ./. (FM + FL + SEKF + var. GK)
= 291,00 €/Stck. ./. (45,00 + 100,00 + 5,00 + 90,00) €/Stck.
= 51,00 €/Stck. > 0;

da der Stückdeckungsbeitrag positiv ist und die Kapazitäten ausreichen, sollte der Zusatzauftrag aus der Sichtweise der Teilkostenrechnung angenommen werden; jedes zusätzlich produzierte und verkaufte Stück trägt mit 51,00 € zur Deckung der sowieso anfallenden Fixkosten bei bzw. steigert (nach Erreichen der Gewinnschwelle) den Gesamtgewinn um 51,00 €.

3.1 **Ermittlung der Deckungsbeiträge und des Betriebsergebnisses** (Beträge in Euro)

	Bremsscheiben	Federbeine	insgesamt
p	60,00	45,00	
./. k_v	30,00	20,00	
= db	30,00	25,00	
DB I = db · x	180 000,00	75 000,00	
./. erz.f. K	60 000,00	40 000,00	
= DB II	120 000,00	35 000,00	155 000,00
./. untern.f. K			20 000,00
= BE			**135 000,00**

3.2 **Berechnung des maximalen Bezugspreises für ein Federbein**

Da sich im Bereich der Bremsscheiben und am Verkaufspreis der Federbeine nichts ändert, müssen ausgehend von dem um 5 000,00 € höheren DB II im Bereich Federbeine die variablen Kosten pro Federbein (≙ Bezugspreis) ermittelt werden:

	Federbeine	
E = p · x	135 000,00 €	(45,00 €/Stck. · 3 000 Stck.)
./. $K_v = k_v \cdot x$	69 000,00 €	
= DB I = db · x	66 000,00 €	
./. erz.f. K	26 000,00 €	(= 40 000,00 € · 65 %)
= DB II	40 000,00 €	(≙ 35 000,00 € + 5 000,00 €)

k_v = K_v : x
= 69 000,00 € : 3 000 Stck.
= 23,00 €/Stck. ≙ Bezugspreis/Stck.;

der Bezugspreis für ein Federbein darf höchstens 23,00 € betragen.

3.3 **Ermittlung des minimalen Verkaufspreises für einen Schalldämpfer**

Wenn die Produktion der Federbeine eingestellt und die frei werdende Kapazität für die Herstellung von Schalldämpfern verwendet werden soll, muss der **relative db** eines Schalldämpfers mindestens so groß sein wie der eines Federbeins, damit sich das Betriebsergebnis nicht verschlechtert.

Prod.zeit pro Federbein = verwendete Kapazität : produzierte Stückzahl
= 150 000 min : 3 000 Stck.
= 50 min/Stck.

	Federbein	Schalldämpfer
p	45,00 €/Stck.	**130,00 €/Stck.**
./. k_v	20,00 €/Stck.	70,00 €/Stck.
= abs. db	25,00 €/Stck.	60,00 €/Stck.
(Produktionszeit)	50 min	120 min
≙ rel. db	0,50 €/min	0,50 €/min

Der Verkaufspreis für einen Schalldämpfer müsste mindestens 130,00 € betragen.

4.1 **Ermittlung des erzielten Verkaufpreises pro Stück für eine Einparkhilfe**

Darstellung des Problems anhand einer (nicht maßstabsgetreuen) Skizze:

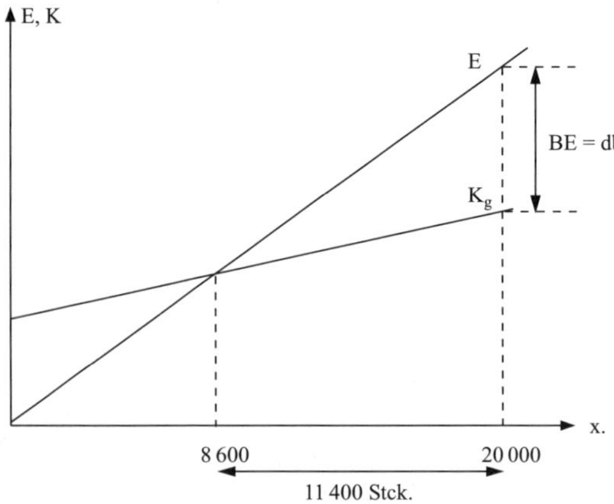

Der Deckungsbeitrag (DB = db · x) der über die Gewinnschwelle hinaus verkauften Menge von 11 400 Stück entspricht dem erzielten Betriebsergebnis von 1 140 000,00 €:

db = BE : (verkaufte Stck. ./. Gewinnschwellenmenge)
= 1 140 000,00 € : 11 400 Stck.
= 100,00 €/Stck.;

p = db + k_v
= 100,00 €/Stck. + 300,00 €/Stck.
= **400,00 €/Stück**;

der Verkaufserlös pro Stück für eine Einparkhilfe betrug 400,00 €.

4.2 **Berechnung der neuen Gewinnschwellenmenge** (x_m)

x_m = K_f : (p ./. k_v)
= 1 200 000,00 € : (385,00 €/Stck. ./. 300,00 €/Stck. · 75%)
= 1 200 000,00 € : 160,00 €/Stck.
= 7 500 Stck.

Grafische Darstellung der neuen Gewinnschwellenmenge

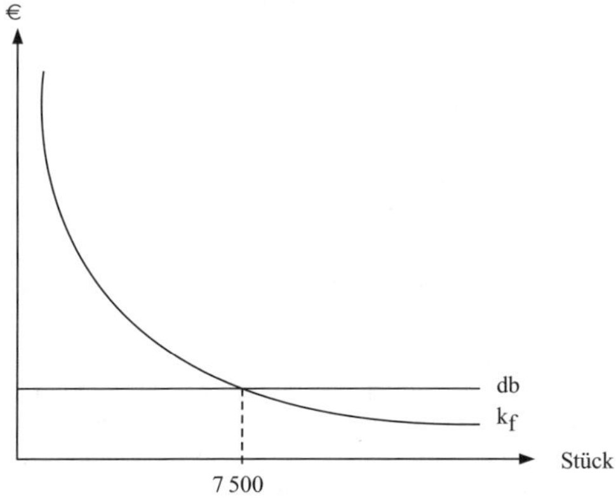

Abschlussprüfung an Fachoberschulen 2007
Betriebswirtschaftslehre mit Rechnungswesen: Aufgabe III
Materialwirtschaft und Marketing

Die WIBI AG fertigt Schlafzimmermöbel für den gehobenen Bedarf.

1 Zur Produktion werden verschiedene Scharniere benötigt.

1.1 Für Scharniere vom Typ A liegen folgende Angebote vor:
Angebot I: 4,55 €/Stück netto, Lieferung frei Haus, 2 % Skonto bei Zahlung innerhalb von 10 Tagen oder bei Zahlung innerhalb von 30 Tagen ohne Abzug.
Angebot II: 419,00 €/100 Stück netto ab Werk, 5 % Rabatt, Zahlung innerhalb von 10 Tagen ohne Abzug, Transportkosten 230,00 € netto.

1.1.1 Ermitteln Sie rechnerisch die günstigere Bezugsquelle bei einer Abnahmemenge von 500 Stück.

1.1.2 Beim Angebotsvergleich will die WIBI AG neben dem Bezugspreis auch die Kriterien Termintreue und Qualität berücksichtigen. Dazu erstellt sie eine Lieferantenmatrix. In dieser wird der Bezugspreis vierfach gewichtet, die Termintreue zweifach und die Qualität dreifach. Der günstigere Anbieter bekommt beim Kriterium Bezugspreis neun Punkte, der andere acht Punkte. Anbieter I erhält bei der Termintreue sieben Punkte, Anbieter II vier Punkte. Beim Kriterium Qualität sind beide Anbieter gleich gut.
Ermitteln Sie mit Hilfe dieser Lieferantenmatrix, welches Angebot bevorzugt werden sollte.

1.2 Der Jahresbedarf an Scharnieren vom Typ B beträgt 288 000 Stück. Der Einstandspreis eines Scharniers liegt bei 4,50 € netto. Die Bestellkosten betragen 65,00 € je Bestellung. Die WIBI AB kalkuliert mit einem Lagerhaltungskostensatz von 13 % und bezieht pro Bestellung 8 000 Stück der Scharniere vom Typ B.
Aus dem Lager liegen für diese Scharniere folgende Informationen vor:
Mindestbestand 2 000 Stück,
Beschaffungszeit 6 Tage.
Bei 360 Arbeitstagen pro Jahr wird ein kontinuierlicher Lagerabgang unterstellt.

1.2.1 Überprüfen Sie rechnerisch, ob die Bestellmenge von 8 000 Stück optimal ist.

1.2.2 Ermitteln Sie den Melde- und den Höchstbestand.

1.2.3 Berechnen Sie die Umschlagshäufigkeit und die durchschnittliche Lagerdauer.

2 Eine strategische Geschäftseinheit der WIBI AG ist das Schlafzimmerprogramm *Sleepy*, das über Möbelhäuser vertrieben wird. Es wurde vor mehreren Jahren eingeführt und bisher in den Holzarten Buche und Ahorn angeboten. Aufgrund sinkender Umsatzzuwächse soll *Sleepy* in Zukunft zusätzlich in den Varianten Eiche und Teakholz angeboten werden. Zudem soll standardmäßig eine Innenbeleuchtung in den Kleiderschrank eingebaut werden. Bei der Analyse der Absatzzahlen hat sich gezeigt, dass der Absatz in den neuen Bundesländern schwächer ist als im übrigen Bundesgebiet. Daher soll der bisher einheitliche Angebotspeis in den neuen Bundesländern um 10 % gesenkt werden.

Innerhalb des Marktwachstums-Marktanteils-Portfolios der WIBI AG weist *Sleepy* einen relativen Marktanteil von 1,25 auf. Konkurrent A hat einen Umsatz von 5 Mio. Euro, der Umsatz von Konkurrent B beträgt 15 Mio. Euro und Konkurrent C hat 9 Mio. Euro Umsatz. Das durchschnittliche Marktwachstum wird mit jährlich 3 % angegeben. Für die strategische Geschäftseinheit *Sleepy* rechnet die WIBI AG jedoch mit einem geringeren Wachstum.

2.1 Erklären Sie die Marketinginstrumente, die die WIBI AG zukünftig einsetzen will.

2.2 Berechnen Sie den Umsatz, den die WIBI AG mit der strategischen Geschäftseinheit *Sleepy* erzielt.

2.3 Erläutern Sie eine geeignete Marktstrategie für die strategische Geschäftseinheit *Sleepy* und begründen Sie, in welcher Phase des Produktlebenszyklus sich diese befindet.

2.4 Nennen und begründen Sie drei geeignete Maßnahmen aus dem Bereich Sales Promotion, die den Vertrieb des Schlafzimmerprogramms *Sleepy* über Möbelhäuser unterstützen könnten.

2.5 Nennen Sie zwei Maßnahmen der indirekten Preispolitik, die geeignet sind, dem Problem der geringeren Liquidität potenzieller Kunden in den neuen Bundesländern zu begegnen.

Lösung

1.1.1 **Berechnung der günstigeren Bezugsquelle** für 500 Scharniere (Beträge in Euro)

	Angebot I		Angebot II	
Listeneinkaufpreis		2 275,00		2 095,00
./. Rabatt		–	5 %	104,75
= Zieleinkaufspreis		2 275,00		1 990,25
./. Skonto	2 %	45,50		–
= Bareinkaufspreis		2 229,50		1 990,25
+ Bezugskosten		–		230,00
= Bezugspreis		2 229,50		**2 220,25**

Das Angebot II ist kostenrechnerisch die günstigere Bezugsquelle.

1.1.2 **Ermittlung der günstigeren Bezugsquelle anhand einer Lieferantenmatrix**

		Punkte: Angebot I		Punkte: Angebot II	
Kriterien	Gewichtung	einzeln	gesamt	einzeln	gesamt
Bezugspreis	4	8	32	9	36
Termintreue	2	7	14	4	8
Summe			**46**		44

Werden bei der Lieferantenauswahl **auch qualitative Kriterien** berücksichtigt, sollte **Angebot I** bevorzugt werden. Da beim Kriterium Qualität beide Anbieter gleich sind, kann dieses Kriterium bei der Entscheidung unberücksichtigt bleiben.

1.2.1 **Rechnerische Überprüfung der optimalen Bestellmenge** (x_{opt})

$$x_{opt} = \sqrt[2]{\frac{2 \cdot \text{Jahresbedarfsmenge} \cdot \text{fixe Bestellkosten pro Bestellung}}{\text{Einstandspreis pro Stück} \cdot \text{Lagerhaltungskostensatz}}}$$

$$= \sqrt[2]{\frac{2 \cdot 288\,000 \text{ Stck.} \cdot 65{,}00 \text{ €}}{4{,}50 \text{ €/Stck.} \cdot 0{,}13}}$$

= **8 000 Stck.**;

die Bestellmenge von 8 000 Stück ist optimal.

1.2.2 **Ermittlung des Meldebestandes**

Meldebestand	= Tagesverbrauch · Beschaffungszeit + Mindestbestand;
Tagesverbrauch	= Jahresbedarf (in Stck.) : Arbeitstage pro Jahr = 288 000 Stck. : 360 Tg. = 800 Stck./Tg.;
Meldebestand	= 800 Stck./Tg. · 6 Tg. + 2 000 Stck. = **6 800 Stck.**

Ermittlung des Höchstbestandes

Höchstbestand	= Bestellmenge + Mindestbestand = 8 000 Stck. + 2 000 Stck. = **10 000 Stck.**

1.2.3 **Berechnung der Umschlagshäufigkeit**

Umschlagshäufigkeit	= Jahresverbrauch : ∅-Lagerbestand;
∅-Lagerbestand	= Bestellmenge : 2 + Mindestbestand = 8 000 Stck. : 2 + 2 000 Stck.
(oder)	= (AB + SB) : 2 = (10 000 Stck. + 2 000 Stck.) : 2 = 6 000 Stck.;
Umschlagshäufigkeit	= 288 000 Stck. : 6 000 Stck. = **48**

Berechnung der durchschnittlichen Lagerdauer

∅-Lagerdauer	= 360 Tg. : Umschlagshäufigkeit = 360 Tg. : 48 = **7,5 Tg.**

2.1 **Erklärung der Marketinginstrumente** der WIBI AG

Produktdifferenzierung: Um den verschiedenen Zielgruppen mit ihren unterschiedlichen Bedürfnissen gerecht zu werden, soll das Schlafzimmerprogramm in zwei zusätzlichen Holzvarianten (Eiche und Teak) angeboten werden.

Produktvariation: Der Kleiderschrank wird in Zukunft nur noch in der verbesserten, komfortableren Version mit Innenbeleuchtung angeboten; in der bisherigen Ausführung wird der Schrank nicht mehr produziert.

Räumliche Preisdifferenzierung: Um der geringeren Nachfrage in den neuen Bundesländern Rechnung zu tragen, wird eine regionale Preisdifferenzierung (Preissenkung von 10 % nur in den neuen Bundesländern) durchgeführt.

2.2 **Berechnung des Umsatzes mit der strategischen Geschäftseinheit *Sleepy***

Relativer Marktanteil = eigener Umsatz : Umsatz des stärksten Konkurrenten;

eigener Umsatz = relativer Marktanteil · Umsatz des stärksten Konkurrenten
= 1,25 · 15 Mio. €
= **18,75 Mio. €**

2.3 **Erläuterung einer geeigneten Marktstrategie** für die strategische Geschäftseinheit *Sleepy*

Als Marktführer (relativer Marktanteil mit 125 %) befindet sich *Sleepy* auf einem nur mäßig wachsenden Markt und ist folglich als Cash-Cow einzustufen. Es empfiehlt sich die Abschöpfungsstrategie, d. h. bei geringem Investitionsbedarf sollte die günstige Kostensituation möglichst lange gehalten und Gewinne abgeschöpft werden; die erzielten Finanzmittelüberschüsse sollten v. a. in die Nachwuchs- und auch in die Starprodukte investiert werden.

Begründung der Produktlebenszyklusphase von *Sleepy*

Da die Umsatzzuwächse rückläufig sind, befindet sich *Sleepy* in der Reifephase oder am Anfang der Sättigungsphase des Produktlebenszyklus.

2.4 **Begründung geeigneter Maßnahmen aus dem Bereich Sales Promotion** für den Vertrieb von *Sleepy* über Möbelhäuser

Um den Verkauf des Schlafzimmerprogramms zu fördern, könnten spezielle **Schulungen** des Verkaufspersonals durchgeführt werden, um eine qualitativ gute Beratung z. B. bezüglich der hochwertigen Verarbeitung und Funktionalität der Möbelstücke zu gewährleisten; diese Maßnahme könnte mit **Prämien** für die Verkäufer bei entsprechenden Verkaufszahlen unterstützt werden.

Zur weiteren Unterstützung und Motivation des Handels könnte diesem **Display- und Informationsmaterial** bezüglich der Vorzüge des Schlafzimmerprogramms zur Verfügung gestellt und evtl. auch ein höherer **Funktionsrabatt** gewährt werden.

Um das Interesse und den Bekanntheitsgrad der Produkte direkt bei den Endverbrauchern zu steigern, könnten **Preisausschreiben und Gewinnspiele** veranstaltet werden.

2.5 **Maßnahmen der indirekten Preispolitik (Konditionenpolitik)**

Geeignete Instrumente der indirekten Preispolitik sind Preisnachlässe in Form von Einführungsrabatten, Skontogewährungen, Lieferung „frei Haus", Verlängerung der Gewährleistungsfristen, günstige Finanzierungsbedingungen und Ratenzahlungen.

Bayern – FOS · BOS 12
Fachabiturprüfung 2008 – Betriebswirtschaftslehre mit Rechnungswesen
Aufgabe I: Geschäftsbuchführung, Jahresabschluss und Finanzwirtschaft

In der KERAMIK AG, einem industriellen Hersteller von hochwertigen Keramikprodukten, ist die Finanzbuchhaltung für das Geschäftsjahr 2007 (01. 01.–31. 12.) zu vervollständigen. Die Buchungssätze sind mit vierstelligen Kontonummern laut IKR und den jeweiligen Beträgen zu erstellen. Der Umsatzsteuersatz beträgt 19 % bzw. 7 %.
Die KERAMIK AG schöpft alle einkommensteuerrechtlichen Möglichkeiten aus, um den Gewinnausweis für das Jahr 2007 zu minimieren.

1 Der KERAMIK AG liegen am 31. 12. 2007 für einen Betriebsstoff, der ausschließlich von einem Lieferanten bezogen wird, folgende Nettobeträge vor:

Anfangsbestand	5 000,00 €
Schlussbestand	3 500,00 €
Zieleinkäufe	45 000,00 €
Bezugskosten	1 800,00 €
Rücksendungen	7 000,00 €
Preisnachlässe	2 300,00 €
Bonus	1 785,00 €

1.1 Ermitteln Sie mit Hilfe des T-Kontos 6030 unter Angabe der Gegenkonten den Jahresgesamtverbrauch für diesen Betriebsstoff.

1.2 Berechnen Sie den vom Betriebsstofflieferanten gewährten Bonus in Prozent.

2 Die Saldenbilanz der KERAMIK AG weist am 27. 12. 2007 Forderungen in Höhe von 368 900,00 € und eine Pauschalwertberichtigung in Höhe von 6 080,00 € aus. Am Ende des Geschäftsjahres 2006 war keine Einzelwertberichtigung erforderlich. Folgende Sachverhalte sind für das Geschäftsjahr 2007 noch zu berücksichtigen:

2.1 Am 29. 01. 2007 wurde eine Forderung in Höhe von 35 700,00 € als uneinbringlich abgeschrieben. Am 28. 12. 2007 gehen wider Erwarten 8 925,00 € auf dem Bankkonto der KERAMIK AG ein. Buchen Sie den Zahlungseingang.

2.2 Gegen zwei Kunden wurden während des Jahres Insolvenzverfahren eröffnet. Folgende Forderungen sind betroffen:

MALCHER OHG	29 750,00 €	geschätzter Ausfall 40 %
FISCHER KG	14 875,00 €	erwartete Insolvenzquote 60 %

Für die Pauschalwertberichtigung wurde am 31. 12. 2007 folgende Buchung vorgenommen:

3680 3 900,00 € an 5450 3 900,00 €

2.2.1 Erstellen Sie die vorbereitenden Abschlussbuchungen für das Konto Einzelwertberichtigung zu Forderungen.

2.2.2 Ermitteln Sie den angesetzten Delkrederesatz.

3 Die KERAMIK AG bezieht hochwertiges Tonmaterial (Rohstoff) und Lasurfarbe (Hilfsstoff) von der POLYTON AG sowie Verpackungsmaterialien von der KARTONAGEN AG. Am 30. 11. 2007 erhält die KERAMIK AG eine Rechnung über 38 t Ton zu 250,00 €/t netto sowie 9 Fässer Lasur à 50 Liter zum Preis von 120,00 € netto je

Fass. Die POLYTON AG stellt für das Tonmaterial Frachtkosten in Höhe von 900,00 € netto und für die Lasur Frachtkosten von 90,00 € netto in Rechnung. Für die wieder befüllbaren Fässer berechnet die POLYTON AG 20,00 € netto je Fass; bei Rückgabe der leeren Fässer werden 80 % erstattet.
Folgende Zahlungsbedingungen wurden vereinbart: 15 % Rabatt, 2 % Skonto bei Zahlung innerhalb von 10 Tagen, Zahlungsziel 30 Tage.

3.1 Buchen Sie den Rechnungseingang vom 30. 11. 2007.

3.2 Die KARTONAGEN AG liefert am 03. 12. 2007 Verpackungsmaterial im Wert von 1 785,00 € brutto gegen Barzahlung. Buchen Sie den Vorgang.

3.3 Drei Fässer Lasur wurden im falschen Farbton geliefert. Davon werden zwei Fässer an die POLYTON AG unter anteiliger Kürzung der Frachtkosten zurückgesendet. Für das dritte Fass wird ein Nachlass von 20 % vereinbart.
Buchen Sie die Gutschrift, die am 05. 12. 2007 bei der KERAMIK AG eingeht.

3.4 Am 07. 12. 2007 werden die restlichen leeren Fässer an die POLYTON AG gegen Gutschrift zurückgeschickt. Bilden Sie den Buchungssatz.

3.5 Nehmen Sie die erforderliche Buchung am 08. 12. 2007 zum Ausgleich der Restverbindlichkeit per Banküberweisung vor.

4 Im April 2005 beschaffte die KERAMIK AG einen Pkw mit einer Nutzungsdauer von 6 Jahren. Der Händler gewährte 10 % Rabatt. Bei Bezahlung wurden 2 % Skonto abgezogen. Folgende Positionen stellte der Händler zusätzlich in Rechnung: Firmenschriftzug 1 400,00 € netto, Überführungskosten 674,00 € netto, erste Tankfüllung 80,00 € netto.
Am 31. 12. 2007 beträgt der Restbuchwert des Fahrzeugs 20 800,00 €.
Ermitteln Sie den Listeneinkaufspreis des Fahrzeugs und bilden Sie die vorbereitende Abschlussbuchung zum 31. 12. 2007.

5 Im Juli 2007 wurden von der KERAMIK AG zwei identische Laptops mit einer Nutzungsdauer von 3 Jahren für insgesamt 2 856,00 € brutto angeschafft. Wegen einiger Kratzer am Gehäuse gewährte der Händler für einen Laptop nachträglich einen Preisnachlass von 20 %.
Ermitteln und begründen Sie die Wertansätze der Laptops zum 31. 12. 2007.

6 Die Passivseiten der Bilanzen der KERAMIK AG weisen zum Bilanzstichtag der Jahre 2006 und 2007 u. a. folgende Werte in Tsd. € aus:

	31. 12. 2006	**31. 12. 2007**
Gezeichnetes Kapital	12 000	16 000
Kapitalrücklage	2 000	?
Gesetzliche Rücklage	900	900
Andere Gewinnrücklagen	1 500	2 100
Bilanzgewinn	1 080	1 420
Rückstellungen	1 350	1 500

Aufgrund der Anfang 2007 erfolgten Kapitalerhöhung erhöhte sich die Anzahl der ausgegebenen Aktien um 800 000 Stück. Der Ausgabekurs der neuen Aktien lag bei 8,75 € pro Aktie.

Der Bilanzgewinn 2006 wurde in voller Höhe ausgeschüttet. Für das Jahr 2007 soll eine Dividende in Höhe von 0,40 € je Aktie ausgezahlt werden, wobei auch die jungen Aktien voll dividendenberechtigt sind.

6.1 Bestimmen Sie die Höhe der im Jahre 2007 erfolgten Beteiligungsfinanzierung.

6.2 Ermitteln Sie den Jahresüberschuss für das Jahr 2007.

6.3 Berechnen Sie die Höhe der im Jahr 2007 aus Innenfinanzierung gewonnenen Mittel, soweit aus den Passivseiten der Bilanzen ersichtlich.

Lösung

1.1 **Ermittlung des Jahresgesamtverbrauchs** mithilfe des T-Kontos 6030

Die Unterkonten 6031 (Bezugskosten mit 1 800,00 €) und 6032 (Preisnachlässe mit 2 300,00 € und 1 785,00 €) werden ebenso wie das Bestandskonto 2030 mit dem Saldo von 1 500,00 € (≙ Bestandsminderung ≙ Aufwandsmehrung) über das Konto 6030 (Aufwendungen für Betriebsstoffe) abgeschlossen; der Saldo auf diesem Aufwandskonto 6030 entspricht dem Verbrauch.

Soll		6030	Haben
(4400)	45 000,00 €	(4400)	7 000,00 €
(6031)	1 800,00 €	(6032)	4 085,00 €
(2030)	1 500,00 €	(8020)	**37 215,00 €**
	48 300,00 €		48 300,00 €

Der Jahresgesamtverbrauch des Betriebsstoffes beträgt 37 215,00 €; der Abschluss des Erfolgskontos 6030 erfolgt über das GuV-Konto 8020.

1.2 **Berechnung des Bonus** in Prozent

Der Bonus ist ein nachträglich gewährter Rabatt auf den Warenwert der im Jahr 2007 bezogenen Betriebsstoffe;

Warenwert = Zieleinkäufe ./. Rücksendungen ./. Preisnachlässe während des Jahres
= 45 000,00 € ./. 7 000,00 € ./. 2 300,00 €
= 35 700,00 €;

Bonus (in %)= Bonus (in €) : Warenwert · 100 %
= 1 785,00 € : 35 700,00 € · 100 %
= **5 %**

2.1 Mit dem **Zahlungseingang der bereits abgeschriebenen Forderung** lebt die USt-Pflicht wieder auf:

(2800)	8 925,00 €	(5495)	7 500,00 €
		(4800)	1 425,00 €

2.2.1 **Vorbereitende Abschlussbuchungen für das Konto 3670 EWB**

Notwendige EWB = geschätzte Ausfallquoten · Nettoforderungen
= 40 % · (29 750,00 € : 1,19) + 40 % · (14 875,00 € : 1,19)
= 10 000,00 € + 5 000,00 €
= 15 000,00 €;

vorhandene EWB = 0,00 €;

Erhöhung der EWB = 15 000,00 €;

BV der EWB:	(6952)	15 000,00 €	(3670)	15 000,00 €
SB der EWB:	(3670)	15 000,00 €	(2400)	15 000,00 €

2.2.2 Vor der **Ermittlung des Delkrederesatzes** müssen die notwendige PWB und die sicheren Forderungen, netto berechnet werden:

Notwendige PWB	2 180,00 €	↑
vorhandene PWB	6 080,00 €	(lt. Saldenbilanz)
Herabsetzung der PWB	3 900,00 €	(vgl. Vorabschlussbuchung)
Forderungen, brutto	368 900,00 €	(lt. Saldenbilanz am 27. 12. 07)
./. zweifelhafte Forderungen, brutto	44 625,00 €	(= 29 750,00 € + 14 875,00 €)
= sichere Forderungen, brutto	324 275,00 €	
≙ sichere Forderungen, netto	272 500,00 €	(= 324 275,00 € : 1,19)

Delkrederesatz = notwendige PWB : sichere Nettoforderungen · 100 %
= 2 180,00 € : 272 500,00 € · 100 %
= **0,80 %**

3.1 **Buchung des Rechnungseingangs**

Die 15 % Rabatt sind sofort vom jeweiligen LEP abzuziehen; die Bezugskosten (jeweilige Frachtkosten, Fassgebühren beim Hilfsstoff) sind auf Unterkonten zu buchen (vergl. NR):

(6000)	8 075,00 €		
(6001)	900,00 €		
(6020)	918,00 €		
(6021)	270,00 €		
(2600)	1 930,97 €	(4400)	12 093,97 €

ZEP (Rohstoff) = 38 t · 250,00 €/t · 0,85
= 8 075,00 €;

ZEP (Hilfsstoff) = 9 Fässer · 120,00 €/Fass · 0,85
= 918,00 €;

Bez.kosten (Hilfsstoff) = Frachtkosten + Fassgebühren
= 90,00 € + 9 Fässer · 20,00 €/Fass
= 270,00 €

3.2 **Buchung der Lieferung des Verpackungsmaterials** gegen Barzahlung

(6040)	1 500,00 €		
(2600)	285,00 €	(2880)	1 785,00 €

3.3 **Buchung der Gutschrift für die Rücksendung und den Preisnachlass beim Hilfsstoff**

Rücksendung = 2 Fässer · 120,00 €/Fass · 0,85
= 204,00 €;

Mindg. der Bez.kosten = Kürzung der Frachtkosten + Minderung der Fassgebühren
= 90,00 € : 9 Fässer · 2 Fässer + 20,00 €/Fass · 2 Fässer
= 20,00 € + 40,00 €
= 60,00 €;

Preisnachlass = 20 % · 120,00 € · 0,85
= 20,40 € (für 1 Fass);

Buchung:

(4400)	338,44 €	(6020)	204,00 €
		(6021)	60,00 €
		(6022)	20,40 €
		(2600)	54,04 €

3.4 **Buchung der Gutschrift für die Rücksendung der leeren Fässer**

Minderung der Fassgeb. = 20,00 €/Fass · 80 % · 7 Fässer
= 112,00 €;

(4400)	133,28 €	(6021)	112,00 €
		(2600)	21,28 €

3.5 **Buchung des Rechnungsausgleichs** per Banküberweisung mit Skontoabzug

Restverbindlichkeit = 12 093,97 € ./. 338,44 € ./. 133,28 €
= 11 622,25 €;

Skonto (Rohstoff) = 8 075,00 € · 2 %
= 161,50 €;

Skonto (Hilfsstoff) = (918,00 € ./. 204,00 € ./. 20,40 €) · 2 %
= 13,87 €;

Buchung:

(4400)	11 622,25 €	(6002)	161,50 €
		(6022)	13,87 €
		(2600)	33,32 €
		(2800)	11 413,56 €

4 **Ermittlung des Listeneinkaufspreises** für den PKW

Im Anschaffungsjahr 2005 durften nur 9/12 des Jahresabschreibungsbetrages angesetzt werden, da der Kauf erst im April erfolgte;

linearer AfA-Betrag = RW 2007 : Rest-ND
= 20 800,00 € : $3\frac{3}{12}$ Jahre
= 6 400,00 €

LEP	**41 185,94 €**		(≙ 100 %)
./. Rabatt (10 %)	4 118,59 €		(≙ 10 %)
= ZEP	37 067,35 €	(≙ 100 %)	(≙ 90 %)
./. Skonto (2 %)	741,35 €	(≙ 2 %)	
= BEP	36 326,00 €	(≙ 98 %)	
+ Firmenschriftzug	1 400,00 €		
+ Überführung	674,00 €		
= AK 2005	38 400,00 €		
./. AfA 2005	4 800,00 €	(= 6 400,00 € : 12 Mon. · 9 Mon.)	
= RW 2005	33 600,00 €		
./. AfA 2006	6 400,00 €		
= RW 2006	27 200,00 €		
./. AfA 2007	6 400,00 €	(= 20 800,00 € : 39 Mon. · 12 Mon.)	
= RW 2007	20 800,00 €	(geg.)	

AK 2005 = RW : RND · ND
= 20 800,00 € : 39 Mon. · 72 Mon.
= 38 400,00 €;

der Listeneinkaufspreis des PKW betrug 41 185,94 €.

Buchung der Abschreibung zum 31. 12. 2007:

(6520) 6 400,00 € | (0840) 6 400,00 €

5 **Ermittlung der Wertansätze für die zwei Laptops**

Vorl. AK pro Laptop = 2 856,00 € : 1,19 : 2
= 1 200,00 €;

BA '07 einw.fr. Laptop = AK 2007 ./. AfA 2007
= 1 200,00 € ./. (1 200,00 € : 3 Jahre : 12 Mon. · 6 Mon.)
= 1 200,00 € ./. 200,00 €
= **1 000,00 €**;

AK '07 mangelh. Laptop = vorläufige AK 2007 ./. Preisnachlass von 20 %
= 1 200,00 € · 0,80
= 960,00 € ≤ 1 000,00 € ≙ GWG;

da die AK 1 000,00 € nicht übersteigen und auch die anderen Kriterien eines geringwertigen Wirtschaftsgutes (abnutzbar, beweglich, selbstständig nutz- und bewertbar) erfüllt sind, wird der mangelhafte Laptop in einen jahrgangsbezogenen Sammelposten eingestellt und pauschal mit 20 % pro Jahr abgeschrieben, unabhängig vom Anschaffungsmonat und der Nutzungsdauer; der **Wert des mangelhaften Laptops innerhalb des Sammelpostens 2007** (Konto 0890) ist also mit **768,00 €** (= 960,00 € · 0,8) anzusetzen.

6.1 **Berechnung der Beteiligungsfinanzierung 2007**

Beteiligungsfinanzierung 2007 = Anzahl neuer Aktien · Ausgabekurs pro Aktie
= 800 000 Aktien · 8,75 €/Aktie
= **7 000 000,00 €**

6.2 Ermittlung des Jahresüberschusses 2007

Jahresüberschuss 2007	**2 020 000,00 €**	↑
+ Gewinnvortrag (Vorjahr)	0,00 €	(volle Ausschüttung der Dividende '06)
./. Einst. in gesetzl. Rückl.	0,00 €	
./. Einst. in andere Rückl.	600 000,00 €	(= 2 100 000,00 € ./. 1 500 000,00 €)
= Bilanzgewinn 2007	1 420 000,00 €	(geg.)

Der Jahresüberschuss 2007 beträgt 2 020 000,00 €.

6.3 Ermittlung der verschieden Arten der Innenfinanzierung 2007

Offene Selbstfinanz. '07	= Jahresüberschuss '07 ./. Dividende '07;
Dividende '07	= Anzahl der Aktien '07 · Dividende/Aktie '07;
Anzahl der Aktien	= gez. Kapital '07 : Nennwert pro Aktie
	= gez. Kapital '07 : (Δ gez. Kapital : Anzahl neuer Aktien)
	= 16 000 000,00 € : (4 000 000,00 € : 800 000 Aktien)
	= 16 000 000,00 € : 5,00 € /Aktie
	= 3 200 000 Aktien;
Dividende '07	= 3 200 000 Aktien · 0,40 € /Aktie;
	= 1 280 000,00 €;
offene Selbstfinanz. '07	= 2 020 000,00 € ./. 1 280 000,00 €
	= 740 000,00 € (≙ Eigenfinanzierung);
oder:	
offene Selbstfinanz. '07	= Einstellung in Gewinnrückl. '07 + Δ Gewinnvorträge;
Δ Gewinnvorträge	= Gewinnvortrag '07 ./. Gewinnvortrag '06
	= (Bilanzgew. '07 ./. Dividende '07) ./. Gewinnvortrag 06
	= (1 420 000,00 € ./. 1 280 000,00 €) ./. 0,00 €
	= 140 000,00 €;
offene Selbstfinanz. '07	= 600 000,00 € + 140 000,00 €
	= **740 000,00 €**;
Finanzierung aus Rückstellungen '07	= SB '07 ./. SB '06
	= 1 500 000,00 € ./. 1 350 000,00 €
	= 150 000,00 € (≙ Fremdfinanzierung);
gesamte Innenfinanz. '07	= offene Selbstfinanz. + Finanz. aus Rückstellungen
	= 740 000,00 € + 150 000,00 €
	= 890 000,00 €

Bayern – FOS · BOS 12
Fachabiturprüfung 2008 – Betriebswirtschaftslehre mit Rechnungswesen
Aufgabe II: Voll- und Teilkostenrechnung

Die SANAMED AG ist ein namhafter Hersteller verschiedener pharmazeutischer Produkte und fertigt in mehreren Werken in Deutschland.

1 Im Zweigwerk I werden u. a. Augentropfen hergestellt. Der Betriebsabrechnungsbogen enthält nach der Verteilung der Gemeinkosten auf die Kostenstellen für den Monat Juli 2007 folgende vorläufige Kostensummen:

Kantine	78 000,00 €
Material	90 500,00 €
Fertigung I	212 500,00 €
Fertigung II	130 000,00 €
Arbeitsvorbereitung	79 500,00 €
Verwaltung/Vertrieb	310 000,00 €

Die Umlage der Gemeinkosten der Kantine erfolgt nach der Anzahl der Beschäftigten:

Material	5
Fertigung I	20
Fertigung II	15
Arbeitsvorbereitung	5
Verwaltung/Vertrieb	15

Die Arbeitsvorbereitung hat in diesem Monat 30 % ihrer Leistungen für die Fertigungsstelle I und 70 % ihrer Leistungen für die Fertigungsstelle II erbracht. Im Juli 2007 fielen in der Fertigungsstelle I Fertigungslöhne in Höhe von 40 000,00 € und in der Fertigungsstelle II Fertigungslöhne in Höhe von 30 000,00 € an.
Die Gemeinkosten der Fertigungsstelle II bestanden im Juli 2007 zu 80 % aus Maschinenkosten.

1.1 Ermitteln Sie für jede Hauptkostenstelle die Summe der Gemeinkosten.

1.2 Ermitteln Sie den Rest-Fertigungsgemeinkostenzuschlagsatz der Fertigungsstelle II.

2 Im Zweiwerk II der SANAMED AG wird u. a. ein auf Pflanzenbasis gewonnener Hustensaft produziert, der in Flaschen zu je 250 ml verkauft wird. Die Vorkalkulation für Juli 2007 rechnete mit folgenden Informationen:

Materialkosten	909 360,00 €
Maschinenkosten	180 150,00 €
Verwaltungs-/Vertriebsgemeinkosten	274 500,00 €
Sondereinzelkosten der Fertigung	0,00 €
Sondereinzelkosten des Vertriebs je Flasche	0,02 €
Materialgemeinkostenzuschlagsatz	20 %
Rest-Fertigungsgemeinkostenzuschlagsatz	80 %
Verwaltungs-/Vertriebsgemeinkostenzuschlagsatz	20 %

Im Juli 2007 konnten 1 000 Liter des fertiggestellten Hustensaftes nicht verkauft werden. Der Bestand an unfertigem Hustensaft verminderte sich um 1 500,00 €. Insgesamt ergab sich eine Bestandsmehrung von 10 500,00 €.

2.1 Ermitteln Sie die Höhe der Bestandsveränderung der fertiggestellten Erzeugnisse in Euro, den Verbrauch an Fertigungsmaterial sowie die Höhe der Fertigungslöhne.

2.2 Für Juli 2007 wurde mit einem Gewinn von 1,44 € je Liter kalkuliert. Die Nachkalkulation ergab für den Hustensaft einen Gesamtgewinn von 151 700,00 €.
Ermitteln Sie die Nettoverkaufserlöse sowie Art und Höhe der gesamten Kostenabweichung.

3 Im Zweigwerk III der SANAMED AG werden u. a. die Medikamente X, Y und Z produziert. Zur Fertigung müssen die drei Medikamente jeweils die Anlagen M 1 sowie M 2 durchlaufen.
Für das 3. Quartal 2007 liegen folgende Daten vor:

	X	Y	Z
Preis je Packung in €	70,20	75,30	79,08
variable Kosten je Packung in €	47,88	52,50	62,88
Bearbeitungszeit je Packung in Std. auf M 1 auf M 2	 0,03 0,05	 0,04 0,03	 0,025 0,025
Lieferverpflichtungen in Packungen	9 800	0	?
maximal absetzbare Packungen	15 000	30 000	21 000

Die maximale Fertigungskapazität von M 1 beträgt 2 819 Stunden je Quartal, die von M 2 beträgt 1 835 Stunden je Quartal. Die Optimierung des Produktionsprogramms als Folge des Engpasses auf M 2 führte im 3. Quartal 2007 zu den folgenden Produktionsmengen:

	X	Y	Z
Anzahl der Packungen	nur die Lieferverpflichtung	?	die Lieferverpflichtung plus 10 000 Packungen

3.1 Ermitteln Sie die Lieferverpflichtung für das Medikament Z im 3. Quartal 2007.

3.2 Da auf der Anlage M 1 noch freie Kapazitäten vorhanden sind, kann die SANAMED AG zusätzlich noch das Medikament N produzieren, für dessen Herstellung nur diese Anlage benötigt wird. Da die Medikamente X, Y und Z in Tablettenpackungen zu je 50 Stück hergestellt werden und das Medikament N ausschließlich in Packungseinheiten mit je 12 Tabletten vertrieben wird, ist eine technische Umstellung der Anlage erforderlich. Die Umstellung beansprucht 10 % der freien Kapazität; die Umstellungskosten belaufen sich auf 7 500,00 €. Das Medikament N erbringt im 3. Quartal einen positiven Beitrag zum Betriebsergebnis in Höhe von 43 188,00 €.
Ermitteln Sie, wie viele Minuten die Produktion einer Packung des Medikaments N benötigt, wenn der Deckungsbeitrag einer Tablette bei 0,40 € liegt.

4 Die SANAMED AG produziert im Zweigwerk IV u. a. eine entzündungshemmende Salbe. Diese könnte auch zum Preis von 12,50 € je Tube fremdbezogen werden. Bei Fremdbezug würden sich die erzeugnisfixen Kosten um 25 %, das entspricht 12 000,00 €, abbauen lassen. Bei einer Menge von 6 000 Stück verursachen Eigenfertigung und Fremdbezug Kosten in gleicher Höhe.

4.1 Berechnen Sie die variablen Kosten für einen Tube Salbe bei Eigenfertigung.

4.2 Stellen Sie in einer nicht maßstabsgetreuen Skizze den Verlauf der Gesamtkosten bei Eigenfertigung und Fremdbezug grafisch dar. Kennzeichnen Sie die kritische Menge und den Bereich auf der Mengenachse, in dem der Fremdbezug kostengünstiger ist.

Lösung

1.1 **Ermittlung der verschiedenen Gemeinkosten** (Beträge in Euro)

Kantine	Material	Fertigung I	Fertigung II	Arbeitsvorb.	Verw./Vertrieb
78 000,00	90 500,00	212 500,00	130 000,00	79 500,00	310 000,00
↳	6 500,00	26 000,00	19 500,00	6 500,00	19 500,00
		238 500,00	149 500,00	86 000,00	
		25 800,00	60 200,00	↵	
	97 000,00	**264 300,00**	**209 700,00**		**329 500,00**

1.2 **Ermittlung des Restfertigungsgemeinkostensatzes II**

R-FGK-Satz II = R-FGK II : FL II · 100 %
= (20 % · FGK II) : FL II · 100 %
= (20 % · 209 700,00 €) : 30 000,00 € · 100 %
= 41 940,00 € : 30 000,00 € · 100 %
= **139,80 %**

2.1 **Ermittlung der Bestandsveränderungen der Fertigerzeugnisse (BVFE), des Fertigungsmaterials (FM) und der Fertigungslöhne (FL)**

Die Berechnung erfolgt auf Normalkostenbasis:

FM	**757 800,00 €**	(= 909 360,00 € : 120 % · 100 %)
+ MGK (20 %)	151 560,00 €	(= 909 360,00 € : 120 % · 20 %)
+ FL	**163 050,00 €** ▼	(= 293 490,00 € : 180 % · 100 %)
+ R-FGK (80 %)	130 440,00 € ▲	(= 293 490,00 € : 180 % · 80 %)
+ MaK	180 150,00 €	(geg.)
= HKA	1 383 000,00 €	
+ BVUE	1 500,00 €	(geg.)
= HKFE	1 384 500,00 €	
./. BVFE	**12 000,00 €**	(= (./. 10 500,00 € ./. 1 500,00 €))
= HKU	1 372 500,00 €	(= 274 500,00 € : 20 % · 100 %)
+ VwVtGK (20 %)	274 500,00 €	(geg.)

Die Bestandsveränderungen der Fertigerzeugnisse betragen 12 000,00 € (≙ Aufwandsminderung ≙ Bestandsmehrung), an Fertigungsmaterial wurden 757 800,00 € verbraucht und die Fertigungslöhne belaufen sich auf 163 050,00 €.

2.2 **Ermittlung der Verkaufserlöse sowie Art und Höhe der gesamten Kostenabweichung**

N-HKU	1 372 500,00 €	(vergl. 2.1)
N-VwVtGK (20 %)	274 500,00 €	(geg.)
SEKVt	9 150,00 €	(s. u.)
N-SKU	1 656 150,00 €	
Erlöse	**1 820 850,00 €**	(= 1 656 150,00 € + 164 700,00 €)
Umsatzergebnis	164 700,00 €	(s. u.)
Über-/**Unter**deck.	**./. 13 000,00 €**	(= 164 700,00 € ./. 151 700,00 €)
BE	151 700,00 €	(geg.)

SEKVt = verkaufte Flaschen · SEKVt pro Flasche;

verkaufte Flaschen = verkaufte Liter : Liter pro Flasche;

verkaufte Liter = N-HKU : HK/l
= N-HKU : (BVFE : unverkaufte Liter)
= 1 372 500,00 € : (12 000,00 € : 1 000 l)
= 114 375 l;

verkaufte Flaschen = 114 375 l : 0,25 l/Flasche
= 457 500 Flaschen;

SEKVt = 457 500 Flaschen · 0,02 €/Flasche
= 9 150,00 €;

Umsatzergebnis = verkaufte Liter · kalkulierter Gewinn pro Liter
= 114 375 l · 1,44 €/l
= 164 700,00 €;

die Verkaufserlöse betragen 1 820 850,00 € und die gesamte Kostenabweichung beläuft sich auf 13 000,00 € (≙ **Kostenunterdeckung**).

3.1 **Ermittlung der Lieferverpflichtung für Produkt Z**

Berechnung der Rangfolge der Produkte auf der Engpassmaschine M 2 mithilfe des relativen Deckungsbeitrages:

	Produkt X	Produkt Y	Produkt Z	
db = p ./. k_v	22,32	22,80	16,20	(€/Packung)
Prod.zeit auf M 2	0,05	0,03	0,025	(h/Packung)
rel. db = db : Prod.zeit	446,40	760,00	648,00	(€/h)
Rangfolge	III	I	II	

Verteilung der vorhandenen Kapazität auf M 2 und Ermittlung der Restkapazität für die Lieferverpflichtung von Produkt Z:

Vorhandene Kapazität auf M 2	1 835 h	
./. max. Absatz von Prod. Y (Rang I)	900 h	(= 30 000 Packg. · 0,03 h/Packg.)
./. Lieferverpflichtung von Prod. X (Rang III)	490 h	(= 9 800 Packg. · 0,05 h/Packg.)
./. 10 000 Packungen von Prod. Z (Rang II)	250 h	(= 10 000 Packg. · 0,025 h/Packg.)
= Restkapazität für Prod. Z	195 h	

Lieferverpflichtung für Prod. Z = Restkapazität : Produktionszeit von Prod. Z
= 195 h : 0,025 h/Packg.
= **7 800 Packungen**

3.2 **Berechnung der Produktionszeit von Produkt N pro Packung auf M 1**

Ermittlung der Restkapazität für Produkt Z auf M 1 aufgrund der unter Aufgabe 3.1 ermittelten Produktionsmengen:

	Vorhandene Kapazität auf M 1	2 819 h	
./.	30 000 Packg. v. Prod. Y à 0,04 h/Packg.	1 200 h	
./.	9 800 Packg. v. Prod. X à 0,03 h/Packg.	294 h	
./.	17 800 Packg. v. Prod. Z à 0,025 h/Packg.	445 h	(10 000 Packg. + 7 800 Packg.)
=	freie Kapazität	880 h	
./.	Rüstzeit (10 %)	88 h	(=10 % von 880 h)
=	Restkapazität für Prod. N	792 h	

Prod.zeit pro Packg. = Restkapazität : Anzahl der Packungen von Produkt N;

Anzahl der Packg. = DB(N) : db(N)
= (Beitrag zum BE + Umstellkosten) : db pro Packg.
= (43 188,00 € + 7 500,00 €) : (0,40 €/Tab. · 12 Tab./Packg.)
= 10 560 Packg.;

Prod.zeit pro Packg. = 792 h · 60 min/h : 10 560 Packg.
= 47 520 min : 10 560 Packg.
= **4,50 min/Packg**.;

oder:

Rel. db pro Packg. = db pro Packg. : Produktionszeit pro Packg.;

Prod.zeit pro Packg. = db pro Packg. : rel. db pro Packg.;

rel. db pro Packg. = (Beitrag zum BE + Umstellkosten) : Restkapazität f. Prod. N
= 50 688,00 € : 47 520,00 min
= $1{,}0\overline{6}$ €/min;

Prod.zeit pro Packg. = (0,40 €/Tab. · 12 Tab./Packg.) : $1{,}0\overline{6}$ €/min
= **4,50 min/Packg**.

4.1 **Berechnung der variablen Stückkosten** mithilfe der Grenzmengenformel

x_g = $\Delta K_f : \Delta k_v$;
6 000 Stck. = (48 000,00 € ./. 36 000,00 €) : (12,50 €/Stck. ./. k_v);
12,50 €/Stck. ./. k_v = 12 000,00 € : 6 000 Stck.
./. k_v = 2,00 €/Stck. ./. 12,50 €/Stck.
k_v **= 10,50 €/Stck.**

4.2 **Grafische Darstellung der Gesamtkosten bei Eigenfertigung bzw. Fremdbezug**

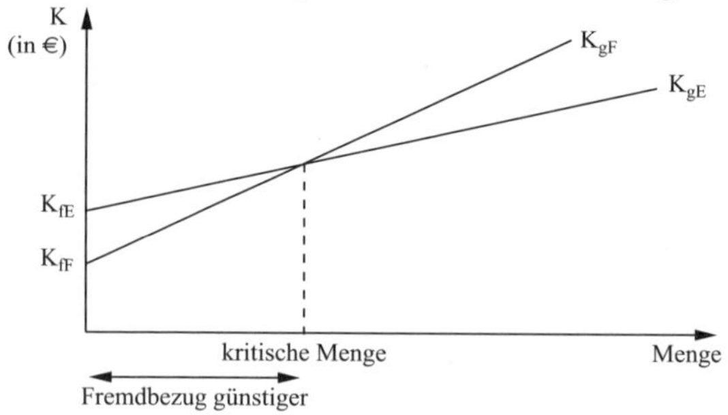

Bayern – FOS · BOS 12
Fachabiturprüfung 2008 – Betriebswirtschaftslehre mit Rechnungswesen
Aufgabe III: Materialwirtschaft und Marketing

Die PROBIKE AG hat sich auf die Herstellung von technisch hochwertigen Fahrrädern und Fahrradkomponenten für anspruchsvolle Kunden spezialisiert.

1 Von einem Zulieferer bezieht die PROBIKE AG Scheibenbremsen zum Einbau in Rennräder. Im Jahr 2007 wurden von diesem Bauteil 64 800 Stück verbraucht und mit 30 Bestellungen gleicher Stückzahl beschafft. Die Produktion erfolgte an 360 Tagen bei gleichmäßigem Verbrauch. Es wurde ein Sicherheitsbestand für 2 Tage gehalten.

1.1 Ermitteln Sie für das Jahr 2007 den durchschnittlichen Lagerbestand der Scheibenbremsen.

1.2 Für die Scheibenbremsen wurde ein Lagerzinssatz von 0,15 % ermittelt.
Berechnen Sie den Jahreszinssatz, der im Jahr 2007 angesetzt wurde.

1.3 Im Rahmen einer materialwirtschaftlichen ABC-Analyse wurden die Scheibenbremsen als A-Gut klassifiziert.

1.3.1 Zeigen Sie zwei Konsequenzen auf, die sich hieraus für die Beschaffung dieses Bauteils ergeben.

1.3.2 Die ABC-Analyse erbrachte folgendes Ergebnis: 50 % der bezogenen Bauteile haben einen Anteil am Gesamtverbrauchswert von 10 %, weitere 30 % umfassen 20 % des Gesamtverbrauchswertes.
Stellen Sie das Ergebnis der ABC-Analyse grafisch dar. Achten Sie auf eine vollständige Beschriftung (Maßstab: 1 cm = 10 %).

1.4 Für das Jahr 2008 wird geplant, den Sicherheitsbestand für Scheibenbremsen zu halbieren.
Zeigen Sie je einen Vorteil und einen Nachteil dieser Maßnahme auf.

2 Die strategische Geschäftseinheit *Rennrad* stellt für die PROBIKE AG das umsatzstärkste Produkt dar. Schon seit Jahren wird hier die Marktführerschaft erfolgreich verteidigt. Allerdings sind für diese strategische Geschäftseinheit in Zukunft keine Wachstumschancen gegeben. Deshalb wurde im Jahr 2007 in Zusammenarbeit mit der EASYTRONIC GmbH ein mobiles Navigationsgerät mit modernster Technologie speziell für die Zielgruppe Radfahrer entwickelt. Die PROBIKE AG bietet dieses innovative Produkt seit 2007 als erstes Unternehmen an, wobei Marktforschungsergebnisse für die kommenden Jahre steigende Absatzzahlen prognostizieren.

2.1 Der Marktanteil der strategischen Geschäftseinheit *Rennrad* soll mit Hilfe von Maßnahmen der Produktvariation gehalten werden.
Erklären Sie, was man unter Produktvariation versteht und formulieren Sie dazu zwei konkrete Vorschläge.

2.2 Begründen Sie für die Markteinführung der strategischen Geschäftseinheit *Navigationsgerät* eine passende Preisstrategie.

2.3 Benennen Sie die jeweilige Phase des Produktlebenszyklus, in der sich die beiden strategischen Geschäftseinheiten *Rennrad* und *Navigationsgerät* im Jahr 2007 befanden, und beschreiben Sie den Verlauf der Gewinnkurve in der jeweiligen Phase.

2.4 Nennen und begründen Sie für die strategische Geschäftseinheit *Navigationsgerät* eine geeignete Normstrategie.

Lösung

1.1 Ermittlung des durchschnittlichen Lagerbestandes

∅-Lagerbestand	= Bestellmenge : 2 + Sicherheitsbestand;
Bestellmenge	= Jahresverbrauch : Anzahl der Bestellungen = 64 800 Stck. : 30 Bestellungen = 2 160 Stck. pro Bestellung;
Sicherheitsbestand	= Tagesverbrauch · 2 Tg. = (Jahresverbrauch : Arbeitstage) · 2 Tg. = (64 800 Stck. : 360 Tg.) · 2 Tg. = 360 Stck.;
∅-Lagerbestand	= 2 160 Stck. : 2 + 360 Stck. **= 1 440 Stck.;**

oder:

∅-Lagerbestand	= (Höchstbestand + Mindestbestand) : 2 = ((2 160 Stck. + 360 Stck.) + 360 Stck.) : 2 **= 1 440 Stck.**

1.2 Berechnung des Jahreszinssatzes

Lagerzinssatz	= Jahreszinssatz : 360 Tg. · ∅-Lagerdauer;
Jahreszinssatz	= Lagerzinssatz : ∅-Lagerdauer · 360 Tg.;
∅-Lagerdauer	= 360 Tg. : Umschlagshäufigkeit = 360 Tg. : (Jahresverbrauch : ∅-Lagerbestand) = 360 Tg. : (64 800 Stck. : 1 440 Stck.) = 360 Tg. : 45 = 8 Tg.;
Jahreszinssatz	= 0,15 % : 8 Tg. · 360 Tg. **= 6,75 %**

1.3.1 Konsequenzen bezüglich der Beschaffung sogenannter A-Teile

Für A-Teile mit einem entsprechend hohen Verbrauchswert lohnen **häufige Bestellungen** (Just-in-time), um den Bestandswert zu minimieren, ein **großer Dispositionsaufwand** und eine **sorgfältige Marktanalyse**; die Sicherheitsbestände sind äußerst gering zu halten.

1.3.2 Grafische Darstellung der ABC-Analyse

	Mengenanteile		Verbrauchswerte	
Bauteile	absolut	kumuliert	absolut	kumuliert
A-Teile	20 %	20 %	70 %	70 %
B-Teile	30 %	50 %	20 %	90 %
C-Teile	50 %	100 %	10 %	100 %

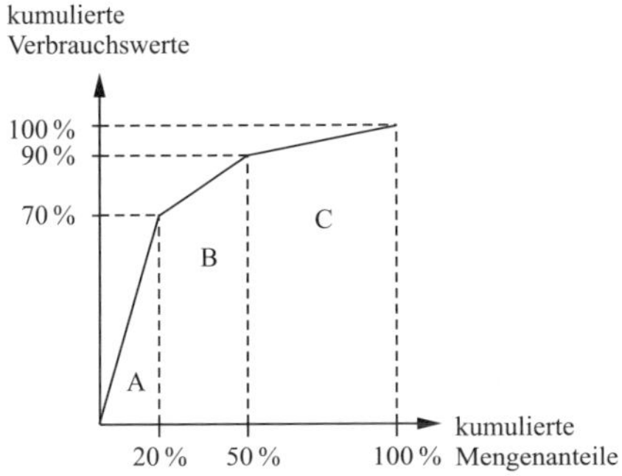

1.4 **Vor- und Nachteile eines geringeren Sicherheitsbestandes**

Durch eine Reduzierung des Sicherheitsbestandes sinkt der durchschnittliche Lagerbestand, was wiederum eine **Verringerung des im Lager gebundenen Kapitals, der Lagerkosten und des Lagerrisikos** bedeutet.
Allerdings steigt bei Lieferverzögerungen, beispielsweise ausgelöst durch Streiks, Verkehrsbehinderungen oder Fehlplanungen beim Lieferanten, die **Gefahr von Produktionseinschränkungen** im eigenen Betrieb.

2.1 **Erklärung des Begriffs der Produktvariation mit zwei konkreten Vorschlägen**

Unter Produktvariation versteht man das **Ersetzen des bisherigen Produkts durch ein neues, verbessertes Modell**; z. B. könnte der Rahmen des Rennrads aus einem leichteren, aber trotzdem stabilen Material hergestellt oder eine verbesserte, wartungsfreundlichere Gangschaltung eingebaut werden.

2.2 **Begründung einer passenden Preisstrategie**

Für neue, innovative, technisch hochwertige Produkte empfiehlt sich die **Hochpreisstrategie** bzw. als Sonderfall die sogenannte Skimmingstrategie, um die hohe Preisbereitschaft bestimmter, einkommensstarker Konsumenten abzuschöpfen; ein zu niedriger Preis könnte bei den Verbrauchern eine schlechte Qualität assoziieren.

2.3 **Beschreibung der jeweiligen Phase im Produktlebenszyklus und der jeweiligen Gewinnsituation**

Das **Navigationsgerät** befindet sich in der **Einführungsphase**, in der die Kosten speziell für die Markteinführung sehr hoch, die Umsätze noch gering sind, insgesamt also wohl **Verluste** erzielt werden; zum Ende der Einführungsphase sollte die Gewinnschwelle erreicht sein. Das **Rennrad** befindet sich in der **Sättigungsphase** (langjähriger Marktführer, aber keine Wachstumschancen), die **Gewinne gehen kontinuierlich zurück**.

2.4 **Begründung einer geeigneten Normstrategie**

Das Navigationsgerät befindet sich im **Nachwuchsfeld** auf einem stark wachsenden Markt; somit empfiehlt sich die sogenannte **Offensivstrategie**, **um durch entsprechende Investitionen** den Wettbewerbsvorteil als einer der ersten Anbieter zu verstärken und **eine dauerhafte Marktführerschaft zu erreichen**. Die Finanzierung erfolgt aus dem Finanzmittelüberschuss der Cash-Produkte, z. B. der SGE Rennrad.

Bayern – FOS · BOS 12
Fachabiturprüfung 2009 – Betriebswirtschaftslehre mit Rechnungswesen
Aufgabe I: Geschäftsbuchführung, Jahresabschluss und Finanzwirtschaft

In der AROMATO AG, einem industriellen Hersteller von Kaffeemaschinen, ist die Finanzbuchhaltung für das Geschäftsjahr 2008 (01. 01.–31. 12.) zu vervollständigen. Die Buchungssätze sind mit vierstelligen Kontonummern laut IKR und den jeweiligen Beträgen zu erstellen. Der Umsatzsteuersatz beträgt 19 % bzw. 7 %.

1 Am 03. 12. 2008 verkauft die AROMATO AG fünf Kaffeevollautomaten an die SCHWARTZ GmbH. Der Listenpreis pro Automat beträgt 350,00 € netto. Pro Stück werden 30,00 € netto an Verpackungskosten berechnet; bei Rücksendung der Verpackung werden davon 80 % erstattet.
Folgende Zahlungsbedingungen wurden vereinbart: 10 % Rabatt, 2 % Skonto bei Zahlung innerhalb von 10 Tagen, Zahlungsziel 30 Tage.

1.1 Buchen Sie die Ausgangsrechnung vom 03. 12. 2008.

1.2 Aufgrund einer Mängelrüge gewährt die AROMATO AG einen Preisnachlass von insgesamt 40,00 € netto. Außerdem erhält die Unternehmung die Verpackungen zurück. Buchen Sie die Gutschrift vom 05. 12. 2008.

1.3 Bilden Sie den Buchungssatz für den Rechnungsausgleich per Banküberweisung am 12. 12. 2008.

2 Die AROMATO AG kauft am 05. 02. 2008 ein Grundstück, das mit einer Fertigungshalle und einem Verwaltungsgebäude bebaut ist. Der Kaufpreis beträgt insgesamt 1 650 000,00 €, davon entfallen auf das Grundstück 900 000,00 €.

Zusätzlich fallen an:

Grunderwerbsteuer	3,5 % (für die Fertigungshalle sind das 15 750,00 €)
Grundsteuer	1 200,00 €
Grundbuchgebühren	3 300,00 €
Notarrechnung	5 236,00 € brutto

Erforderliche Umbaumaßnahmen des Verwaltungsgebäudes nimmt die AROMATO AG selbst vor. Die Aufwendungen hierfür betragen 18 100,00 €. Die Gebäude werden noch im Februar 2008 bezogen.

2.1 Berechnen Sie die Anschaffungs- bzw. Herstellungskosten des Grundstücks, der Fertigungshalle und des Verwaltungsgebäudes.

2.2 Die Eingangsrechnung des Notars sowie der Gebührenbescheid über die Grundsteuer sind noch nicht gebucht.
Nehmen Sie die entsprechenden Buchungen vor.

2.3 Die Fertigungshalle hat eine betriebliche Nutzungsdauer von 25 Jahren.
Nehmen Sie die erforderliche Vorabschlussbuchung zum 31. 12. 2008 vor.

3 Am 31. 12. 2007 nahm die AROMATO AG folgende Buchung vor:

6770	70 000,00 €	an	3930	70 000,00 €

Am 14. 04. 2008 geht die zugehörige Anwaltsrechnung über 79 730,00 € ein.

3.1 Nehmen Sie die erforderliche Buchung zum 14. 04. 2008 vor.

3.2 Begründen Sie, ob und gegebenenfalls in welcher Höhe zum 31. 12. 2007 eine stille Reserve bestand.

4 Am 13. 05. 2008 erwirbt die AROMATO AG drei Schreibtische zu je 1 300,00 € netto abzüglich 30 % Rabatt sowie drei gleichartige Schreibtischlampen für insgesamt 374,85 € brutto. Die betriebsgewöhnliche Nutzungsdauer der Einrichtungsgegenstände beträgt 8 Jahre.

4.1 Buchen Sie die Eingangsrechnung zum 13. 05. 2008.

4.2 Während des Jahres 2008 wurden keine weiteren geringwertigen Wirtschaftsgüter angeschafft.
Bilden Sie die vorbereitende(n) Abschlussbuchung(en) zum 31. 12. 2008.

5 Am 31. 12. 2008 nimmt die AROMATO AG u. a. folgende Buchungen vor:

2100	60 000,00 €	an	5200	60 000,00 €
5200	20 000,00 €	an	8020	20 000,00 €
8010	150 000,00 €	an	2200	150 000,00 €

Berechnen Sie den Anfangsbestand an Fertigerzeugnissen zum 01. 01. 2008.

6 Die Saldenbilanz der AROMATO AG zeigt zum 23. 12. 2008 u. a. folgende Werte:

Konto 2400	1 547 000,00 €
Konto 3670	22 000,00 €
Konto 3680	30 000,00 €

Vor Durchführung der Jahresabschlussarbeiten ergeben sich noch folgende Geschäftsfälle:

27. 12. 2008: Die Forderung gegenüber der ZAISER GmbH in Höhe von 119 000,00 € wird zweifelhaft. Es wird ein Ausfall in Höhe von 65 % erwartet.

29. 12. 2008: Die WUST AG überweist nach Abzug von 2 % Skonto 157 437,00 € auf das Bankkonto.

29. 12. 2008: Eine im Vorjahr abgeschriebene Forderung gegenüber der SCHUSTER KG in Höhe von 97 500,00 € geht unerwartet auf dem Bankkonto ein.

30. 12. 2008: Der Insolvenzverwalter der MAX AG überweist 14 875,00 €; dies entspricht einer Insolvenzquote von 20 %.

Die Forderung gegenüber der ZAISER GmbH ist die einzige zweifelhafte Forderung.
Die AROMATO AG setzt einen Delkrederesatz in Höhe von 1 % an.

6.1 Der Geschäftsfall vom 30. 12. 2008 ist noch nicht gebucht.
Nehmen Sie die erforderliche Buchung vor.

6.2 Ermitteln Sie den Bilanzansatz der Forderungen zum 31. 12. 2008.

7 Die Schlussbilanz der AROMATO AG weist zum 31. 12. 2008 u. a. folgende Werte in Tsd. € aus:

Gezeichnetes Kapital	40 000
Kapitalrücklage	80 000
Gewinnrücklagen	60 000
Jahresüberschuss	6 500
Verlustvortrag	2 000

Zusätzlich liegen folgende Informationen vor:
Die Gewinnrücklagen sollen um 2 000 Tsd. € aufgestockt werden.
Für das Jahr 2009 soll ein Gewinnvortrag von mindestens 30 Tsd. € verbleiben.
Der Nennwert einer Aktie beträgt 5,00 €.

7.1 Ermitteln Sie die höchstmögliche, auf ganze Cent gerundete Stückdividende.

7.2 Bestimmen Sie die Höhe der offenen Selbstfinanzierung für das Jahr 2008 und nennen Sie zwei Vorteile dieser Finanzierungsart gegenüber einer Beteiligungsfinanzierung.

7.3 Stellen Sie die Positionen des Eigenkapitals nach vollständiger Gewinnverwendung zum 31. 12. 2008 dar.

Lösung

1.1 **Erstellung und Buchung der Ausgangsrechnung**

Listenverkaufspreis	1 750,00 €	(= *5 Stck. · 350,00 €/Stck.*)
./. Rabatt	175,00 €	(≙ *10 %*)
= Zielverkaufspreis	1 575,00 €	
+ Verpackung (Nebenleistung)	150,00 €	(= *5 Stck. · 30,00 €/Stck.*)
= Rechnungsbetrag, netto	1 725,00 €	
+ USt	327,75 €	(≙ 19 %)
= Rechnungsbetrag, brutto	2 052,75 €	

(2400)	2 052,75 €	(5000)	1 725,00 €
		(4800)	327,75 €

1.2 **Buchung der Gutschriften für die Mängelrüge und die Rücksendung der Verpackung**

Der Preisnachlass von *40,00 €* wird auf dem Unterkonto 5001, die Gutschrift für die Verpackung (120,00 € = *80 %* von 150,00 €) wird wie jede Rücksendung direkt auf dem Erlöskonto 5000 gebucht.

(5001)	40,00 €		
(5000)	120,00 €		
(4800)	30,40 €	(2400)	190,40 €

1.3 **Buchung des Rechungsausgleichs** mit Skontoabzug und USt-Korrektur durch Banküberweisung

Skonto = *2 %* von (ZVP ./. Preisnachlass)
= *2 %* von (1 575,00 € ./. *40,00 €*)
= 30,70 € (≙ Erlösberichtigung)

(5001)	30,70 €		
(4800)	5,83 €		
(2800)	1 825,82 €	(2400)	1 862,35 €

2.1 **Berechnung der Anschaffungs- und Herstellungskosten der Immobilien**

Kaufpreis Grundstück = *900 000,00 €* (≙ 90 Teile)

Kaufpreis Fertigungshalle = Grunderwerbsteuer (Halle) : *3,5 %* · 100 %
= *15 750,00 €* : 3,5 · 100
= 450 000,00 € (≙ 45 Teile)

Kaufpreis Verwaltungsgebäude	= Gesamtkaufpreis ./. Kaufpreis Grundstück ./. Kaufpreis Fertigungshalle
	= *1 650 000,00 € ./. 900 000,00 €* ./. 450 000,00 €
	= 300 000,00 € (≙30 Teile)

Die einmalig bei der Anschaffung anfallenden Kosten für die Grunderwerbsteuer, die Grundbucheintragung und den Notar sind alle Anschaffungsnebenkosten und werden anteilig aufgeteilt und aktiviert, die Kosten für die Umbaumaßnahmen (= *18 100,00 €*) betreffen nur das Verwaltungsgebäude (Konto 0540); die jährlich zu zahlende Grundsteuer zählt zu den laufenden Kosten und ist als Aufwand (Konto 7020) zu buchen (vgl. Aufgabe 2.2).

ANK (insgesamt)	= Grunderwerbsteuer + Grundbuchgebühr + Notarkosten
	= (*3,5 %* von *1 650 000,00 €*) + *3 300,00 €* + (*5 236,00 €* : 1,19)
	= 65 450,00 €
AK Grundstück	= *900 000,00 €* + (65 450,00 € : 165 · 90)
	= **935 700,00 €**
AK Halle	= 450 000,00 € + (65 450,00 € : 165 · 45)
	= **467 850,00 €**
AHK Gebäude	= 300 000,00 € + (65 450,00 € : 165 · 30) + *18 100,00 €*
	= **330 000,00 €**

2.2 **Buchung der Notarkosten und der Grundsteuer**

Die Notarkosten (= 4 400,00 €) sind anteilig (vgl. Aufgabe 2.1) aufzuteilen und zu aktivieren:

(0510)	2 400,00 €		
(0530)	1 200,00 €		
(0540)	800,00 €		
(2600)	836,00 €	(4400)	5 236,00 €

Die Grundsteuer (= *1 200,00 €*) ist als Aufwand zu buchen:

(7020)	1 200,00 €	(4400)	1 200,00 €

2.3 **Berechnung und Buchung der Abschreibung** für die Fertigungshalle

Die Anschaffungskosten der Halle sind über eine Nutzungsdauer von *25 Jahren* linear und monatsgenau abzuschreiben, im Anschaffungsjahr also mit $\frac{11}{12}$ des Jahres-AfA-Betrages.

AfA 2008	= 467 850,00 € : *25 Jahre* : 12 Monate/Jahr · 11 Monate
	= **17 154,50 €**

(6520)	17 154,50 €	(0530)	17 154,50 €

3.1 **Buchung der Anwaltsrechnung und Auflösung der dafür gebildeten Rückstellung**

Die im April 2008 eingehende Anwaltsrechnung betrifft aufwandsmäßig das vorherige Jahr 2007. Daher wurde Ende 2007 den Vorschriften entsprechend eine Rückstellung von *70 000,00 €* über den geschätzten Nettoaufwand für Rechts- und Beratungskosten gebildet.

Diese Rückstellung wird nun aufgelöst, die anfallende Vorsteuer (12 730,00 € = *79 730,00 €* : 1,19 · 0,19) und der sich ergebende Ertrag (3 000,00 € = *70 000,00 € ./. 79 730,00 €* : 1,19) sind mit der nun feststehenden Verbindlichkeit zu buchen.

(3930)	70 000,00 €	(5480)	3 000,00 €
(2600)	12 730,00 €	(4400)	79 730,00 €

3.2 **Begründung der stillen Reserve**

Durch die **Überbewertung der Rückstellung** für die zu erwartende Anwaltsrechnung (*70 000,00 €* > 67 000,00 €) bestand eine stille Reserve in Höhe von **3 000,00 €** (jeweils Nettobeträge).

4.1 **Buchung der Eingangsrechnung**

Die drei Schreibtische erfüllen jeweils (Einzelbewertung!) die Kriterien für ein geringwertiges Wirtschaftsgut (150,00 € < AHK ≤ 1 000,00 € > 910,00 € = *1 300,00 €* · *0,7*; abnutzbar, beweglich, selbstständig nutz- und bewertbar) und sind zwingend in einen jahrgangsbezogenen Sammelposten einzustellen und zu aktivieren.
Die drei Schreibtischlampen (AHK < 150,00 € > 105,00 € = *374,85 €* : *3* : 1,19) sind sofort zwingend in voller Höhe als Aufwand zu buchen (**ohne** vorherige Aktivierung):

(0890)	2 730,00 €		
(6800)	315,00 €		
(2600)	578,55 €	(4400)	3 623,55 €

4.2 **Berechnung und Buchung der Abschreibung** auf den Sammelposten 2008

Der Sammelposten 2008 (≙ Summe der AHK aller im Jahr 2008 angeschafften GWG) wird zwingend mit 20 % linear, unabhängig vom Anschaffungsmonat, über fünf Jahre abgeschrieben:

AfA 2008 = 2 730,00 € : 5 Jahre
= **546,00 €**

(6540)	546,00 €	(0890)	546,00 €

5 **Berechnung des Anfangsbestandes an Fertigerzeugnissen**

BVUE	*60 000,00 €* ≙ Bestandsmehrung	≙ Aufwandsminderung
BVFE	40 000,00 € ≙ Bestandsminderung	≙ Aufwandsmehrung
BV	*20 000,00 €* ≙ Bestandsmehrung	≙ Aufwandsminderung

AB an FE = SB an FE + BV an FE (Bestandsminderung)
= *150 000,00 €* + 40 000,00 €
= **190 000,00 €**

Darstellung auf Konten

S 2100 H

AB	?	SB	?
BVUE	*60 000,00 €*		

S 2200 H

AB	**190 000,00 €**	SB	*150 000,00 €*
		BVFE	40 000,00 €

S 5200 H

BVFE	40 000,00 €	BVUE	*60 000,00 €*
BV	*20 000,00 €*		

6.1 **Buchung des Geschäftsvorfalls vom 30. 12. 2008**

Als Insolvenzquote gehen *20 %* (≙ *14 875,00 €*) der gesamten Bruttoforderung auf dem Bankkonto ein; der Rest (≙ 80 %) ist offensichtlich verloren und somit sofort abzuschreiben (mit USt-Korrektur).

Abschreibung, netto	= *14 875,00 €* : *20 %* · 80 % : 1,19 = 50 000,00 €
USt-Korrektur	= 50 000,00 € · 0,19 = 9 500,00 €
Gesamtforderung, brutto	= *14 875,00 €* : 20 · 100 = 74 375,00 €

(2800)	14 875,00 €		
(6951)	50 000,00 €		
(4800)	9 500,00 €	(2400)	74 375,00 €

6.2 Zur **Ermittlung des Bilanzansatzes der Forderungen zum 31. 12. 2008** sind vom Forderungsbestand zum 23. 12. 2008 sowohl die danach noch eingehenden und/oder abgeschriebenen Forderungen (WUST AG, MAX AG) als auch die notwendigen Einzel- und Pauschalwertberichtigungen (Vorabschlussbuchungen!) abzuziehen. Um die notwendige PWB berechnen zu können, sind zunächst die am 31. 12. 2008 **sicheren Nettoforderungen** zu ermitteln:

Forderungen, 23. 12. 2008	*1 547 000,00 €*	
./. Forderung WUST AG	160 650,00 €	(= *157 437,00 €* : 0,98)
./. Forderung MAX AG	74 375,00 €	(vgl. Aufgabe 6.1)
./. Forderung ZAISER GmbH	*119 000,00 €*	(einzelw.berichtigte Ford.)
= sichere Ford., brutto, 31. 12. 2008	1 192 975,00 €	
≙ sichere Ford., netto, 31. 12. 2008	1 002 500,00 €	(= 1 192 975,00 € : 1,19)
≙ notwendige PWB	10 025,00 €	(= *1 %* von 1 002 500,00 €)

Nun kann der **Bilanzansatz der Forderungen zum 31. 12. 2008** ermittelt werden (vgl. unten stehende Darstellung auf Konto 2400):

Forderungen, 23. 12. 2008	*1 547 000,00 €*	
./. Forderung WUST AG	160 650,00 €	
./. Forderung MAX AG	74 375,00 €	
./. notwendige EWB (ZAISER GmbH)	65 000,00 €	(= *119 000,00 €* : 1,19 · *0,65*)
./. notwendige PWB	10 025,00 €	(s. o.)
= Bilanzansatz, 31. 12. 2008	**1 236 950,00 €**	

Ermittlung des Schlussbestandes der Forderungen über das Konto 2400

S	2400		H
Saldo (AB)	*1 547 000,00 €*	WUST AG	160 650,00 €
		MAX AG	74 375,00 €
		notwendige EWB	65 000,00 €
		notwendige PWB	10 025,00 €
		SB	**1 236 950,00 €**
	1 547 000,00 €		1 547 000,00 €

Der Bilanzansatz der Forderungen zum 31. 12. 2008 beträgt 1 236 950,00 €.

7.1 **Ermittlung der Stückdividende**

	Jahresüberschuss 2008	*6 500 T€*
./.	Verlustvortrag (Vorjahr)	*2 000 T€*
./.	Einstellung Gewinnrücklage	*2 000 T€*
=	Bilanzgewinn 2008	2 500 T€
./.	mögliche Dividende	2 470 T€
=	Gewinnvortrag (neues Jahr)	*30 T€*

Anzahl der Aktien = gez. Kapital : Nennwert pro Aktie
= *40 000 000,00 € : 5,00 €/Aktie*
= 8 000 000 Aktien

Dividende pro Aktie = mögliche Dividende (insgesamt) : Anzahl der Aktien
= 2 470 000,00 € : 8 000 000 Aktien
= 0,308 € / Aktie
≈ **0,30 € / Aktie**

Damit für das Jahr 2009 ein Gewinnvortrag von mindestens 30 T€ verbleibt, können 0,30 € pro Aktie als Dividende ausgeschüttet werden.

7.2 **Ermittlung der Höhe der offenen Selbstfinanzierung**

Offene Selbstfinanz. 2008 = Jahresüberschuss 2008 ./. Dividende 2008
= JÜ 2008 ./. (Anzahl der Aktien · Stückdividende)
= *6 500 000,00 €* ./. (8 000 000 Aktien · 0,30 € / Aktie)
= *6 500 000,00 €* ./. 2 400 000,00 €
= **4 100 000,00 €**

oder:

Offene Selbstfinanz. 2008 = Einstellung Gewinnrückl. 2008 + Δ Gewinn- / Verlustvorträge

Gewinnvortrag (n. J.) = Bilanzgewinn 2008 ./. Dividende 2008
= 2 500 T€ ./. 2 400 T€
= 100 T€

Offene Selbstfinanz. 2008 = *2 000 T€* + (100 T€ ./. (./. *2 000 T€*))
= 2 000 T€ + 2 100 T€
= **4 100 T€**

Vorteile der offenen Selbstfinanzierung gegenüber einer Beteiligungsfinanzierung:

- Keine Belastung der Liquidität durch Ausschüttung von Dividenden.
- Keine zusätzlichen mitspracheberechtigten Anteilseigner.
- Keine Verwässerung des Kurses der alten Aktien durch die Ausgabe der neuen Aktien.

7.3 **Darstellung der Positionen des Eigenkapitals** nach vollständiger Ergebnisverwendung

	Gezeichnetes Kapital	*40 000 T€*	
+	Kapitalrücklage	*80 000 T€*	
+	Gewinnrücklagen	62 000 T€	(= *60 000 T€* + *2 000 T€*)
+	Gewinnvortrag (n. J.)	100 T€	(= 2 500 T€ ./. 2 400 T€)
=	Eigenkapital	182 100 T€	

Bayern – FOS · BOS 12
Fachabiturprüfung 2009 – Betriebswirtschaftslehre mit Rechnungswesen
Aufgabe II: Voll- und Teilkostenrechnung

Die CORPOSANA AG stellt hochwertige Körperpflegeprodukte her.

1 Im Werk I der CORPOSANA AG wird das Lavendelbadeöl *Soleil* produziert. Die Angebotskalkulation für das Lavendelbadeöl im Monat April 2008 basiert auf folgenden Daten:

Selbstkosten pro Liter	56,00 €	
Sondereinzelkosten des Vertriebs pro Liter	1,50 €	
Sondereinzelkosten des Vertriebs insgesamt	13 650,00 €	
Verwaltungs- / Vertriebsgemeinkostenzuschlag	9 %	
Rabatt	20 %	
Gewinnzuschlag	15 %	
Vertreterprovision	5 %	(= 3,50 €)

1.1 Berechnen Sie den angesetzten Skontosatz sowie den Angebotspreis.

1.2 Ermitteln Sie die Selbstkosten des Umsatzes auf Normalkostenbasis sowie die insgesamt kalkulierten Verwaltungs- / Vertriebsgemeinkosten für April 2008.

1.3 Die Kosten- und Leistungsrechnung liefert für den Monat April 2008 folgende weitere Daten:
Die kalkulierten Materialkosten betragen 86 000,00 €, die kalkulierten Fertigungsgemeinkosten insgesamt 178 000,00 €.

Im Betriebsabrechnungsbogen ergibt sich ein Zuschlagsatz für die Restfertigungsgemeinkosten in Höhe von 38 %, während man mit 40 % kalkulierte, was zu einer Kostenabweichung in Höhe von 3 500,00 € bei den Restfertigungsgemeinkosten führt.

Im April 2008 ist das tatsächlich erzielte Ergebnis um 4 997,00 € höher als das kalkulierte, obwohl die Verwaltungs- / Vertriebsgemeinkosten um 7 703,00 € zu niedrig angesetzt wurden.

Die Nachkalkulation ergibt Herstellkosten der Abrechnungsperiode in Höhe von 440 000,00 €.

1.3.1 Berechnen Sie die Maschinenkosten auf Normalkostenbasis und die Sondereinzelkosten der Fertigung.

1.3.2 Berechnen Sie das Betriebsergebnis, wenn davon auszugehen ist, dass alle Vertriebskonditionen in Anspruch genommen wurden.

1.3.3 Begründen Sie, warum sowohl Kostenüberdeckungen als auch Kostenunterdeckungen negative Auswirkungen für den Betrieb haben.

2 Im Werk II stellt die CORPOSANA AG die Pflegeprodukte *Purpeel* und *Purmed* her. Maximal können von *Purpeel* monatlich 40 000 Liter und von *Purmed* 50 000 Liter produziert werden.

Für die beiden Produkte liegen für den Monat Mai 2008 folgende Werte vor:

	fixe Gesamtkosten	variable Kosten je Liter	Erlös je Liter	Absatzmenge
Purpeel	120 000,00 €	8,50 €	18,50 €	30 000 l
Purmed	180 000,00 €	6,75 €	15,75 €	40 000 l

2.1 Stellen Sie die Gesamtgewinnfunktionen für die Produkte *Purpeel* und *Purmed* in einer Grafik bis zur jeweiligen Kapazitätsgrenze dar.
Kennzeichnen Sie für die beiden Produkte den im Mai 2008 jeweils erzielten Gesamtgewinn.
(Maßstab: 1 cm ≙ 4 000 l, 1 cm ≙ 40 000,00 €)

2.2 Um einen erwarteten Absatzrückgang im Inland auszugleichen, will die CORPOSANA AG mit dem Produkt *Purmed* auf dem französischen Markt Fuß fassen und rechnet hierfür mit zusätzlichen Vertriebskosten in Höhe von monatlich 32 400,00 €.
Ermitteln Sie, um wie viel Prozent die variablen Kosten je Liter gesenkt werden müssen, damit bei gleich bleibender Produktionsmenge das bisherige Betriebsergebnis gehalten werden kann.

2.3 Prüfen Sie rechnerisch, ob ein Zusatzauftrag über 3 000 Liter des Produkts *Purpeel* angenommen werden sollte, wenn sich dadurch die variablen Kosten je Liter für diese Menge um 3,50 € erhöhen und zusätzliche Fixkosten von monatlich 27 950,00 € entstehen.

3 Die CORPOSANA AG möchte den Körperpuder *Fleur* in ihr Produktionsprogramm aufnehmen. Es stehen zwei Fertigungsverfahren zur Auswahl. Bei Verfahren I sind die fixen Gesamtkosten um 18 000,00 € höher als bei Verfahren II. Die variablen Kosten je Tonne Körperpuder belaufen sich beim Verfahren I auf 1 700,00 €. Bei einer Produktion von 30 Tonnen Körperpuder würden beim Einsatz von Verfahren II 360 000,00 € Gesamtkosten entstehen. Die fixen Stückkosten betragen bei dieser Menge 0,50 € je 50 g-Dose.
Ermitteln Sie die kritische Menge.

Lösung

1.1 **Berechnung des Skontosatzes und des Angebotspreises** auf Normalkostenbasis

SK		*56,00 €*	
+ Gewinn	*15 %*	8,40 €	(= *56,00 €* · 0,15)
= vVP		64,40 €	(= *56,00 €* · 1,15)
+ Provision	*5 %*	*3,50 €*	
= BVP		67,90 € ↓	
+ Skonto		2,10 € ↑	
= ZVP		70,00 €	(= *3,50 €* : *5 %* · 100 %)
+ Rabatt	*20 %*	17,50 €	
= AP		**87,50 €**	(= 70,00 € : 80 % · 100 %)

Skontosatz = Skontobetrag : ZVP · 100 %
= 2,10 € : 70,00 € · 100 %
= **3 %**

1.2 **Ermittlung der Normalselbstkosten des Umsatzes**

N-SKU	= N-SK/Liter · verkaufte Liter
verkaufte Liter	= SEKVt (insgesamt) : SEKVt/Liter = *13 650,00 € : 1,50 €/Liter* = 9 100 Liter
N-SKU	= *56,00 €/Liter* · 9 100 Liter = **509 600,00 €**

Ermittlung der Normal-Verwaltungs- und Vertriebsgemeinkosten (insgesamt)

HKU	100 %		
+ VwVtGK	*9 %*	**40 950,00 €** ▲	(= (509 600,00 € ./. *13 650,00 €*) : 1,09 · 0,09)
+ SEKVt		*13 650,00 €*	
= SKU		509 600,00 €	(s. o.)

1.3.1 **Berechnung der Normal-Maschinenkosten** (vgl. unten stehendes Kostenträgerblatt)

N-FGK	= N-MaK + Rest-N-FGK
N-MaK	= N-FGK ./. Rest-N-FGK
Rest-N-FGK	= Rest-N-FGK-Überdeckung : 2 % · *40 %* = *3 500,00 €* : 2 · 40 = 70 000,00 €
N-MaK	= *178 000,00 €* ./. 70 000,00 € = **108 000,00 €**

Berechnung der Sondereinzelkosten der Fertigung (vgl. unten stehendes Kostenträgerblatt)

SEKF	= N-HKA ./. N-MK ./. FL ./. N-FGK
N-HKA	= Ist-HKA + HKA-Überdeckung = *440 000,00 €* + (SKU-Überdeckung + VwVtGK-Unterdeckung) = *440 000,00 €* + (*4 997,00 €* + *7 703,00 €*) = 452 700,00 €
FL	= Rest-N-FGK : Rest-N-FGK-Satz · 100 % = 70 000,00 € : *40 %* · 100 % = 175 000,00 €
SEKF	= 452 700,00 € ./. *86 000,00 €* ./. 175 000,00 € ./. *178 000,00 €* = **13 700,00 €**

Darstellung im Kostenträgerblatt (Auszug)

	Ist-Werte	Über-/Unterdeckung	N-Werte
MK			*86 000,00 €*
FL			175 000,00 €
R-FGK	*38 %*	+ *3 500,00 €*	*40 %* 70 000,00 €
MaK			**108 000,00 €**
SEKF			**13 700,00 €**
HKA	*440 000,00 €*	+ 12 700,00 €	452 700,00 €
BV			
HKU		+ 12 700,00 €	
VwVtGK		./. *7 703,00 €*	
SEKVt			
SKU		+ *4 997,00 €*	

1.3.2 **Berechnung des Betriebsergebnisses** (vgl. Aufgaben 1.1, 1.2, 1.3.1)

BE = Umsatzergebnis + Überdeckung (insgesamt)
= (kalk. Gewinn/Liter · verkaufte Liter) + Überdeckung (insgesamt)
= (8,40 €/Liter · 9 100 Liter) + *4 997,00 €*
= 76 440,00 € + *4 997,00 €*
= **81 437,00 €**

1.3.3 **Begründung negativer Auswirkungen von Kostenabweichungen**

Eine Kosten**über**deckung hat einen erhöhten Angebotspreis zur Folge, was wiederum eine **verminderte Wettbewerbsfähigkeit** bedeuten kann, wenn die Konkurrenzprodukte preisgünstiger angeboten werden.
Eine Kosten**unter**deckung bedeutet, dass der **angestrebte Gewinn nicht erreicht** wird, da der Angebotspreis zu niedrig kalkuliert wurde.

2.1 **Grafische Darstellung der Gewinnfunktionen** (nicht maßstabsgetreu)

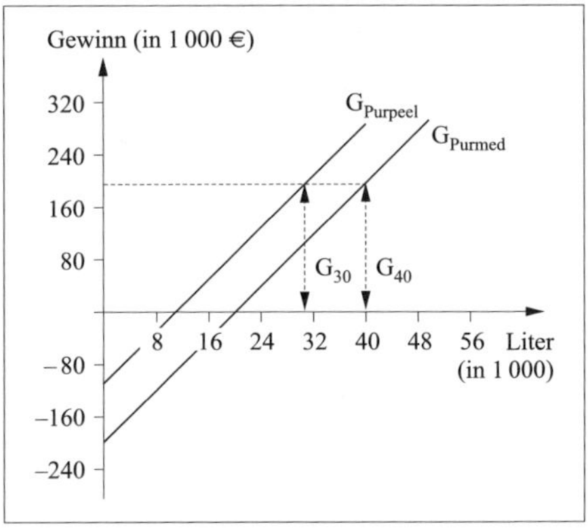

G_{30} ≙ Gesamtgewinn von Purpeel bei 30 000 Litern
G_{40} ≙ Gesamtgewinn von Purmed bei 40 000 Litern
G_{30} = G_{40} = 180 000,00 €

x_m = K_f : db (= Gewinnschwellenmenge)
$x_{m\,(Purpeel)}$ = *120 000,00 €* : 10,00 €/Liter = 12 000 Liter
$x_{m\,(Purmed)}$ = *180 000,00 €* : 9,00 €/Liter = 20 000 Liter

2.2 **Ermittlung der notwendigen Verringerung der variablen Kosten** bei gleichbleibendem Absatz des Produkts Purmed

Δk_v = ΔK : Absatzmenge
= *32 400,00 € : 40 000 Liter*
= 0,81 €/Liter

Δk_v (in %) = $\Delta k_v : k_{v\,(alt)}$
= 0,81 €/Liter : *6,75 €/Liter* · 100 %
= **12 %**

2.3 **Prüfung der Annahme des Zusatzauftrages** für das Produkt Purpeel durch Berechnung der Gewinnschwellenmenge für diesen Auftrag

x_m = $\Delta K_f : (p \text{ ./. } k_v)$
= *27 950,00 € : (18,50 € ./. 8,50 € ./. 3,50 €)*/Liter
= *27 950,00 €* : 6,50 €/Liter
= 4 300 Liter > *3 000 Liter*

Der Zusatzauftrag sollte **abgelehnt** werden, da mit der zusätzlichen Absatzmenge (= *3 000 Liter*) die Gewinnschwellenmenge (= 4 300 Liter) nicht erreicht wird. Das Betriebsergebnis würde sich um 8 450,00 € (= 1 300 Liter · 6,50 €/Liter) verschlechtern.

3 **Ermittlung der kritischen Menge (Grenzmenge)**

x_g = $\Delta K_f : \Delta k_v$
= *18 000,00 €* : (k_{vII} ./. *1 700,00 €/t*)

K_{vII} = K_{gII} ./. K_{fII}
= *360 000,00 €* ./. (k_{fII} · Anzahl der Dosen)
= *360 000,00 € ./. (0,50 €/Dose · (30 000 000 g : 50 g/Dose))*
= *360 000,00 € ./. (0,50 €/Dose* · 600 000 Dosen)
= *360 000,00 €* ./. 300 000,00 €
= 60 000,00 €

k_{vII} = K_{vII} : Produktionsmenge
= 60 000,00 € : *30 t*
= 2 000,00 €/t

x_g = *18 000,00 €* : (2 000,00 €/t ./. *1 700,00 €/t*)
= **60 t**

Bei einer Produktionsmenge von 60 t sind beide Verfahren kostengleich. Bei mehr als 60 t ist Verfahren I wegen der geringeren variablen Stückkosten günstiger und umgekehrt.

Bayern – FOS · BOS 12
Fachabiturprüfung 2009 – Betriebswirtschaftslehre mit Rechnungswesen
Aufgabe III: Materialwirtschaft und Marketing

Die SNOW AG ist ein renommierter Markenhersteller von Alpinski und Snowboards.

1 Im Bereich Materialwirtschaft liegt für einen Rohstoff bei Anwendung des Bestellpunktverfahrens folgende Zeichnung vor:

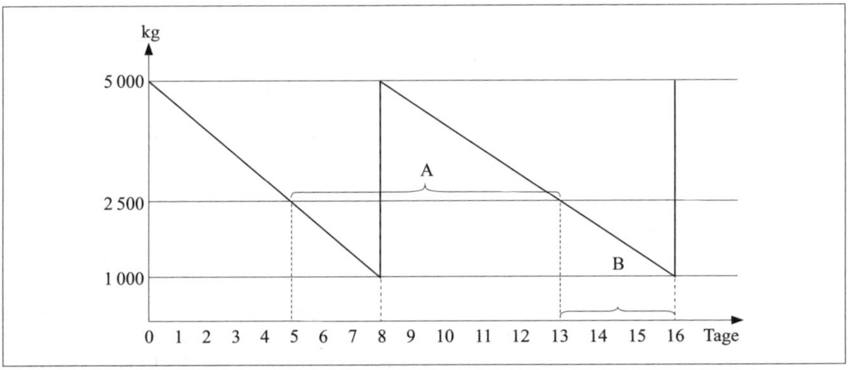

1.1 Benennen Sie die Strecken, die in der Zeichnung mit A und B gekennzeichnet sind, mit den entsprechenden Fachbegriffen, und ermitteln Sie den Tagesverbrauch des Rohstoffes.

1.2 Nach dem Eintreffen der neuen Lieferung am 16. Tag steigt der Tagesverbrauch dauerhaft auf 625 kg.
Erläutern Sie die Auswirkungen auf die Größen A und B und ermitteln Sie, welche Menge des Sicherheitsbestandes bis zum Eintreffen der nächsten Lieferung verbraucht wird.

2 Die SNOW AG benötigt jährlich 240 t eines bestimmten Granulats. Aufgrund technischer Vorgaben kann dieser Rohstoff entweder 20-mal, 30-mal oder 40-mal pro Jahr bestellt werden. Die Lagerhaltungskosten betragen 16 % des durchschnittlich im Lager gebundenen Kapitals. Jeder Bestellvorgang verursacht Kosten in Höhe von 100,00 €. Der Einstandspreis für das Granulat beläuft sich auf 5,00 € je Kilogramm.
Ermitteln Sie für die genannten Bestellhäufigkeiten die Lagerhaltungskosten, die Bestellkosten und die Gesamtkosten in tabellarischer Form.

3 Die SNOW AG stellt fest, dass die Umschlagshäufigkeit eines Fremdbauteiles unter dem Branchendurchschnitt liegt.
Formulieren Sie zwei Maßnahmen, die zu einer Verbesserung dieser Kennzahl führen würden.

4 Bei den strategischen Geschäftseinheiten (SGE) Alpinski und Snowboard ist die SNOW AG Marktführer. Aufgrund der immer schlechteren Schneebedingungen sowie der verbesserten Infrastruktur (z. B. asphaltierte Radwege) abseits der Wintersportgebiete entwickelte die SNOW AG einen neuartigen Rollski für Fahrten auf glatten Flächen, wie z. B. Asphalt. Durch die sanfte Bewegung werden die Gelenke geschont, aber gleichzeitig Muskulatur, Herz, Kreislauf und Gleichgewichtssystem trainiert. Der Rollski ist mit einer technisch verbesserten Bindung und einem einzigartigen Bremssystem ausgestattet. Die SNOW AG erwartet für die SGE Rollski ein Marktwachstum, das weit über dem Branchendurchschnitt von 10 % liegt. Bei der SGE Snowboard rechnet man mit einem Marktwachstum von 12 %. Für die SGE Alpinski erwartet die SNOW AG unterdurchschnittliche Wachstumsraten, dennoch werden die erwirtschafteten Überschüsse erheblich zur Erhaltung der Finanzkraft des Unternehmens beitragen.

4.1 Die SNOW AG unterstützt den Absatz des Rollski mit folgenden Maßnahmen:

- Sie stellt Sportgeschäften in Urlaubsgebieten ihre Rollski kostengünstig als Leihsets zur Verfügung und bietet Schnupperkurse an.
- Sie unterstützt die deutsche Rollski-Nationalmannschaft finanziell und lässt ihr Firmen-Logo auf der Ausrüstung der Sportler anbringen.

Geben Sie an, welches Instrument des Kommunikationsmix jeweils vorliegt und welche Zielsetzung mit der jeweiligen Maßnahme verfolgt wird.

4.2 Geben Sie eine begründete Empfehlung, für welche Preisstrategie sich die SNOW AG bei der SGE Rollski entscheiden sollte.

4.3 Die SNOW AG prüft, ob der Vertrieb des neuen Rollski über einen Reisenden oder einen Handelsvertreter erfolgen soll. Obwohl der Kostenvergleich derzeit für den Einsatz eines Handelsvertreters spricht, entscheidet sich die Unternehmung für die Einstellung eines Reisenden.
Erläutern Sie zwei mögliche Gründe für diese Entscheidung.

4.4 Erstellen Sie ein Marktwachstum-Marktanteils-Portfolio für die SNOW AG mit den SGE Alpinski (A), Snowboard (S) und Rollski (R) und beurteilen Sie die Zukunftsaussichten des Unternehmens.

Lösung

1.1 **Benennung der Strecken**

A ≙ **Bestellintervall**

B ≙ **Beschaffungs-** oder **Lieferzeit**

Ermittlung des Tagesverbrauchs

TV = (Höchstbestand ./. Sicherheitsbestand) : (Zeit zw. Höchst- u. Sicherheitsbestand)
= (5 000 kg ./. 1 000 kg) : 8 Tage
= **500 kg**

1.2 **Auswirkungen der Erhöhung des Tagesverbrauchs**

Wenn der Meldebestand beibehalten wird, wird dieser früher erreicht; das Bestellintervall wird kürzer.
Die Beschaffungszeit (Lieferzeit) ist vom Tagesverbrauch unabhängig, sie verändert sich nicht.

Verbrauch vom Sicherheitsbestand durch erhöhten Tagesverbrauch

Nach Erreichen des Meldebestands (= 2 500 kg) dauert es drei Tage bis zum Eintreffen der neuen Lieferung. In dieser Zeit werden 1 875 kg (= 3 Tage · 625 kg / Tag) verbraucht, das sind **375 kg** (= 3 Tage · (625 kg / Tag ./. 500 kg / Tag)) mehr als geplant, die vom Sicherheitsbestand verbraucht werden.

2 **Ermittlung der Lagerhaltungskosten, der Bestellkosten und der Gesamtkosten**

Bei einer Verbrauchsmenge von *240 t pro Jahr*, einem Einstandspreis von *5,00 €/kg*, Lagerhaltungskosten von *16 %* und Bestellkosten von *100,00 € pro Bestellung* ergeben sich folgende Werte:

Anzahl der Bestellungen	Bestellmenge in kg	∅-Lagerbestand in kg	∅-Lagerbestand in €	Lagerhaltungskosten in €	Bestellkosten in €	Gesamtkosten in €
20	12 000	6 000	30 000,00	4 800,00	2 000,00	6 800,00
30	8 000	4 000	20 000,00	3 200,00	3 000,00	6 200,00
40	6 000	3 000	15 000,00	2 400,00	4 000,00	6 400,00

Bestellmenge = *240 000 kg* : Anzahl der Bestellungen
∅-Lagerbestand (Menge) = Bestellmenge : 2
∅-Lagerbestand (Wert) = ∅-Lagerbestand (in kg) · *5,00 €/kg*
Lagerhaltungskosten = ∅-Lagerbestand (in €) · *16 %*
Bestellkosten = Anzahl der Bestellungen · *100,00 €/Bestellung*
Gesamtkosten = Lagerhaltungskosten + Bestellkosten

3 **Maßnahmen zur Verbesserung der Umschlagshäufigkeit**

Umschlagshäufigkeit = Jahresverbrauch : ∅-Lagerbestand

- Verringerung des Lagerbestandes durch **häufigere Bestellungen** oder **fertigungssynchrone Beschaffung (just-in-time)**,
- **Reduzierung des Sicherheitsbestandes**,
- Erhöhung des Jahresverbrauchs über verstärkte Werbung und eine Absatzsteigerung beim Endprodukt.

4.1 Benennung und Zielsetzung der Instrumente des Kommunikationsmix

Rollski-Schnupperkurse: Das kostengünstige Zurverfügungstellen der Rollski und die Schnupperkurse sollen das Interesse der Verbraucher wecken und den Verkauf am „Point-of-Sale" (POS) fördern: **Verkaufsförderung**.

Unterstützung der Rollski-Nationalmannschaft: Durch die finanzielle Unterstützung der Nationalmannschaft, die als Gegenleistung das Firmenlogo der SNOW AG auf ihrer Ausrüstung trägt, sollen sich die Erfolge der Sportler positiv auf das Image und das Bild des Unternehmens in der Öffentlichkeit auswirken: **Sponsoring** (als Public-Relations-Maßnahme).

4.2 Empfehlung einer Preisstrategie

Da es sich bei dem Rollski um ein innovatives, qualitativ hochwertiges Produkt (technisch verbesserte Bindung, einzigartiges Bremssystem) handelt, sollte eine **Hochpreisstrategie** angewendet werden, auch um speziell Kunden mit gehobenen Ansprüchen anzusprechen, die bereit sind, für ein gutes Produkt auch einen höheren Preis zu bezahlen.

4.3 Gründe für die Einstellung eines Reisenden

- Der Reisende ist fest angestellt, damit weisungsgebunden und **leichter steuerbar**.
- Bei einem fest angestellten Reisenden sind **produktspezifische Schulungen** jederzeit möglich, sodass er die produkttypischen Vorteile besonders herausstellen kann. Außerdem vertreibt er nur Produkte der SNOW AG und keine Konkurrenzprodukte.
- Bei zu erwartenden steigenden Absatzzahlen ist der Reisende aufgrund der geringeren variablen Kosten langfristig auch kostengünstiger als der Handelsvertreter.

4.4 Erstellen eines Marktwachstums-Marktanteils-Portfolios

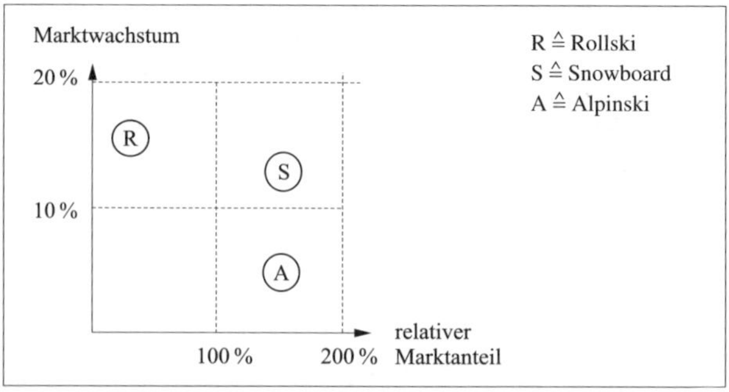

Die Zukunftsaussichten der SNOW AG sind gut: Die strategischen Geschäftseinheiten R, S und A sind in drei von vier Geschäftsfeldern (Ausnahme: Problemfeld) vertreten. Zwei Geschäftseinheiten (A und S) sind Marktführer (relativer Marktanteil > 100 %). SGE A liefert als Cash-Produkt die Finanzmittelüberschüsse vor allem für das Nachwuchsprodukt R. Den langfristigen Erfolg sichern die SGE R als momentanes Nachwuchs- und zukünftiges Starprodukt sowie die SGE S als momentanes Star- und zukünftiges Cash-Produkt.

Industriekontenrahmen

AKTIVA	AKTIVA	AKTIVA
Kontenklasse 0 (AV)	Kontenklasse 1 (AV)	Kontenklasse 2 (UV)
0 Immaterielle Vermögensgegenstände und Sachanlagen Immaterielle Vermögensgegenstände 02 Konzessionen, gewerbl. Schutzrechte und ähnliche Rechte u. Werte sowie Lizenzen an solchen Rechten u. Werten 0200 Konzessionen, gewerbliche Schutzrechte u. ähnliche Rechte u. Werte sowie Lizenzen an solchen Rechten u. Werten Sachanlagen 05 Grundstücke, grundstücksgleiche Rechte u. Bauten einschließlich der Bauten auf fremden Grundstücken 0500 Unbebaute Grundstücke 0510 Bebaute Grundstücke 0530 Betriebsgebäude 0540 Verwaltungsgebäude 0550 Andere Bauten 0590 Wohngebäude 07 Technische Anlagen und Maschinen 0710 Anlagen der Materiallagerung 0720 Fertigungsmaschinen 0750 Transportanlagen 08 Andere Anlagen, Betriebs- und Geschäftsausstattung 0810 Werkstätteneinrichtung 0820 Werkzeuge, Werksgeräte u. Modelle, Prüf- und Messmittel 0830 Lager- u. Transporteinrichtungen 0840 Fuhrpark 0860 Büromaschinen, Organisationsmittel und Kommunikationsanlagen 0870 Büromöbel und sonstige Geschäftsausstattung 0890 Sammelposten geringwertige Wirtschaftsgüter 09 Geleistete Anzahlungen und Anlagen im Bau 0900 Geleistete Anzahlungen auf Sachanlagen 0950 Anlagen im Bau	**1 Finanzanlagen** 13 Beteiligungen 1300 Beteiligungen 15 Wertpapiere des Anlagevermögens 1500 Wertpapiere des Anlagevermögens 16 Sonstige Finanzanlagen 1600 Sonstige Finanzanlagen	**2 Umlaufvermögen und aktive Rechnungsabgrenzung** Vorräte 20 Roh-, Hilfs- und Betriebsstoffe 2000 Rohstoffe/Fertigungsmaterial 2010 Fremdbauteile 2020 Hilfsstoffe 2030 Betriebsstoffe 21 Unfertige Erzeugnisse, unfertige Leistungen 2100 Unfertige Erzeugnisse 2190 Unfertige Leistungen 22 Fertige Erzeugnisse und Waren 2200 Fertige Erzeugnisse 23 Geleistete Anzahlungen auf Vorräte 2300 Geleistete Anzahlungen auf Vorräte Forderungen und sonstige Vermögensgegenstände (24–26) 24 Forderungen aus Lieferungen und Leistungen 2400 Forderungen aus L. u. L. 2450 Wechselforderungen aus Lieferungen und Leistungen (Besitzwechsel) 26 Sonstige Vermögensgegenstände 2600 Vorsteuer 2650 Forderungen an Mitarbeiter 2690 Übrige sonstige Forderungen 27 Wertpapiere des Umlaufsvermögens 2700 Wertpapiere des Umlaufvermögens 28 Flüssige Mittel 2800 Guthaben bei Kreditinstituten (Bank) 2880 Kasse 29 Aktive Rechnungsabgrenzung (und Bilanzfehlbetrag) 2900 Aktive Rechnungsabgrenzung 2910 Disagio 2920 Umsatzsteuer auf erhaltene Anzahlungen

PASSIVA	PASSIVA
Kontenklasse 3	Kontenklasse 4
3 Eigenkapital und Rückstellungen Eigenkapital 30 Eigenkapital /Gezeichnetes Kapital Bei Personengesellschaften 3000 Kapital Gesellschafter A 3001 Privatkonto A Bei Kapitalgesellschaften 3000 Gezeichnetes Kapital (Grundkapital, Stammkapital) 31 Kapitalrücklage 3100 Kapitalrücklage 32 Gewinnrücklagen 3210 Gesetzliche Rücklagen 3230 Satzungsmäßige Rücklagen 3240 Andere Gewinnrücklagen 36 Wertberichtigungen 3670 Einzelwertberichtigung zu Forderungen 3680 Pauschalwertberichtigung zu Forderungen Rückstellungen 37 Rückstellungen für Pensionen und ähnliche Verpflichtungen 3700 Rückstellungen für Pensionen und ähnliche Verpflichtungen 38 Steuerrückstellungen 3800 Steuerrückstellungen 39 Sonstige Rückstellungen 3910 – für Gewährleistung 3930 – für andere ungewisse Verbindlichkeiten 3970 – für drohende Verluste aus schwebenden Geschäften	**4 Verbindlichkeiten u. passive Rechnungsabgrenzung** 41 Anleihen 4100 Anleihen 42 Verbindlichkeiten gegenüber Kreditinstituten 4200 Kurzfristige Bankverbindlichkeiten 4250 Langfristige Bankverbindlichkeiten 43 Erhaltene Anzahlungen auf Bestellungen 4300 Erhaltene Anzahlungen auf Bestellungen 44 Verbindlichkeiten aus Lieferungen u. Leistungen 4400 Verbindlichkeiten aus Lieferungen u. Leistungen 45 Wechselverbindlichkeiten 4500 Schuldwechsel 48 Sonstige Verbindlichkeiten 4800 Umsatzsteuer 4830 Sonstige Verbindlichkeiten gegenüber dem Finanzamt 4840 Verbindlichkeiten gegenüber Sozialversicherungsträgern 4860 Verbindlichkeiten aus vermögenswirksamen Leistungen 4890 Übrige sonstige Verbindlichkeiten 49 Passive Rechnungsabgrenzung 4900 Passive Rechnungsabgrenzung 4920 Vorsteuer auf geleistete Anzahlungen

ERTRÄGE	AUFWENDUNGEN
Kontenklasse 5	Kontenklasse 6

5 Erträge

50 Umsatzerlöse für eigene Erzeugnisse und andere eigene Leistungen
- 5000 Umsatzerlöse für eigene Erzeugnisse
  - 5001 Erlösberichtigungen

51 Sonstige Umsatzerlöse
- 5190 Sonstige Umsatzerlöse
  - 5191 Erlösberichtigungen

52 Erhöhung o. Verminderung des Bestandes an unfertigen u. fertigen Erzeugnissen
- 5200 Bestandsveränderungen

53 Andere aktivierte Eigenleistungen
- 5300 Aktivierte Eigenleistungen

54 Sonstige betriebliche Erträge
- 5401 Nebenerlöse aus Vermietung und Verpachtung
- 5410 Sonstige Erlöse (z. B. aus Provisionen oder Lizenzen oder aus dem Abgang von Gegenständen des Anlagevermögens)
- 5420 Eigenverbrauch
- 5430 Andere sonst. betriebl. Erträge (z. B. Schadenersatzleistungen)
- 5440 Erträge aus Werterhöhungen von Gegenständen des AV (Zuschreibungen)
- 5450 Erträge aus der Auflösung oder Herabsetzung von Wertberichtigungen auf Forderungen
- 5460 Erträge aus dem Abgang von Vermögensgegenständen
- 5480 Erträge aus der Herabsetzung von Rückstellungen
- 5495 Zahlungseingänge aus abgeschriebenen Forderungen

57 Zinsen und ähnliche Erträge
- 5710 Zinserträge und Dividenden

58 Außerordentliche Erträge
- 5800 Außerordentliche Erträge

6 Betriebliche Aufwendungen

Materialaufwand

60 Aufwendungen für Roh-, Hilfs- und Betriebsstoffe und für bezogene Waren
- 6000 Aufw. für Rohstoffe /Fertigungsmaterial
  - 6001 Bezugskosten
  - 6002 Nachlässe
- 6010 Aufwendungen für Fremdbauteile
  - 6011 Bezugskosten
  - 6012 Nachlässe
- 6020 Aufwendungen für Hilfsstoffe
  - 6021 Bezugskosten
  - 6022 Nachlässe
- 6030 Betriebsstoffe /Verbrauchswerkzeuge
  - 6031 Bezugskosten
  - 6032 Nachlässe
- 6040 Aufwendungen für Verpackungsmaterial
- 6050 Aufwendungen für Energie

61 Aufwendungen für bezogene Leistungen
- 6100 Fremdleistungen für Erzeugnisse und andere Umsatzleistungen
- 6140 Ausgangsfrachten und Fremdlager (incl. Versicherung und anderer Nebenkosten)
- 6150 Vertriebsprovisionen
- 6160 Fremdinstandhaltung
- 6170 Sonstige Aufwendungen f. bezogene Leistungen

Personalaufwand

62 Löhne
- 6200 Löhne f. geleistete Arbeitszeit einschließl. tariflicher, vertragl. oder arbeitsbedingter Zulagen
- 6210 Löhne für andere Zeiten (Urlaub, Feiertag, Krankheit)
- 6220 Sonstige tarifliche oder vertragliche Aufw. für Lohnempfänger
- 6230 Freiwillige Zuwendungen

63 Gehälter
- 6300 Gehälter einschl. tarifl., vertragl. oder arbeitsbedingter Zulagen
- 6320 Sonst. tarifliche u. vertragliche Aufwendungen
- 6330 Freiwillige Zuwendungen

64 Soziale Abgaben u. Aufw. für Altersversorgung
- 6400 Arbeitgeberanteil zur Sozialversicherung (Lohnbereich)
- 6410 Arbeitgeberanteil zur Sozialversicherung (Gehaltsbereich)
- 6420 Beiträge zur Berufsgenossenschaft
- 6440 Aufwend. für Altersversorgung

AUFWENDUNGEN

Kontenklasse 6

6 Betriebliche Aufwendungen

65 Abschreibungen auf Anlagevermögen
- 6510 Abschreibung auf immaterielle Vermögensgegenstände des AV
- 6520 Abschreibung auf Sachanlagen
- 6540 Abschreibung auf Sammelposten geringwertige Wirtschaftsgüter
- 6550 Außerplanmäßige Abschreibungen

Sonstige betriebl. Aufwendungen (66–70)

67 Aufwendungen für die Inanspruchnahme von Rechten und Diensten
- 6700 Mieten, Pachten
- 6710 Leasing
- 6720 Lizenzen und Konzessionen
- 6730 Gebühren
- 6750 Kosten des Geldverkehrs
- 6760 Provisionsaufwendungen (außer Vertriebsprovisionen)
- 6770 Rechts- und Beratungskosten

68 Aufwendungen für Kommunikation (Dokumentation, Information, Reisen, Werbung)
- 6800 Büromaterial
- 6810 Zeitungen und Fachliteratur
- 6820 Post- und Kommunikationsgebühren
- 6850 Reisekosten
- 6860 Bewirtung und Repräsentation
- 6870 Werbung
- 6880 Spenden (nur Kapitalgesellschaften)

69 Aufwendungen für Beiträge und Sonstiges sowie Wertkorrekturen und periodenfremde Aufwendungen
- 6900 Versicherungsbeiträge
- 6920 Beiträge zu Wirtschaftsverbänden und Berufsvertretungen
- 6930 Verluste aus Schadensfällen
- 6950 Abschreibungen auf Forderungen
  - 6951 Abschreibung auf Forderungen wegen Uneinbringlichkeit
  - 6952 Einstellung in Einzelwertberichtigungen
  - 6953 Einstellung in Pauschalwertberichtigungen
- 6960 Verluste aus dem Abgang von Vermögensgegenständen (einschließl. Kassenfehlbetrag)
- 6980 Zuführung zu Rückstellungen für Gewährleistungen

AUFWENDUNGEN

Kontenklasse 7

7 Betriebliche und weitere Aufwendungen

70 Betriebliche Steuern
- 7010 Vermögenssteuer (nur bei Kapitalgesellschaften)
- 7020 Grundsteuer
- 7030 Kraftfahrzeugsteuer
- 7090 Sonstige betriebl. Steuern

75 Zinsen und ähnliche Aufwendungen
- 7510 Zinsaufwendungen
- 7590 Sonstige zinsähnliche Aufwendungen (z. B. Abschreibung auf aktiviertes Disagio)

76 Außerordentliche Aufwendungen
- 7600 Außerordentliche Aufwendungen

77 Steuern vom Einkommen und Ertrag
- 7700 Gewerbeertragsteuer
- 7710 Körperschaftsteuer (bei Kapitalgesellschaften)
- 7720 Kapitalertragsteuer (bei Kapitalgesellschaften)

ERGEBNISRECHNUNGEN

Kontenklasse 8

8 Ergebnisrechnungen

80 Eröffnung /Abschluss
- 8000 Eröffnungsbilanzkonto
- 8010 Schlussbilanzkonto
- 8020 GuV-Konto

Ihre Meinung ist uns wichtig!

Ihre Anregungen sind uns immer willkommen. Bitte informieren Sie uns mit diesem Schein über Ihre Verbesserungsvorschläge!

Titel-Nr.	Seite	Vorschlag

Bitte hier abtrennen

Bitte hier abtrennen

Zutreffendes bitte ankreuzen!

Die Absenderin/der Absender ist:

- ☐ Lehrer/in in den Klassenstufen: ____
- ☐ Fachbetreuer/in
  Fächer: ____
- ☐ Seminarlehrer/in
  Fächer: ____
- ☐ Regierungsfachberater/in
  Fächer: ____
- ☐ Oberstufenbetreuer/in
- ☐ Schulleiter/in
- ☐ Referendar/in, Termin 2. Staatsexamen: ____
- ☐ Leiter/in Lehrerbibliothek
- ☐ Leiter/in Schülerbibliothek
- ☐ Sekretariat
- ☐ Eltern
- ☐ Schüler/in, Klasse: ____
- ☐ Sonstiges: ____

Unterrichtsfächer: (Bei Lehrkräften!)

____

STARK Verlag
Postfach 1852
85318 Freising

19-V1T_GW

Bitte ausfüllen und im frankierten Umschlag an uns einsenden. Für Fensterkuverts geeignet.

Kennen Sie Ihre Kundennummer?
Bitte hier eintragen.

Absender (Bitte in Druckbuchstaben!)

Name/Vorname

Straße/Nr.

PLZ/Ort/Ortsteil

Telefon privat

Geburtsjahr

E-Mail

Schule/Schulstempel (Bitte immer angeben!)

(Bitte blättern Sie um)

Geschichte

Geschichte 1 – Baden-Württemberg – Die Entwicklung der politischen Kultur im Kaiserreich und in der Weimarer Republik · Die Zerstörung der Demokratie durch den Nationalsozialismus .... Best.-Nr. 84761
Geschichte 2 – Baden-Württemberg Deutschland seit 1945 · Die bipolare Welt .... Best.-Nr. 84762
Geschichte 1 – Bayern Vom 19. Jahrhundert bis zum Ende des Nationalsozialismus .... Best.-Nr. 94781
Geschichte 2 – Bayern Deutschland seit 1945 · Europäische Einigung Weltpolitik der Gegenwart .... Best.-Nr. 94782
Geschichte 1 – NRW Vom 19. Jahrhundert bis zum Ende des Nationalsozialismus .... Best.-Nr. 54761
Geschichte 2 – NRW Deutschland und Europa nach dem Zweiten Weltkrieg .... Best.-Nr. 54762
Geschichte 1 – Deutschland vom 19. Jahrhundert bis zum Ende des Nationalsozialismus .... Best.-Nr. 84763
Geschichte 2 – Deutschland seit 1945 · Europäische Einigung · Weltpolitik der Gegenwart .... Best.-Nr. 84764
Methoden Geschichte .... Best.-Nr. 94789
Abitur-Wissen Die Antike .... Best.-Nr. 94783
Abitur-Wissen Das Mittelalter .... Best.-Nr. 94788
Abitur-Wissen Die Französische Revolution .... Best.-Nr. 947810
Abitur-Wissen Die Ära Bismarck: Entstehung und Entwicklung des deutschen Nationalstaats .... Best.-Nr. 94784
Abitur-Wissen Imperialismus und Erster Weltkrieg .... Best.-Nr. 94785
Abitur-Wissen Die Weimarer Republik .... Best.-Nr. 47815
Abitur-Wissen Nationalsozialismus und Zweiter Weltkrieg .... Best.-Nr. 94786
Abitur-Wissen Deutschland von 1945 bis zur Gegenwart .... Best.-Nr. 947811
Kompakt-Wissen Abitur Geschichte Oberstufe ... Best.-Nr. 947601
Lexikon Geschichte .... Best.-Nr. 94787

Wirtschaft/Recht

Wirtschaft – Markt und Preise, Die Zukunft der Sozialen Marktwirtschaft .... Best.-Nr. 84851
Betriebswirtschaft .... Best.-Nr. 94851
Abitur-Wissen Volkswirtschaft .... Best.-Nr. 94881
Abitur-Wissen Rechtslehre .... Best.-Nr. 94882
Kompakt-Wissen Abitur Volkswirtschaft .... Best.-Nr. 948501

Politik

Abitur-Wissen Internationale Beziehungen .... Best.-Nr. 94802
Abitur-Wissen Demokratie .... Best.-Nr. 94803
Abitur-Wissen Sozialpolitik .... Best.-Nr. 94804
Abitur-Wissen Die Europäische Einigung .... Best.-Nr. 94805
Abitur-Wissen Politische Theorie .... Best.-Nr. 94806
Kompakt-Wissen Abitur Politik/Sozialkunde ... Best.-Nr. 948001
Lexikon Politik/Sozialkunde .... Best.-Nr. 94801

Kunst

Abitur-Wissen Malerei, Plastik, Architektur (G8) Best.-Nr. 949618
Abitur-Wissen Malerei (G9) .... Best.-Nr. 94961
Abitur-Wissen Analyse und Interpretation (G9) Best.-Nr. 94962

Ethik

Ethische Positionen in historischer Entwicklung Best.-Nr. 94951
Abitur-Wissen Philosophische Ethik .... Best.-Nr. 94952
Abitur-Wissen Glück und Sinnerfüllung .... Best.-Nr. 94953
Abitur-Wissen Freiheit und Determination .... Best.-Nr. 94954
Abitur-Wissen Recht und Gerechtigkeit .... Best.-Nr. 94955
Abitur-Wissen Religion und Weltanschauungen Best.-Nr. 94956
Abitur-Wissen Politische Ethik .... Best.-Nr. 94958

Religion

Katholische Religion 1 – gk .... Best.-Nr. 84991
Katholische Religion 2 – gk .... Best.-Nr. 84992
Abitur-Wissen GK ev. Religion Der Mensch zwischen Gott und Welt .... Best.-Nr. 94973
Abitur-Wissen GK ev. Religion Die Verantwortung des Christen in der Welt ..... Best.-Nr. 94974
Abitur-Wissen Glaube und Naturwissenschaft ... Best.-Nr. 94977
Abitur-Wissen Jesus Christus .... Best.-Nr. 94978
Abitur-Wissen Die Frage nach dem Menschen ... Best.-Nr. 94990
Abitur-Wissen Die Bibel .... Best.-Nr. 94992
Abitur-Wissen Christliche Ethik .... Best.-Nr. 94993

Erziehungswissenschaft

Erziehungswissenschaft NRW GK/LK .... Best.-Nr. 54941
Erziehungswissenschaft .... Best.-Nr. 94941

Pädagogik/Psychologie

Grundwissen Pädagogik .... Best.-Nr. 92480
Grundwissen Psychologie .... Best.-Nr. 92481

Sport

Bewegungslehre · Sportpsychologie .... Best.-Nr. 94981
Trainingslehre .... Best.-Nr. 94982

19-VIT_GW

Bestellungen bitte direkt an:
STARK Verlagsgesellschaft mbH & Co. KG · Postfach 1852 · D-85318 Freising
Tel. 0180 3 179000* · Fax 0180 3 179001* · www.stark-verlag.de · info@stark-verlag.de
* 9 Cent pro Min. aus dem deutschen Festnetz

STARK